让 我 们 一 起 追 寻

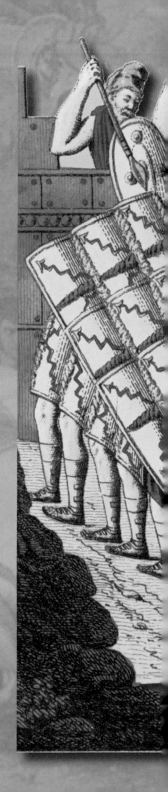

TAKEN
AT
THE FLOOD

征服
希腊

霸权

罗马
与地中海

The Roman Conquest of Greece

〔英〕罗宾·沃特菲尔德　著
韩瑞国　译

社会科学文献出版社
SOCIAL SCIENCES ACADEMIC PRESS (CHINA)

本书获誉

沃特菲尔德对古代历史中一些最复杂时期（本书涉及的是罗马在希腊和马其顿发动的战争；《裂土称王》一书涉及的是亚历山大大帝的继业者们发动的战争）精练而清晰的描述，使他成为国际学术界的在世奇才。沃特菲尔德以清晰而令人愉悦的笔调叙述了本书中的故事，对细节的选择尤其精当。

——J. E. 伦登，《旗帜周刊》

沃特菲尔德讲述的故事十分复杂，但他讲得十分精彩。

——彼得·琼斯，《BBC 历史杂志》

沃特菲尔德以极大的热情和快节奏的叙事方式讲述了这个令人遗憾的故事。

——《文学评论》

这本书描述了创造希腊-罗马文明的血腥过程，是一部激动人心的古代历史杰作。关于罗马军队的出征，学者们已进行了大量论述，但出于某种原因，未见任何一本著作全面描述罗马最关键的征服行动——征服希腊。本书填补了这一空白，将会成为论述罗马征服曾经强大的希腊诸国方面的权威著作。

——詹姆斯·莱西，《第一次冲突：希腊在马拉松的奇迹胜利及其对西方文明的影响》和《激战时刻：改变世界的二十场战争》作者

读者会发现，本书以优雅而有力的笔调介绍了罗马征服希腊的过程。沃特菲尔德讲述了其间所有的血腥场面与狡猾伎俩。

——巴里·施特劳斯，《指挥大师：亚历山大、汉尼拔、恺撒和领导天才》作者

沃特菲尔德生动、精彩地再现了罗马崛起过程中的关键一章——征服希腊人。

——格雷格·伍尔夫，圣安德鲁斯大学古代史教授，《罗马：一个帝国的故事》作者

一个史诗般的故事，以清晰、雄辩的散文讲述，引人入胜……本书对研究罗马人开始介入东方事务的时期做出了很有价值的贡献。

——《布林莫尔古典评论》

献给亦亲亦友的两个杰出家庭
——斯诺登家和斯坦福家

人生在世，如潮汐涨落，乘风破浪，方能成大事。

——威廉·莎士比亚，

《尤利乌斯·恺撒》第四幕，第三景

目　录

前　言

"在不到五十三年的时间里，几乎整个已知世界是怎样都被征服，为一个罗马帝国所统治的？到底是什么样的政治体系促成了这一史无前例的事件？世界上还会有思想狭隘、不求甚解到连这些问题都不想弄明白的人吗？"希腊历史学家、出生于麦加洛波利斯（Megalopolis）的波利比乌斯（Polybius）在其恢宏巨著的一开头，就提出了这样的问题。[1]他心目中的这五十三年，始于公元前219年第二次布匿战争爆发，止于公元前167年马其顿王朝被罗马推翻，马其顿分裂成四个独立的共和国。

本书叙述的历史时期包括波利比乌斯描述的五十三年在内，但起始时间稍早一些，结束时间稍晚一些。我从公元前229年第一次伊利里亚战争写起，最后一章继续回顾了前167年之后的历史，一直到前146年科林斯的毁灭。这段时间之所以重要，根本原因在于超级强国——罗马、马其顿和叙利亚之间发生的冲突。不过，我从所谓的伊利里亚战争（这些战争很难说是名副其实的）写起，原因尤其在于我认为这些战争对超级强国之间最终爆发冲突所起的作用未得到充分重视，或者至少被近代历史学家所低估。

这是一段罗马异常活跃、超常扩张的历史时期，但从本书书名可以看出，我描述的重点仅限于其东边的希腊地区，且主要是希腊本土。罗马对巴尔干半岛以东希腊化地区的帝国扩张出现在更晚一段时间，但本书描述的这段历史为这种扩张活动奠定了基础。罗马人差不多在同一时期向西扩张，先后对富裕的北非贸易之城迦太基（布匿战争）和西班牙诸部落发动一系列战争。这些在地中海历史上至关重要的事件将在本书中发挥重要作用，主要且集中体现在罗马在西部地区的经历影响了他们对东部出现的机会与事件的反应，对汉尼拔的反应与资源消耗便是最具说服力的事例。尽管如此，多年来，与迦太基的大规模战争往往使人们忽略更远的东方发生的事件，而这些事件具有同等重要的意义。

我在描述各历史事件（主要是军事事件）的过程中穿插了评论以及关于社会和文化问题的"旁白"，以阐明并深化对这一时期的认识。例如，在征服希腊行动之初，罗马仍然相对贫穷与简单。因此，随着与拥有悠久文化历史和良好声誉的邻国的接触越来越频繁，罗马持续不断地面临这样的问题：他们能在多大程度上吸收这种文化而不失去自我，它有何重要意义，他们的自我是什么？罗马人不得不在与希腊人比较的过程中定义自己，而这一过程如何开始，正是这段历史中让人着迷的部分——让人着迷，但难以把握。当然，与此同时，罗马人也在调整自己对希腊人的看法。足够的证据能让我们带着浓厚的兴趣窥探罗马人如何看待希腊人，希腊人如何看待罗马人。

含本书在内的这一系列书所针对的阅读对象不仅包括学者，而且包括大学生以及其他所有对古代史感兴趣的读者。出于这一考虑，在增加"术语表"和"关键日期"等辅助工具以外，我写作此书时还避免深入讨论存在的大量争议。因此，借此机会，谈谈自己通过阅读与思考得出的若干广泛结论。

第一，也是最重要的，有关罗马帝国主义，我更趋向威廉·哈里斯（William Harris）阵营而不是莫里斯·奥洛（Maurice Holleaux）及其后来盟友的阵营。也就是说，我认为，这一时期的罗马人比1979年哈里斯《罗马共和国的战争和帝国主义》（*War and Imperialism in Republican Rome*）第一版出版前人们普遍认识的更具侵略性，即罗马人走向战争并非全部因为真的受到威胁（尽管他们也许摆出了受到威胁的样子），也不是被意外或一系列不测事件而拖入东方纷争［格鲁恩（Gruen）的观点可以被简述为此］，他们对东方发动的战争也不纯粹是当时地中海世界具备的系统性因素引发的结果［埃克斯泰因（Eckstein）的观点可以被简述为此］。

　　认识这一点的困难之处，以及多位令人尊敬的学者研究同样的证据却得出相互矛盾的结论的原因，在于罗马帝国主义这一阶段呈现出一种特殊的形式。很长一段时间，一直未出现实际的吞并——没有征税，没有占领军，没有帝国主义的行政结构。罗马人像潮水一样，每一次都是大举入侵，而后又全部撤退，这一模式延续了数十年。不过，在我看来，罗马人在每次撤退时都将希腊世界的更多地区置于一种间接的、法律管辖之外的统治下。那是一种既经济又有效率的体制，只要求希腊地区的臣民遵从听命，而罗马方面几乎不投入任何资源。然而，这种体制要求罗马人在希腊地区时，表现出足够的决心甚至冷酷，而不在希腊地区时，有能力让即使是在上轮暴力行动中尚未受到削弱的人也表现出恭顺与遵从。

　　有人认为罗马出于道德原因，如对盟友承担的义务而被迫投入战争，或因当时地中海处于"无政府状态"（缺少国际法或强大的中央权威），战争不可避免。这种观点无法解释当时的整个局势。即使假定当时的确存在某种外部压力，罗马人采取的应对方式及应对程度也不完全取决于这种外部因素。我认为，有证据显示，罗马人常常根据自己的规则选择战争，"诸多外部因素所迫"的说辞只是对罗马人强大的正当性宣传的呼应，由于文化上的军国主义本性，罗马人十分珍视扩张自己权势的机会。

第二，我难以认同罗马存在一个能够影响元老院政策的由"希腊专家"构成的"党派"。当然，有些人在希腊语言与希腊事务方面更有经验，并不愚蠢的元老院成员会利用他们。在下面的叙述中，我们会经常看到由抽签来决定的率领在希腊和小亚细亚军队的将领，后来再次被派往东方任外交官，或担任后继将军的顾问。另外需要说明的是，第二次布匿战争迫使罗马采取了一些新的做法，包括以年为单位延长表现出色者的指挥权，这种简单而有效的方法同样被应用于东部战争。当时罗马每年都举行选举，还针对个人权力设置了其他防备措施，罗马的政治生活由此不可避免地形成了短期效应，延长指挥权则成为抵制政治短期主义消极影响的一种办法。但是，尽管元老院内部无疑存在各种压力集团，尽管个人关系在罗马政治生活中占据重要位置，我们却无法将这些希腊专家视为压力集团。

第三，我并不能确认，前2世纪上半叶的希腊存在大量的阶级斗争。人们都知道罗马人偏好富人执政，各派系都将自己的敌人描绘成平民主义宪政改革的促进者，却几乎没有证据能表明这只是宣传而不是实际情况。毫无疑问，许多希腊国家都存在金融与社会危机，但这些危机似乎对各个社会阶层都有影响。

第四，有人会发现，罗马共和国奉行的帝国主义与今天美国奉行的帝国主义之间存在相似之处。文化历史学家托马斯·本德（Thomas Bender）明确指出二战以来美国帝国主义的特殊性质："间接统治和影响取代了殖民主义；军事基地、附庸国与财政援助代替了尖顶头盔、马裤和邦主。"[2] 只需对相应的词语加以改动，几乎就可以用这种说法来描述本书中介绍的罗马政策。我并不否认这些相似之处，但若要深入具体论述这些相似部分，则需要另写一本不同种类的书——而且需要一位更擅长现代历史与政治分析的作者。尽管如此，我并不否认，了解通过欺凌、贿赂以及明智的干预等手段缔造的现代版帝国，也许有助于看清帝国古代远亲的本质。

　　简言之，考虑到本书的目的，我一直避免涉及所有学术争议的更多细节。我的首要目标，是对一段复杂而重要，但相对不为人们所知的欧洲历史做较为详细的叙述，本书一直没有偏离这一目标。不过，本书采用的注释不仅用作参考，而且提请读者注意存在的重要学术争议。出于同样的原因，本书还列出了大量参考书目，以对进一步的研究提供帮助。

　　毫无疑问，许多问题有待我们做深入的研读。这是欧洲历史上一段十分独特的时期，充斥着各种改变世界的事件。两种文化首次持续接触，相互融合，进而创造出我们认为的"古典时代"，构成欧洲的文化基础。在亚历山大大帝的继业者发动的战争中诞生的伟大的马其顿式王国当中，马其顿被罗马人消灭，叙利亚受到严重削弱，埃及已经疲惫不堪，帕加马王国最终与罗马结盟。在本书描述的这段历史之初，地中海有五个超级强国；但不到六十年后，只剩下一个。重要的是，我们见证了希腊大部分地区陷入混乱，进而遭到彻底摧毁，几个世纪过后都没有得到复苏。像前言开头一样，我们不妨再用两千多年前波利比乌斯向读者提出的挑战作为前言的结束。

致　谢

　　2012 年 4 月，我和妻子准备赴希腊北部、阿尔巴尼亚、黑山和克罗地亚考察时，收到了一群研究阿尔巴尼亚的专家的热情建议，他们是：洛杉矶加州大学的约翰·帕帕佐普洛斯（John Papadopoulos）、萨拉·莫里斯（Sarah Morris）和阿尔达·阿戈利（Alda Agolli），阿尔巴尼亚考古研究所（Albanian Institute of Archaeology）的塞米尔·什普扎（Saimir Shpuza），雅典美国古典研究学院（American School of Classical Studies）的杰克·戴维斯（Jack Davis），以及奥利弗·吉尔克斯（Oliver Gilkes）。在阿尔巴尼亚，阿尔巴尼亚考古研究所的博物馆馆长伊利尔·扎洛什尼亚（Ilir Zaloshnja）与文物部（Antiquities）主任什普雷萨·章盖察伊（Shpresa Gjongecaj）亲自带领我们参观了博物馆。在克罗地亚，斯塔里格勒（Stari Grad）博物馆的阿尔多·卡维奇（Aldo Čavić）和维尔马·斯托伊科维奇（Vilma Stojković）带我们参观了赫瓦尔岛上所有可以看到的文物，他们两位都是极好的人。在约阿尼纳，约阿尼纳考古博物馆（Ioannina Archaeological Museum）的乔治娅·皮拉库（Georgia Pilakou）和我们分享了她的一些观点，第 12 史前及古典文物部（12th Ephorate of Prehistoric and Classical Antiquities）前主任（但几乎没有"退休"）科斯塔斯·扎霍斯（Kostas Zachos）带我们参观了可能是帕萨隆

（Passaron）的地方，还带我们去了一家令人愉快的湖边餐厅。几乎每到一处，我们都感到我们是在追随 N. G. L. 哈蒙德（N. G. L. Hammond）的脚步。在生活指引方面，我们要感谢各地的路人（尤其是在阿尔巴尼亚，那里路标很少），特别是阿尔巴尼亚克洛斯（Klos）九十岁的老人伊泽特·塞尔曼·巴巴（Izet Selman Baba）和色萨利佐多克霍斯佩奇（Zoodokhos Pigi）的科斯塔斯·科尔基索古卢（Kostas Korkisogoulou），他们当即放下自己手头的事情，带我们分别参观了尼西亚（Nicaea）和库诺斯克法莱（Cynoscephalae）的古迹。

本书至少使我的一个人生周期更加完整，因为在中学和大学学习研读罗马史时，我就深深地爱上了古代历史。从那时起，我一直专门研究希腊问题。不过，写作本书的众多乐趣之一，就是有机会与大学期间教过我的老师约翰·布里斯科（John Briscoe）重新取得联系，请他阅读手稿。他同意阅读，事实证明他所做的评论非常有用。在写作这本书的过程中，他对李维（Livy）的评论以及沃尔班克（Walbank）对波利比乌斯的评论一直萦绕在我脑海之中。还要特别感谢其他读者，无论是普通读者还是专家读者：理查德·奥尔斯顿（Richard Alston）、安德鲁·厄斯金（Andrew Erskine）、蒂姆·哈克（Tim Hucker）、安德鲁·莱恩（Andrew Lane）和凯瑟琳·沃特菲尔德（Kathryn Waterfield）。与杰出的组稿编辑斯特凡·弗兰卡（Stefan Vranka）一起工作永远令人愉快。当然，对书中仍然存在的瑕疵，他们中的任何人都不负责任。

我写信给世界各地的许多学者，恳求获得有关资料，他们像往常一样，十分友好。我与让-保罗·德斯科德雷（Jean-Paul Descoeudre）教授、耶日·林德斯基（Jerzy Linderski）教授、比尔·默里（Bill Murray）教授、内森·罗森斯坦（Nathan Rosenstein）教授和托尼·伍德曼（Tony Woodman）教授就细节进行了沟通，在此感谢各位教授。地拉那大学阿尔巴尼亚考古研究所文物部的阿德里安·阿纳斯塔西（Adrian Anastasi）教授热心地提供了拉比坦（Labeatan）硬币的照片。我在伦敦古典研究所（Institute of Classical Studies）图书馆和雅典布莱根图书馆（Blegen Library）度过平静的阅读日子，我总是乐于感谢这些机构工作人员的耐心、友好和高效。

图片版权说明

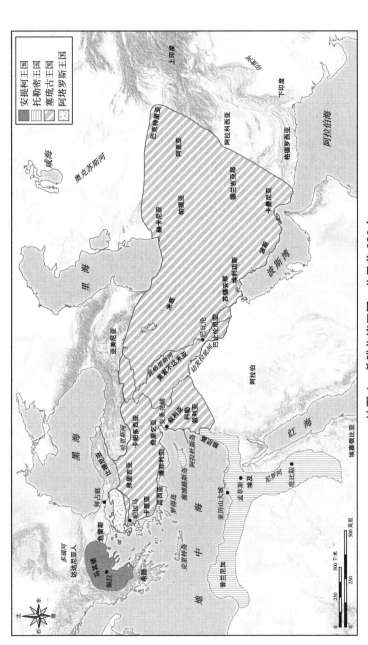

地图 A　希腊化诸王国，公元前 230 年

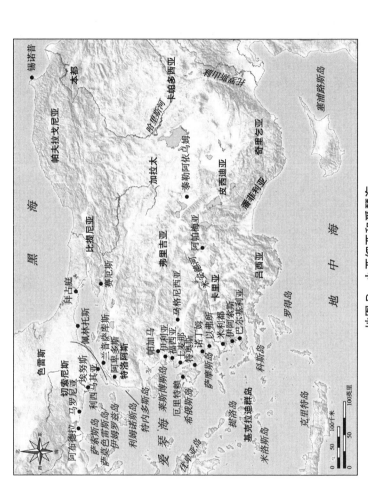

地图 B 小亚细亚和爱琴海

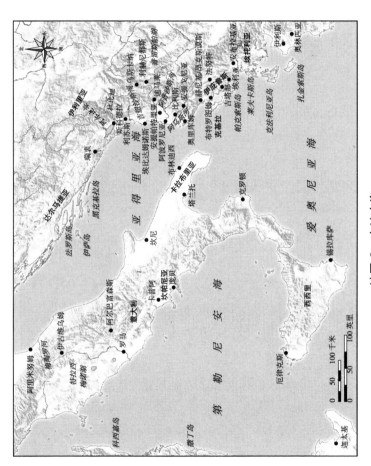

地图 C　中地中海

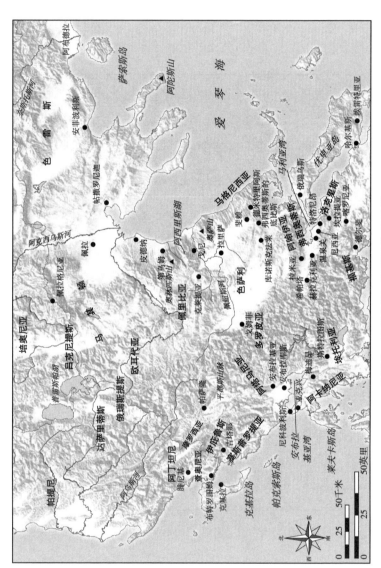

地图 D 希腊北部、马其顿和色雷斯

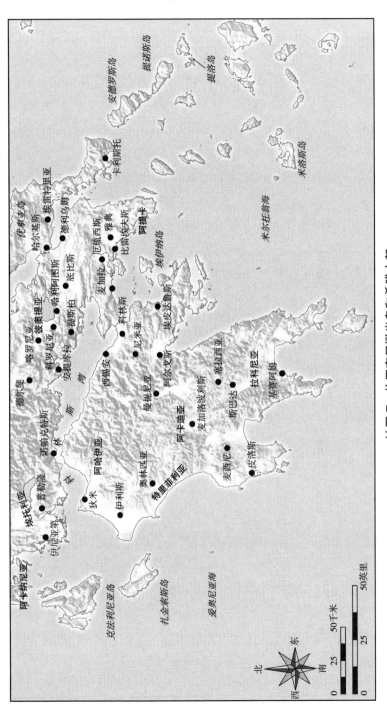

地图 E 伯罗奔尼撒半岛和希腊中部

序曲　西边的乌云

我猜想，公元前 150 年，一个大胆的想法像一道闪电一
样，从波利比乌斯脑海中闪过，使他欲罢不能，创作出西方有
史以来最伟大的历史著作之一——一部长达四十卷的恢宏巨
著，叙述罗马在地中海地区迅速崛起成为帝国的历程。波利比
乌斯亲身经历这一转型时期的许多动荡，他亲眼看到，经过某
一时间点，整个地中海地区的历史变成一个有机的整体（按
照他的比喻）。具体而言，地中海世界各个不同地区的不同历
史统统被归为罗马历史范畴。罗马成为中心，其余的**一切地方**
都是它的周边地区。波利比乌斯还认为，他能准确指出这一进
程的肇始，即公元前 217 年夏的一场大会。它在临近科林斯湾
入口的诺帕克特斯（Naupactus）举行，由所有最重要的希腊
同盟和邦国的代表出席。[1]

波利比乌斯所记载的本次大会上的唯一演说，是由埃托利
亚同盟（Aetolian League）的一位显贵——来自诺帕克特斯的
阿革拉俄斯（Agelaus）发表的，但其中细节可能不准确。[2]阿
革拉俄斯敦促参加集会的希腊人停止相互之间的战争，这不仅
是原则问题，也是当务之急。"只要容许现在聚集在西方的乌
云压过来笼罩在希腊上空，"他说，"那么我深感恐惧的是，
目前我们彼此之间的所有游戏，所有的停战和战争，都会被彻
底剥夺，到时候我们将不得不哀求诸神给予这一权利，让我们

按自己的意愿彼此之间进行战争或缔造和平，整体上管控我们
自己的内部争端。"阿革拉俄斯说得没错，诺帕克特斯和谈是
希腊人在没有罗马干涉的情况下举行的最后一次和谈。他还暗
示，如果希腊人联合起来，就能将罗马人拒之门外。这种说法
到底正确与否，我们永远不得而知，因为那样的事情并未
发生。

　　严格地说，演讲者无法及时地确定入侵者会是罗马人。波
利比乌斯安排阿革拉俄斯在此暗示，入侵者要么是罗马人，要
么就是迦太基人，这一点并没有错。无论是哪一方，只要赢得
在意大利肆虐的战争，就将控制整个西地中海的文明世界，而
控制西班牙、西西里、意大利和突尼斯的丰富资源，只会增加
胜者的权力和贪婪。过不了多长时间，赢得战争的一方都会将
注意力转向东方。这是古地中海人走过的路。当然，波利比乌
斯及其读者都明白，来者将是罗马人。[3] 这篇演讲成为一种预
见性的讽刺。

　　然而，波利比乌斯之所以认为这一刻在地中海历史上至关
重要，并不只是因为罗马人的到来。严格地说，阿革拉俄斯在
说希腊人应该停止相互之间的战争时，实际上主要考虑的是马
其顿人，而不是希腊人。他敢于斥责马其顿国王腓力五世，告
诫他不要在希腊人中间挑起战争。他说，腓力五世如果雄心勃
勃，就应关注意大利。无论谁在意大利获胜，都会精疲力竭，
不堪一击。帝国主义思想在过去只不过是腓力心中的一颗种
子，现在已经开花（大概波利比乌斯如此宣称）。地中海的东
西两部分已经走向对抗。

　　阿革拉俄斯的演讲反映出这样的事实，即早在公元前217
年，一些希腊政治家已经意识到罗马可能成为威胁。这里还有

另一件有趣的事，一个有名的故事：五十年后的前 168 年，叙利亚的安条克四世（Antiochus IV）准备占领亚历山大城（Alexandria），推翻摇摇欲坠的托勒密王朝，并占领整个埃及，但从罗马赶来协助解决问题的官员盖乌斯·波皮利乌斯·拉埃纳斯（Gaius Popillius Laenas）要求他停止入侵并达成和平协议。安条克搪塞推诿，波皮利乌斯（拥有通常授予罗马驻外使者及指挥官的全权处置权）在安条克四世周围的地上画了个圈，告诫他未答复前不得走出圈子，安条克只好屈服。[4]

　　不可回避的问题是，东地中海到底如何从 A 转向 B？罗马在五十年前只不过是笼罩在西方的乌云，如何在仅仅五十年后就足以威胁已知世界的最强大国王，并剥夺其推行自行选择的外交政策的权利？这正是本书要回答的问题。

第一章 罗马转向东方

这次会面进行得并不顺利。罗马使者告诉伊利里亚女王托伊塔（Teuta）他们前来的缘由，并毫不隐瞒地详细列出他们的抱怨：在伊利里亚和意大利之间的亚得里亚海上，托伊塔女王的臣民们的海盗行为近年来越来越猖獗，许多意大利商人遭到杀害，罗马已经接到多起投诉。使者们解释说，他们来到这里，就是要求女王约束自己的臣民，确保此类事情不再发生。这并不是罗马人首次接到这样的投诉，亚得里亚海海盗猖獗（与当时地中海的其他地方一样），以前肯定有许多人因此丧命，但到了前230年，罗马人决定采取行动。

外交场合总是虚虚实实，有需要高声言明的，也有不言自明的。亚得里亚海伊萨岛（island of Issa）的人民也曾请求罗马人的帮助，罗马使者格涅乌斯·科伦卡纽斯（Gnaeus Coruncanius）和卢修斯·科伦卡纽斯（Lucius Coruncanius）兄弟实际上发现，伊利里亚女王正忙于围攻伊萨城。罗马使者到访的目的，并不仅仅是表面上显示的那样，他们还要探测托伊塔女王对亚得里亚海航运以及对整个地区构成威胁的程度。女王亭台里涌动的这些暗流加剧了紧张局势。

女王倾听着，丝毫不掩饰自己的轻蔑。使节们讲完后，双方沉默了一会儿，女王与顾问进行了磋商。然后她重新转身面向罗马使者，尽管表面上仍然保持着外交场合应有的礼貌，却完全拒绝了使节提出的请求。"当然，"她说，"本人决不会在官方层面挑衅罗马，但您所说的事件与罗马的国家事务毫无关系，伊利里亚统治者没有阻止其臣民私自从海上获利的惯例。" 5

这种答复的确十分傲慢。正常的外交做法可能是，否认所谓凶手是伊利里亚人，同时承诺对这一事件进行调查，并尽最大努力遏制其臣民的海盗行为。采取拖延策略可以缓和当前的紧张局势。但与此相反，女王不但完全承认海盗行为是属下臣民一种既定的生活方式，[1]还一口拒绝采取任何行动。托伊塔女王不讲策略，罗马人也同样鲁莽。较年轻的科伦卡纽斯一反外交官应有的态度，勃然大怒。他警告托伊塔女王，如果拒绝遏制臣民是伊利里亚人的习惯做法，就应该让罗马人来改变这种方式。和意大利商人被杀一样，这次会面出现的暗流让使者恼怒不已。在伊萨岛的所见所闻让科伦卡纽斯兄弟认定，托伊塔是罗马的敌人。

会谈在仇恨中破裂，武力报复的威胁气息四处弥漫。谁也不知道接下来会有什么事情发生，但当两位使者准备启航返回时，其中一位或者他们两位，还有那位请求罗马采取行动的伊萨高官，都遭到了谋杀。不管这些谋杀是否为官方授意，罗马人无疑认同使团幸存者提交的报告，认定这是一种战争行为。[2]罗马人开始了他们首次面向东方的海外军事冒险，目标放在语言及文化上均属于希腊的地区。

伊利里亚人争取合法性

伊利里亚地区（今阿尔巴尼亚和达尔马提亚）当时被认为是个野蛮之地，通过与各希腊和马其顿邻邦的接触才获得半文明的地位。占据这个地区的是多个不同的部落，它们由一种共同的文化及语言（与色雷斯语相近）联系在一起。有时，其中的一个部落取得对其他一些（或大多数）部落一定程度的统治权，但从未同时统治过所有部落。与希腊世界接触促就了一定程度的城市化，尤其是在南部和沿海地带，但该地区基本上仍由许多拥有忠诚联络网的小部落王朝组成。在本书描述的这段时间，占主导地位的是阿尔迪安（Ardiaei）部落。前230年代，该部落国王阿格隆（Agron）创建了一个联盟，其核心部分是与伊利里亚中部其他地方头领结成的联盟，这些头领包括富裕的法罗斯岛（island of Pharos）上的希腊领主德米特里（Demetrius）和伊利里亚拉比坦酋长斯凯尔狄莱达斯（Scerdilaidas）。

前230年代末，伊利里亚南边的希腊邻居——伊庇鲁斯（Epirus）部落与社区的邦联在共和派推翻当时遭人憎恨的君主后，陷入一片混乱。阿格隆抓住了机会。在前231年对埃托利亚人取得重大胜利之后——当时，马其顿的德米特里二世雇佣埃托利亚人解除了对盟友阿卡纳尼亚（Acarnania）梅迪昂城（Medion）的围困——伊利里亚人相信自己具备了与任何邻国相抗衡的能力，于是扩大了行动范围。第二年，伊利里亚人袭击了远在南方的伯罗奔尼撒海岸线，不过更重要的是，他们占领了伊庇鲁斯北部的腓尼基城（Phoenice）（见图1.1）。

在攻占了伊庇鲁斯地区最强大、最富有的城市腓尼基后，他们又成功地抵御了伊庇鲁斯人顽强的反攻，这些胜利大大鼓舞了人们的士气，但阿格隆最关心的是胜利后的实际好处。腓尼基不仅是个非常好的瞭望台，同时靠近从伊利里亚到伊庇鲁斯的主干道。更具直接意义的是，该城控制着肥沃（尽管有大

图 1.1　腓尼基。前 230 年，阿格隆攻占伊庇鲁斯北部战略重地腓尼基，伊利里亚人信心大增，决意威胁这一地区，由此与罗马发生冲突。

片沼泽）的冲积谷地，并在昂克斯谟斯（Onchesmus）通往海洋。南边不远处是位于布特罗图姆（Buthrotum，今布特林特，欧洲最好的考古遗址之一）的另一个港口，但对向北航行的船只来说，昂克斯谟斯是最后一个良港，直到来到 80 千米外的奥里库姆（Oricum）港口，这段距离船只需要行驶一到两天。此外，除了在恶劣天气下需要避风港之外，古代船只还需要频繁靠岸来补给食物和水（尤其是军舰，其装载补给物资的空间很小），排干船舱中的水（当时没有水泵），杀灭蛀船"蠕虫"（一种令人讨厌的软体动物）。腓尼基是个价值不菲的战利品。

　　不久，阿格隆命归西天，据说他是在大肆庆祝取得的胜利 7

后，感染了胸膜炎而死。继承王位的是他的儿子平纳（Pinnes）——或者更确切地说，是他的妻子托伊塔，平纳的摄政王。[3] 托伊塔所继承的是一个危机四伏的局面。失去腓尼基之后，伊庇鲁斯加入了埃托利亚-阿哈伊亚联盟（Aetolian-Achaean alliance），新盟友以最快速度派遣一支军队北上。斯凯尔狄莱达斯率领大约一万名伊利里亚士兵南下，与敌军对峙。两支军队在帕萨隆（今约阿尼纳）以北不远处相遇。[4]

希腊西北海岸线的局势一触即发。然而在战斗之前，托伊塔却召回伊利里亚军队，应对联盟中一个部落（不知道究竟是哪个部落）发动的叛乱，该部落向达达尼亚人（Dardanians）求助。达达尼亚部落占据马其顿北部和伊利里亚东北部地区（主要是现在的科索沃），经常派出大量兵力越境突袭，并联合几个部落进行有利可图的战斗。斯凯尔狄莱达斯向北撤退，边走边抢劫，后与伊庇鲁斯当局达成协议，据此他从腓尼基带走所有战利品，以一笔可观的赎金为价码，把相对完好的腓尼基城交还给同盟。

来自达达尼亚人的威胁烟消云散，前230年，托伊塔目光转向与法罗斯岛相邻的伊萨岛。对她来说，这种扩张行动顺理成章：伊萨岛（今维斯岛）与克基拉岛（Corcyra，又称科孚岛）和法罗斯岛（今赫瓦尔岛）一起，都是这条海岸线上的商业大岛，不但物产丰饶，[5] 而且因其港口为亚得里亚海上的木材及其他商品贸易提供便利而变得特别富有；事实上，伊萨城占地10公顷，是达尔马提亚最大的希腊人定居点。托伊塔女王已经拥有法罗斯岛及其领地黑克基拉岛（Black Corcyra，今科尔丘拉岛），如果能够拿下伊萨岛和克基拉岛，她的税收将会大幅增加，并成为该地区重要的一股势力。托伊塔包围了伊萨城；在那个时代，每个岛屿一般只有一个大的城镇，那也是主要港口，因此，拿下了城池就等于拿下岛屿。

前229年战季到来时，[6]（仍在围困伊萨城的）托伊塔发动重大远征行动。她的军队首先对伊利里亚海岸的希腊贸易城市埃比达姆诺斯（Epidamnus）发动进攻，该城拥有极好的港口，控制着向东通往马其顿的最重要的路线，一百年后罗马人开始开辟这条道路，称其为厄纳齐雅大道（Via Egnatia）。埃比达姆诺斯人孤注一掷，勇敢地挫败了进攻，伊利里亚人乘船离开，与围困克基拉城的其余舰队会合。克基拉、埃比达姆诺斯和阿波罗尼亚（Apollonia，距埃比达姆诺斯80千米远的另一个希腊沿海殖民地，肯定是伊利里亚人下一个目标）的人们自然而然地向埃托利亚人和阿哈伊亚人求救，二者已经对伊利里亚人表现出敌对立场。希腊联盟立即组建并派出一支小型舰队，援救克基拉。伊利里亚人派出的舰队通常由体积小而速度快的"列姆波斯"（lembos）舰船组成，这次却增补了从阿卡纳尼亚人那里借来的大型船只。阿卡纳尼亚人感激伊利里亚人停止围攻梅迪昂。战斗在帕克索斯岛（Paxoi）附近的海上进行，伊利里亚人再次取得胜利。

克基拉人投降了，伊利里亚人在法罗斯的德米特里指挥下建立了一个兵营，其余军队则掉头再次围攻埃比达姆诺斯。成功孕育着成功，陷入混乱而惊恐万状的伊庇鲁斯人抛弃了刚刚加入的埃托利亚-阿哈伊亚联盟（帕克索斯岛的海战足以证明这种联盟毫无用处），转而与伊利里亚人结成联盟，伊利里亚人的势力得到极大增强。作为回报，他们割让了阿丁坦尼（Atintani）地区，该地区位于伊利里亚和伊庇鲁斯边界，拥有至关重要的安提戈尼亚（Antigonea）关口（见图1.2）。伊庇鲁斯的加盟让伊利里亚人得以控制从达尔马提亚到安布拉基亚湾（Gulf of Ambracia）650 千米的海岸线。此外，由于前 231 年成功地充当德米特里二世的雇佣军，他们赢得了马其顿的友谊，而马其顿通常是希腊地区的头号强国。现在，伊利里亚人成为一支不可忽视的力量，与伊庇鲁斯和阿卡纳尼亚结盟使这些沿海地区禁绝了海盗行动，此时的托伊塔由海盗女王迅速转变成为一个小型帝国的女皇。

图 1.2 安提戈尼亚的德林（Drin）山谷。这个至关重要的关口是伊利里亚通往伊庇鲁斯的主要路线，处于罗马在伊利里亚最早的势力范围之内，但一直是争夺的焦点，直到前 167 年被罗马人彻底摧毁。

前 229 年托伊塔发动的这次战役并不是，或者不仅仅是扩张主义的侵略行为。我们可以看到，前 230 年，伊萨人请求罗马提供帮助。除了罗马他们还能求助于何人？他们被敌人包围；埃托利亚人和阿哈伊亚人刚刚被伊利里亚人打败；马其顿人则因达达尼亚人的入侵丧失了最重要的外围地区之一培奥尼亚（Paeonia）。马其顿国王恰恰在这个危急时刻因病去世，新国王腓力五世还是个孩子，需要摄政王的辅佐。[在这方面马其顿非常幸运，因为腓力麾下有非常能干的安提柯·多森（Antigonus Doson，即后来的安提柯三世），后者很快成为国王。但当时他正全力忙于收复培奥尼亚。]因此，当时希腊地区的两股强大势力——马其顿和埃托利亚-阿哈伊亚联盟都处于局外，这样伊萨人只能转向距离最近的著名强国罗马。伊萨人的援救请求可能是由西西里锡拉库萨（Syracuse）的国王希罗二世（Hiero II）从中斡旋的。伊萨城是由锡拉库萨人创建的，与其母城保持着牢固的联系，而希罗当时是罗马最重要的盟友之一。

求助的结果就是科伦卡纽斯兄弟的正式访问，会谈破裂后，托伊塔知道罗马人即将到来。因此，托伊塔于前229年初采取的行动是防御性的，目的是夺取尚未处于自己控制中的多个登陆点。法罗斯和克基拉已经属于她，埃比达姆诺斯和伊萨受到围困，如果再拿下阿波罗尼亚，她就将拼成一块相当不错的小领地，使罗马人在附近任何地方登陆都变得十分困难。

罗马人登场

托伊塔女王与科伦卡纽斯兄弟会见的高潮是兄弟中年龄较小的那人发出威胁。尽管这种威胁是在盛怒之下发出的，但它显然是可信的——不但符合托伊塔女王对罗马的所有印象，也符合科伦卡纽斯本人对这一历史时期的罗马的印象，而他代表的正是这样的罗马。他一定知道，他和哥哥的使命必要时会得

11

到罗马军队的支持。他肯定知道，罗马对一个地区的关注很容易成为武装干涉的前奏。

在过去两百年里，罗马一直表现出侵略与好战的本性。在整个前5世纪，这座城市开始主宰其意大利近邻。[7]到前250~前225年，意大利中部和北部的大部分地区已落入罗马手中。这些新领地是通过支持当地的精英统治，培育罗马公民控制下的殖民地（前290年已达十九个）等手段获取的。罗马殖民者通过直接剥夺当地居民的部分土地来压制他们。在现代意大利的最北部，凯尔特部落占据了从法国南部一直到亚得里亚海北端肥沃的波河河谷（Po valley，又称波河平原），而在南方，希腊人建立已久的定居点与当地部落相处得也算不上融洽。

植根于意大利的帝国日渐壮大，而罗马人缺少直接管理的行政机构，于是他们创立了一种独特的制度。在这一制度之下，他们授权被征服的城市自行管理，让其以联盟的形式存在（尽管联盟的形式多样，但必须始终维护或支持罗马人的统治地位），同时大规模地授予不同等级的罗马公民权作为支撑。作为回报，联盟有义务向罗马提供士兵，而不是贡品。这一制度效果显著，到前225年，罗马人麾下在理论上拥有六十万人之众，整个地中海地区没有任何国家能够接近这种程度。[8]不过，意大利在扩张行动中得到的人口几乎全被用于持续的海外扩张，因为罗马人从其意大利盟友方面无法得到金钱，唯一能得到的好处就是从盟友那里征召士兵夺取更多的领土。因此，这一制度会助长促使罗马人走向侵略扩张的其他所有文化因素。

接着，罗马人将注意力转向意大利以南出现麻烦的地区，那里由于希腊人长期定居而被称为大希腊。前280年代末，罗马人决定在多个希腊城市驻扎军队，从表面上看，是对与可恶的山地部落做长期斗争的希腊人施以援手——毕竟，希腊人已经在其土著的领地上开辟了一条生路。这一行为被塔兰托（Tarentum，规模仅次于罗马的一座意大利城市）的公民视为帝国主义举动并没有错：驻军之后便是更永久的罗马存在感以及加速罗马化。有轶事表明，这个问题在很大程度上是希腊人与罗马人的对抗。一位罗马使者曾摆出和解姿态，用希腊语发表演讲，塔兰托人嘲笑他错误百出；一个醉酒的人甚至在悲惨的罗马人身上大便。[9] 于是，为期十年的战争开始了。

12

塔兰托人知道单凭自己的力量无法抵抗罗马人，于是向摩罗西亚（Molossis，又译作摩洛希亚）国王皮洛士（Pyrrhus）求助。摩罗西亚当时为伊庇鲁斯的主要部落，正好位于爱奥尼亚海的对面，所以皮洛士实际上是希腊西北部的国王，其首都设在安布拉基亚（今阿尔塔）。[10] 皮洛士的军事声望仅次于已故的表亲亚历山大大帝。前281年，皮洛士带领令人闻风丧胆的军队赶到，一开始就取得了让罗马人感到震惊的胜利。罗马人奋力拼搏，但意大利南部似乎仍要被一位希腊国王夺走。然而就在这时，迦太基人主动提出与罗马人结盟，专门与皮洛士作对。[11] 迦太基人占领了西西里岛西部，他们担心皮洛士会对西西里岛的希腊人聚集区施加影响。长期以来，西西里的希腊部落与迦太基人一直在争夺对该岛的完全控制权。

迦太基人的警惕是有道理的，因为在前278年皮洛士登陆西西里岛，并迅速占领了几乎整个岛屿。然而，皮洛士的帝王野心引起盟友们的不满，同时，罗马人也在威胁他在意大利的驻军。皮洛士撤出了西西里岛，返回意大利，但很快被迫从意大利撤出。无论他多么频繁地打败罗马人，罗马人都会集结更多军队，再次与他作战（所以"皮洛士式的"胜利成了徒劳的胜利，相当于失败）。前 275 年，皮洛士返回希腊，放弃意大利南部各个城市，将其命运交到罗马人手中。在三年后的另一次军事冒险途中，皮洛士命丧黄泉。[12]

与皮洛士的战争，持久而充满血腥，罗马人伤痕累累，皮洛士的幽灵（后来在汉尼拔占领意大利的十六年间又得到加强）成了影响罗马外交政策的一个关键因素：遭到入侵成了他们最可怕的噩梦，也是发动侵略的方便借口。[13] 然而，打败皮洛士后，罗马人几乎没有时间重整旗鼓，前 264 年，他们又卷入古代世界最持久与最残酷的战争，即对迦太基人的第一次布匿战争 [英语中的"布匿"（Punic）一词，来源于拉丁语中的"Poenus"，意为"腓尼基人"，而迦太基正是腓尼基人建立的]。战争持续达二十三年，令人震惊，但罗马人最终取得了胜利。迦太基人被迫先撤离西西里岛，进而撤离撒丁岛（Sardinia），两个大岛成为罗马的第一批海外属地。罗马人在管理海外帝国方面迈出了第一步，获得了丰富的海战经验，并在海外驻扎军队方面学到了很多东西。

科伦卡纽斯兄弟知道，长久以来，罗马一直显示出统治意大利的决心，在意大利打下坚实基础后，罗马近期也表示会且有能力从事海外扩张活动。当时的情况决定了罗马人将首次海外侵略行动放在西西里岛。不过，如果西西里岛成为明显目标是因为该岛距意大利半岛只有数英里之遥，那么伊利里亚和希腊西部几乎也会成为同样明显的目标。意大利靴状领土最窄处的根部离希腊西部只有 72 千米的水域。

此外，罗马正逐渐占领并巩固意大利的东海岸。在过去的五六十年里，从北部的阿里米努姆（Ariminum）到南部的布林迪西（Brundisium），他们沿意大利东海岸建立了六个殖民地，亚得里亚海贸易呈指数级增长。[14] 而且，罗马盟友西西里岛的锡拉库萨也在亚得里亚海大量从事贸易活动。希罗本人很可能受到伊利里亚海盗的纷扰，向元老院施加了额外的压力。不管怎么说，第一次伊利里亚战争结束时，罗马人将在战争中获得的一些战利品奉献给锡拉库萨的奥林匹亚宙斯大神庙。[15] 另外，在入侵伊利里亚时，罗马正在与波河河谷的凯尔特人交战，那里的罗马军队完全有可能需要从亚得里亚海运送物资，获得补给。他们有充分的理由对自己感知的伊利里亚威胁做出反应，因此，科伦卡纽斯兄弟使团给人的印象是，罗马人是在肆意寻找战争借口。

罗马的寡头政治

从政治上讲，罗马属于寡头政治。[16] 罗马的统治机构是元老院，这一时期大约由 300 人组成，而当时城市的总人口约为 27.5 万。要成为元老院成员，就必须拥有担任过高级行政职务的资历，而担任高级行政职务者必须是最富有阶层的成员。这是一个属于富人的寡头政治。元老院成员为终身制，只要他的名声不过于恶劣。

元老院作为政权机关其实是一种悖论，因为它是罗马唯一自身并不拥有行政权力的团体。立法权形式上属于公民大会，因此从这个角度看，罗马共和国似乎是民主体制。然而，除了通过法律，人民所能运用的主要权力就是每年选举官员，通过这种方式实际上把权力交给了被选举的官员。而共和国官员们的权力论坛就是元老院。

　　元老院为审议委员会，负责所有最重要的公共事务，开会讨论所有未来的立法，管理国家财政以及与外部强国的关系。它是唯一的半常设委员会，每年至少举行四十次会议，而公民大会则由特定官员为特定目的不定期地召开。元老院通过辩论形成决议，称为元老院决议（senatus consultum）。在许多情况下，形成的决议提交对应的公民大会团体获得批准，或通过形成法律。从理论上讲，公民大会可以改变甚至投票反对这项提案，但实际上这种情况很少发生（尤其在罗马共和国时期），因此，元老院主要通过权威（auctoritas，与"authority"大体相同）实施统治：到目前为止，元老院提案对所有人都有好处，民选官员基本上听取大家的意见，所以这种体制得以继续。只要人民投票支持元老院的提案，就等于让罗马社会的贵族统治合法化。

　　因此，元老院要么将其决议提交给公民大会，要么指示当年大会投票选举出的官员（执政官、裁判官等）[17]实施提案。之后，这位官员在一定程度上可以自行决定，不过在决策过程中会考虑未来辩论中元老院同行对他负责的所有事务可能提出的意见。每个官员负有不同的职责：如果是罗马城的食物供应问题，元老院就去找市政官；如果是发动战争的，则会去找执政官。

　　此时的罗马是由精英阶层统治的，为数不多的家族反复担任相对较多的高级职位。为防止出现强大的祭司阶层，他们甚至将所有最重要的祭司职位据为己有。这些人一起作战，一起用餐，拥有相同的文化兴趣，互相通婚，彼此收养儿子，相互借贷。他们几乎痴迷于维护其祖先的地位，显示出一种地位世代相传的担当。尽管如此，这一精英阶层还是可以渗透的，

"新人"（novi homines）或者那些数代家族都没有出过高官的人，也有可能爬到社会顶层，而一些老的家族，如果在某一代没有男性后代，或者其男性后代不适合或不愿意担任公职，或者没有财力参加职位竞选，则会衰落。但是，元老院存在一个由大约40%的成员组成的核心层，这些成员拥有执政官的级别，其父亲和祖父也曾担任拥有最高政治及军事职务的执政官。[18] 在所有辩论中，首先要听取他们的意见，他们形成了一个自我延续的寡头政治，原因在于显赫地位与巨额财富让他们拥有影响选民的机会，而这种机会是别人无法企及的。

是剑还是影

罗马贵族没有世袭等级，没有高一等的"公爵"与低一等的"伯爵"之分。一个人在等级制度中的地位取决于其威望，而威望是一种极不稳定的东西。每年只有非常少的顶级职位，没有人敢打赌说他的职位会延长到来年。每隔十年（大约十年：在罗马共和国中期这种事情的流动性比在共和国后期大），官员可以再次担任以前担任的职务，或者寻求更高的职务；但他也知道，自己只有一年的辉煌。竞争激烈到什么样的程度可以想象。

对某个人来说，为自己和家族增光添彩的最佳方式是奋战疆场。事实上，绝大多数罗马民政职位也是军事职位。例如，对执政官来说，不管承担什么样的民政职责，他首先是一支军队的将领。一个人在当选执政官之后，便立刻获得将军职务，同时被分配负责的"行省"（战区）。[19] 服兵役的优势还被庄严地列入法规（几乎没有任何违背这项法规的事情发生）。这条法规规定，年轻人只有在战场上完成十个战季的服役才有资格

16

迈上最低的政治阶梯。成年男子预计十七岁入伍，在军队中度过六分之一的人生。因此，他首先成为一名士兵，在古代罗马贵族武士故事的叙述中成长，到大约三十岁时，已经接受了完整的军事价值观的灌输。

一位前途远大的贵族青年在军队头十年里有望得到升迁，成为一位军事保民官。每个军团只有六个这样的职位，所以这是一个十分重要的中级官阶。在这个职位上，他将开始学习高超的指挥艺术。既然已经踏上官阶，他在后来的职业生涯中可能会爬到财务官、市政官、裁判官，甚至执政官的位置。如果拥有指挥才能，就有足够的机会拓展才能。同僚们有足够时间发现那些不具备军事才能的人，此人也不会爬到更高位置。当时的元老院拥有一批经验丰富的军事专家，这一点可以通过抽签分配行省得到充分体现。可以设想，采用随机方法就能获得足够数量的将军，那么这些将军至少都具备古代战斗所需范围内的能力。

元老院以好战闻名于世——李维安排一位平民保民官于前201年指责元老院成员不断挑起新的战争，通过这种方式让普通民众忙忙碌碌，恪守本分[20]——不难看出其中的原因：这种好战不仅为元老院作为一个机构扩大罗马权力与影响力（以及由此而来的自身权威）的渴望所驱动，而且为其成员扬名疆场的渴望所驱动。当然，有望获得最高职务的人并不多，但即便如此，好战仍然是整个元老院的驱动力量。对这些精英家庭来说，服务于公众是一种神圣的职责，因此在增加个人荣誉的同时，成功的年轻人也在服务于自己的家族、国家以及众神，这种利益组合让人斗志昂扬。

头两次布匿战争在许多方面提高了标准。最重要的是，各个指挥官向后代们示范了获得个人荣耀的可能途径，与迦太基和西西里岛上各希腊城市的财富相比，过去意大利战争中获得的战利品相形失色。军事上取得的成功总会增加财富，但从来不曾达到现在这样的程度。与近代以前的欧洲历史相同，系统性掠夺是所有军事战役的一部分。士兵们的待遇极差，当局不但指望他们用战利品补充自己的津贴，还要在合适的季节里于野外觅食。盟军的待遇与公民士兵并无区别，即便罗马盟军也知道，为罗马而战是改善自己命运的一种途径。到前171年第三次马其顿战争开始时，由于志愿者们看到早年的东方战争让邻居们的生活大为改善，他们争先恐后地加入队伍。[21]

当然，一部分战利品属于将军，但他同时也有更大的责任以及其他的利润来源。国家为战争提供资金，罗马富人也提供资金，这些都需要得到回报。将军的责任就是决定有多少战利品归国家，多少能留给自己，而不激怒自认为拿得太少的部下。不过，除了可以获得丰厚的战利品以外，罗马将军还从战争准备和战后安排中获得财富。受到或可能受到战争影响的部落会找将军协商，力争使战争行动避开自己的地区，或者要求降低提供的粮食数量；按照古老的希腊方式，他们要么掏钱让将军解决争端，要么根本不插手这一事宜。前190年战败后，叙利亚的安条克三世向卢修斯·科尔内利乌斯·西庇阿·亚细亚杰尼斯（Lucius Cornelius Scipio Asiagenes）支付1800万第纳尔，作为罗马军队在小亚细亚的维持费用，其中一部分资金最终肯定落入西庇阿自己的口袋。[22]将军总有办法赚钱，不管是用干净的还是肮脏的手段。

后来我们发现，元老院成员们也在利用他们自己或其同僚所从事的征战来增进自己的商业利益，但此事与本书论述的第

18

一个扩张期几乎无关：这种利益在很大程度上还没有产生。[23]
但对军事贵族而言，已经形成了一种良性循环，即从战争中获得的财富让他们得以购买更多的地产（包括服役中阵亡或极其贫困的农民空置的土地，或农民迁往城镇而留下的土地），这样就需要大量的奴隶，而更多的战争可以提供所需的奴隶；更多的奴隶则可提高生产力并增加利润。从农业上获得的利润虽然比不上从战争中得来的，也不如从商业中得来的，但稳定而可靠。[24] 此外，人们认为经商不如务农体面。[25]

其中的关联非常明显，也非常直接：军事成功使将军能够掌握所需的资源，支撑其不断地追求荣誉，一劳永逸；或者至少补偿在竞选拉票和履行公职期间付出的巨额开支，国家并不提供这部分资金。获得成功最快、最可靠的方式就是战争；挥舞利剑是一个人走出困境的最佳方式。将军在事业上取得的成功莫过于得到凯旋礼遇，这是最为辉煌的荣光。此外，国家也从中获益，即使不是每一场战争都能收回其直接成本，被征服的敌人常常被免去巨额战争赔款，但总体上讲，战争是国家一项巨额收入的来源。据估计，前200年到前167年间，国家从战争赔款和官方战利品中获得的资金达2.5亿第纳尔（约合250亿美元）。[26] 如果人人都能从战争中获利，那么人人都更愿从事战争，而那些制定政策的人则是获利最多的人。罗马变成了军事化与好战的社会，元老院就是这种潮流的引领者。

地中海陷入无政府状态

此时，罗马共和国从贵族到下层平民（除了当时不允许参军的最贫穷的公民以外）成了一个武士社会。每年有10%~15%的成年男子参军，危机发生时比例更高。前213年汉尼拔战争最紧张期间，比例竟达到令人难以置信的 29%。[27] 所有人都从中得到好处，不仅从战利品中受益，而且从安全和罗马日益令人生畏的声誉中获得无形的利益。随着时间的推移，罗马开始用军事胜利的显著标志来装扮自己：为兑现战时承诺而建造神庙；为征服者建造精美的雕像，上面赫然刻着其取得的成绩。"本人歼灭或俘虏了 80000 名撒丁人"，一位将军在十分醒目的铭文上如此夸口，[28] 这样的事情比比皆是。大多数可追溯到共和国中期的纪念性铭文——到前 2 世纪末，这座城市到处都有这样的铭文——集中或全面展现了军事成就。罗马人最推崇的人之品质在战争中得到了最好的培育与展示。

简而言之，在罗马，战争状态不但被所有人视为"寻常事"，而且广受欢迎，尤其对罗马贵族领袖而言。尽管非常难以再现普通士兵的动机，但普劳图斯（Plautus）的几部戏剧（前 3 世纪或前 2 世纪）表明，战争对普通士兵的吸引力同样来自利润。[29] 当时罗马人走向战争肯定比较容易，同样容易的是将战争当成正义的自卫行动或者对弱小邻邦的保护行动。微不足道的借口就可能被视为严重的挑衅。这并不是说，在所有战争中罗马都扮演侵略者的角色，但事实仍然是，在共和国的早期及中期（前 500~前 150 年，以整数计），罗马人接受所有元老院提供的开战机会，所有人都认可战争带来的好处。科伦卡纽斯或使团幸存者带回罗马的报告得到听者的认可。毫无疑问，元老院也出现了推动东扩的声音。

然而，罗马并非地中海地区唯一的好战社会。只思考一下阿格隆和托伊塔企图将伊利里亚打造成地中海强国的强烈愿望就清楚了。希腊化国王们的精神始终是积极扩张。[30] 王位靠战争获得，也靠战争维护。像各位元老院成员一样，所有的希腊

20　化国王自诩为战士。在永无止境的血腥循环中，军事成功带来了财富（来自掠夺和赔偿）与领土的增加，国王得以创造更多的收入，养活更多的军队，从而取得更多的军事成就。希腊诸同盟及城市几乎没有不好战的，只是程度较低而已：他们不断地试图掠夺邻国领土，埃托利亚同盟和阿哈伊亚同盟（Achaean League）为争夺希腊中南部的霸权已经争斗了几十年。这两个同盟和许多其他同盟每年选举的领导人被称作"将军"。与罗马执政官一样，战争是他们的首要任务。

在整个地中海地区，战争被视为常规与正常事件。侵略受到敌人的厉声谴责，而在自己一方却被广泛实施。罗马文化比其他任何文化都更为军事化，但这只不过是程度问题。除了这些混合因素之外，其他因素还有国际法的明显缺失，以及扩张主义国家所普遍相信的观点，即"强权即公理"，冲突几乎不可避免。从理论上讲，通过谈判避免战争是可能的。但不可否认的是，尽管在古代外交努力常常可以解决小规模争端，但对大规模战争只能起到拖延作用。无论如何，我们将会看到，罗马人的好战态度让谈判难以取得成功，而他们的傲慢态度则让他们难以接受第三方调解。罗马人好战而傲慢，是天生的帝国主义者。

第二章　伊利里亚战争

罗马人对巴尔干半岛的首次远征极为短暂。他们打了两场战争，但每场都只持续了短短的几周时间。在两场战争中，罗马人实现目标后就立刻撤出军队。当然，战争不会让事情保持不变，我们需要关注的就是这些变化的程度和意义。尽管罗马人发动战争的目标是有限的，但这是他们的首次海外东征，造成的变化不可避免地改变了先前的状况。这些强大新来者的存在，无论时间多么短暂，都会对其他人的利益造成影响，并为建立与希腊地区各政治实体的未来关系增加强烈的动力。

第一次伊利里亚战争

人们一向难以猜测罗马人的行事动机，但前 229 年他们走向战争的真正原因似乎是显而易见的。派出的大使遭到杀害只是一种额外的刺激，主要原因其实是经济问题。他们为何还要帮助那些与罗马人并无任何关系的伊萨人？伊萨人苦苦求助也许让他们受到感动，毕竟这是来自希腊国家的第一次求救，[1]不过罗马人采取行动是基于务实的态度，并非出自情感。他们这样做也不仅仅是因为意大利商人被杀，同时还因为存在很大的未来威胁。罗马人不想拥有一个强大的邻居，他们企图独占亚得里亚海。

前 229 年末，罗马军队蜂拥而至。由执政官统率的两支大军在布林迪西集结，两万两千名士兵搭乘两百艘船越过亚得里亚海。这支强大军队唯一昭示的就是罗马人要征服大片领土，他们根本不清楚将会遇到多么顽强的抵抗。伊利里亚人最近在战争上一直表现出色。

前229年罗马的两位执政官是格涅乌斯·富尔维乌斯·森图马鲁斯（Gnaeus Fulvius Centumalus）和卢修斯·波斯图米乌斯·阿比努斯（Lucius Postumius Albinus）。富尔维乌斯率领士兵进攻克基拉，而波斯图米乌斯则将阿波罗尼亚设为罗马军队大本营。托伊塔女王派往克基拉的将军、法罗斯的德米特里在富尔维乌斯逼近时向罗马人投降，在余下的战争中被罗马人任命为顾问。他投降时可能带走了法罗斯岛和克基拉。占领克基拉后，罗马人就切断了北面的伊利里亚人与其南面盟友阿卡纳尼亚人之间的联系，而有证据表明阿卡纳尼亚的海军力量在当年早些时候已经离开帕克索斯岛。

不过，阿卡纳尼亚人不可能改变局势。很快，罗马人就先后解除对埃比达姆诺斯和伊萨的围困，战争就此结束。罗马人轻而易举地打败了威震希腊西海岸的伊利里亚人。托伊塔、平纳、王室和王室财政机构撤退到科托尔湾（Bay of Kotor，今黑山境内）的瑞衷（Rhizon）①，那是一个拥有内湾和外湾的峡湾，两边各有一个狭窄的入口。峡湾的终端是突兀的高山，不易遭受来自海上的攻击，且更易防守来自陆上的攻击。托伊塔选择了理想的避难所，但罗马人心满意足，因为从这里很容易对她实施监视。也许，托伊塔被限制在欧洲最绝妙的地方，这件事本身就是一种安慰。

---

① 今里桑（Rison）。——译者注（本书脚注均为译者注，后文不赘。）

这一地区的许多部落，不管是否（像克基拉那样）投降于罗马，都选择"相信罗马人的诚意"。[2]这样做并不是让自己完全依赖罗马，而是承认地位低下：这种信任关系一旦得到正式批准，人民首先信任战场上的罗马军队指挥官，然后委托罗马来决定他们的命运，照顾他们的利益。一个邦国只要接受罗马的保护，罗马人就宣布其自由，即在没有外部干涉的情况下实施自治。无疑，同意这一安排的国家都被罗马登记在册，但除此以外，它就是一种非正式的关系，罗马人只是把他们视为自己的"朋友"（amici）。

富尔维乌斯率领大部队返回意大利，而波斯图米乌斯则在埃比达姆诺斯过冬，确保局势稳定并完成与托伊塔的谈判。谈判最终达成了一项正式协议，根据该协议，平纳将按罗马人认为合适的金额支付赔款，放弃对已委托罗马保护的地方的领土索求，缩小后的王国被允许保留，但不得带两艘以上的船航行到利苏斯（Lissus）以南，航行时也不得携带任何武器。利苏斯是埃比达姆诺斯的北邻，处在已接受罗马保护的大片伊利里亚领土的边缘，所以被选中成为界线。

波斯图米乌斯委托已向罗马投诚并成为"罗马朋友"的德米特里全权负责新伊利里亚的行政事务，然后带着自己的所有部队返回意大利。罗马人非常高兴，授予两位执政官凯旋待遇，由此开启了一系列令人眼花缭乱的凯旋仪式，嘉奖在东方作战获胜的将军。

罗马人的意图

这场战争本身是微不足道的。然而，其结果却十分重要，因为到了前228年，罗马人已经在伊利里亚建立了一个势力范围，或者由于不清楚所有涉及的地区是否连成一片，应该说是多个势力范围。最重要的部分为希腊城市埃比达姆诺斯、阿波罗尼亚和奥里库姆，三个岛（克基拉、法罗斯和伊萨），以及两个部落：吉纽沙斯河（Genusus）流域的帕提尼人（Parthini）以及安提戈尼亚和比利斯（Byllis）周围的阿丁坦尼人。与以前一样，伊利里亚的大部分地区现在可以按照自己的方式管理自己，但必须接受德米特里的监督，承诺接受罗马的保护。[3]

这个势力范围（为方便起见我们继续使用单数）的自然条件意义重大，浏览一下地形图便知个中原因。埃比达姆诺斯、阿波罗尼亚和奥里库姆不仅都是良港，[4]而且控制着伊利里亚大约 90% 的低地，而这些低地拥有最好的良田和牧场。因此，邻近部落同样承认对罗马的依赖也就不足为奇，他们大多是居住在山区的季节性牧民，需要肥沃的低地用来冬季放牧。这一区域剩下的地方就是亚得里亚海最富裕的希腊诸岛。罗马人实际上把对伊利里亚南部的控制权从伊利里亚人手中夺走，交给了居住在那里的希腊人。因此，利苏斯再次成为分界点，因为尽管它最初是一个锡拉库萨殖民地，但它的大部分人口是伊利里亚人。这样做的目的是让伊利里亚南部发展成为一个文明的希腊社区邦联，初期接受德米特里统治，或许同不久前皮洛士使伊庇鲁斯走向现代的方式在很大程度上一致。[5]

这种结果一直是罗马计划的一部分。罗马人来到这里，立刻发出建立友好关系的邀请。他们希望与伊利里亚南部各邦建立长期关系，但要理解他们这样做的原因比较困难，需要严格地剔除后见之明。一方面，可能有人会说，除了表面局势外，什么都没有发生：罗马人的意图就是镇压伊利里亚人。所有其他看法都是事后诸葛亮，因为罗马人最终成为马其顿的征服者，而控制伊利里亚各港口对这项事业的确至关重要。但就当时而言，他们是作为朋友来的，他们充分利用自己的优势，赋予新朋友必要时求助的权利。

另一方面，罗马人给予伊利里亚人友谊，这一点在罗马人与他人打交道中并不罕见。征服及镇压意大利，部分靠签订各种正式的条约，但大部分基于各种各样类似的非正式关系。[6]伊利里亚南部基本上处于与在意大利实施的同样的制度的延伸下，这种制度是一种迫使别人服从的手段。罗马人在伊利里亚南部也有这种打算，这并非出自邪恶的动机，只是他们的行事方式而已。这是罗马人认为唯一能够与各个小邦国构建的关系。罗马人瞬间对在伊利里亚确立并维持统治产生了兴趣。

在希腊人波利比乌斯看来，罗马人与希腊世界的首次军事 ²⁵接触意义重大。这种看法并没有错：第一次军事碰撞的确给希腊带来了灾难性变化。但这些变化真正发生还很遥远，罗马人还没有想到要吞并它们。他们这次撤退，下一次还会撤退。但每次撤退后，撤出的地方对罗马的依赖都将增强。他们是小邦国，但迅速学会往"大"处想，学会调整自己的视角，适应在第一次布匿战争中极度扩大了的视野。只有当他们重新集中注意力——首次尝到帝国带来的好处——才愿意再次扩展自己的视野。与此同时，他们已在伊利里亚建立了势力范围。

冷落马其顿

马其顿做何反应？人们之所以提出这样的问题，并非只是事后了解到马其顿将成为罗马在希腊地区的主要敌人。真正让人感到疑惑的是，罗马人并未派遣大使前往马其顿，宣布并解释他们所采取的行动，而他们却对埃托利亚人和阿哈伊亚人这样做了（这样做理所当然，因为在罗马人之前，埃托利亚人和阿哈伊亚人为那些受到伊利里亚威胁的人提供过保护），后来对科林斯和雅典也这样做了。也许这样做只是很不体面地违背了外交惯例，但它从表面上看是一种侮辱，至少人们可能会有这样的看法。马其顿此时国力虚弱。假如马其顿实力强大，马其顿人一定会担当起这些事情，轮不到罗马人来承担。从腓力二世起，马其顿在希腊地区占据霸主地位已有一百多年。从某种意义上讲，罗马人注意到了马其顿的虚弱，并玷污了其在希腊各国中的声誉。他们之间本应进行外交接触。

罗马人向科林斯人和雅典人（二者与之毫不相干，之所以被选择，可能是因为其曾被当作"代表性希腊城市"的辉煌历史）做出解释，却没有派使团去马其顿的主要城市佩拉（Pella），尽管前229年初德米特里二世逝世后那里的局势还26 不确定。这样做的理由似乎并不充分。当然，罗马人要把自己装扮成希腊人的恩人——他们已经帮助希腊摆脱了伊利里亚人的威胁——但他们理应在佩拉采取同样的姿态。总的来说，马其顿人可能对罗马人的所作所为感到高兴，因为制止海盗行为对他们也有好处。罗马人忽视马其顿人，原因可能是后者当时是伊利里亚人的盟友，或者部分伊利里亚人的盟友。

然而，尽管马其顿人此时正忙于与达达尼亚人的战争，他们肯定也对正在发生的事情很感兴趣。原因不仅仅在于很早之前他们就赢得希腊地区权力调停者的权利，而且从史前时代起，他们就与西海岸地区存在许多联系，时而为敌，时而为友。像其他邦国一样，在和平时期，马其顿的贸易也得通过西部港口。尽管马其顿人从未对其实施控制，但西海岸一直在他们的利益范围之内，罗马人肯定知道这一点。他们本来应该进行联系，但没有，结果势必造成未来的动荡局面。

希腊战事

罗马人在前228年初撤退，到前219年夏才卷土重来。在此期间，巴尔干半岛发生了诸多重大变化。埃托利亚人和阿哈伊亚人长达二十年的联盟破裂了。安提柯三世统治下的马其顿最初支持埃托利亚人，但很快就转而支持阿哈伊亚人。阿哈伊亚人的政策就是把伯罗奔尼撒的所有居住区都纳入他们的同盟，这一政策使他们与斯巴达的克莱奥梅尼（Cleomenes）及其埃托利亚盟友发生冲突。阿哈伊亚人在战争中受到强大压力，他们转向马其顿寻求帮助，为此付出的代价是割让科林斯卫城（Acrocorinth）这座十分坚固的要塞。

安提柯三世违背了他与埃托利亚人签订的协定。从前228年起，他已与伊庇鲁斯人和阿卡纳尼亚人结成联盟。罗马人把这些邦联从伊利里亚分离出去后，处于弱势的他们被迫在别处寻求保护。现在，安提柯三世把希腊同盟其余所有成员结成一个共同联盟（Common Alliance），永远接受他本人与他继承人的领导。[7]这样做的直接借口是克莱奥梅尼战争（前229～前222年），但它的目标显然超越了这场战争。联盟所有成员的共同敌人是埃托利亚，而不是斯巴达。克莱奥梅尼在塞拉西亚战役（Battle of Sellasia）中被击败后，马其顿立刻再次坚定地成为希腊地区的权力调停者。

但安提柯三世于前221年因患肺结核去世。他通过建立共同联盟，与埃托利亚人作对，把希腊地区的霸权传给十六岁的腓力五世。新的国王会不会是个不谙世事的少年，极易被内外势力所操纵？很快，腓力五世就向世人证明持有这种想法的人大错特错，他对宫廷进行了清洗，在接下来的几年里打退达达尼亚人和伊利里亚人一次又一次的进攻。我们很快将看到，这位满腔热血，决心带领马其顿重新走向伟大的马其顿爱国者，此时成了罗马人争夺希腊地区的主要障碍。

前 220 年末，腓力向南进发。在克莱奥梅尼被打败仅两年后，希腊地区再次被战争撕裂。在伯罗奔尼撒，阿哈伊亚的阿拉图斯（Aratus）一直鼓动麦西尼（Messene）和伊利斯（Elis）加入阿哈伊亚同盟，而麦西尼和伊利斯同斯巴达一道，实际上是仅有的抵抗者。埃托利亚对麦西尼进行了干涉，共同联盟也被前一年埃托利亚的多次袭击所激怒，所以在科林斯举行的夏季会议上投票支持发动战争。遏制埃托利亚人的战争从前 220 年延续到前 217 年，被称为同盟者战争或"盟国从事的战争"（socii）。

我们无须关心战争进程。[8] 麦西尼确实加入了阿哈伊亚同盟，但由于腓力突然结束战争，这场战争几乎没有定论。战斗不但发生在伯罗奔尼撒，而且蔓延到更北面的西海岸。腓力给埃托利亚带来了巨大的创伤（即使埃托利亚人对他的领土以牙还牙，仍不肯罢手），却改善了其盟友阿卡纳尼亚和伊庇鲁斯的状况，特别是帮助阿卡纳尼亚收复了伊尼亚第（Oeniadae），腓力还投资改善这座港口城镇的基础设施和防御工事（见图 2.1）。同时，他帮助伊庇鲁斯人占领安布拉库斯（Ambracus）要塞，夺取了从马其顿到西海岸的一条重要路线。埃托利亚人依然占据伊庇鲁斯安布拉基亚，但该地现在对他们用处不大。

图 2.1 伊尼亚第船坞遗迹，它是让伊尼亚第成为要地的基础设施的一部分。只有一半长度的坡道可见，另一半则深埋于现今的沼泽中。站在这块岩石顶部可以看到腓力五世的一些防御工事，而船坞后部是从这块岩石中凿出的。

德米特里背叛罗马

同盟者战争结束时，腓力提高了面朝意大利的西海岸盟友们的忠诚度，马其顿军队向那里调动也变得更容易。腓力还攻下扎金索斯岛（Zacynthos），但未能夺取克法利尼亚岛（Cephallenia）。腓力与法罗斯的德米特里关系密切。他们曾在塞拉西亚并肩作战，尽管德米特里可能是名雇佣军将军。对腓力来说，确保西海岸安全似乎十分重要。但当德米特里和斯凯尔狄莱达斯重操海盗旧业时，腓力的计划被典型的伊利里亚问题打断。

德米特里在前 220 年代采取的行动让人难以捉摸。首先，大约在前 228 年，他与特里图塔（Triteuta）结婚，成为特里图塔儿子——年轻的平纳国王的监护人。[9] 但罗马人别有用心地对伊利里亚进行了划分，把平纳限制在北部山区，让德米特里负责土地肥沃的南方地区。那么，德米特里是否成了统一的伊利里亚事实上的国王？显然不是，因为紧接着"他开始掠夺并摧残那些臣服于罗马的伊利里亚社区"。[10]因此，德米特里肯定已与其罗马主子彻底分裂，进而向北进军，放弃罗马势力范围内的陆地部分，但大概保留了部分或全部的岛屿。然后，他从伊利里亚北部基地开始袭击伊利里亚的南部部落。这是对罗马的直接攻击，根据我们资料的猜测，他当时瞅准了罗马人正忙于与意大利北部的凯尔特人打仗的机会。[11]从前 226 年到前 222 年，罗马人整整用四年时间才粉碎了凯尔特人的威胁。

也许德米特里野心太大，与罗马为友固然会带来巨大的回报，但他认为自己能够做得更好。因此，他积极回应位于瑞衷的平纳宫廷的请求。托伊塔去世后，北部的伊利里亚人面对的是一个无法令人接受的特里图塔女王，且贫困现象日益严重。人们几乎没有收入，尤其是在不景气的年份，因此需要重操海盗旧业。[12]也许，他们对德米特里发出这样的吁请：像阿格隆那样，带领他们重新走向伟大，德米特里并不是罗马的傀儡。在最后的分析中，波利比乌斯对德米特里的评价可能十分合理："他有勇气，有胆量，但完全缺乏清晰思考以及对形势做出合理评价的能力。"[13]毫无疑问，德米特里低估了罗马对他的背叛行为所做的反应。

前 220 年夏，在一些伊斯特里亚（Istria）邻邦的陪伴下，德米特里与斯凯尔狄莱达斯率领一支由九十艘"列姆波斯"（轻帆船）组成的舰队南下，与埃托利亚人会合，对皮洛斯（Pylos）发动突袭。皮洛斯是麦西尼亚（Messenia）的一座城镇，当时是阿哈伊亚同盟的成员。袭击并未取得成功，德米特里继续航行，在爱琴海群岛从事海盗活动（与国王相称的大规模海盗活动），而斯凯尔狄莱达斯则返回原地。不过，在返回途中，他听信别人的意见，以获得部分战利品为回报，参加了埃托利亚人对伯罗奔尼撒的一次远征。

斯凯尔狄莱达斯与马其顿为敌并没有维持多长时间。他人伙埃托利亚人就是为了参与劫掠，但他觉得埃托利亚人骗走了本该属于他的战利品，于是便转而拥戴马其顿，因为当时腓力答应给他一份丰厚的年金，那足以维持一支小型舰队，用来对抗西海岸的埃托利亚人（无疑还可以保持自己的威风）。不过这种安排维持的时间也不长。前217年，斯凯尔狄莱达斯宣称，腓力未能兑现承诺，故重操抢劫与海盗旧业，独立活动数月时间，一度还与腓力为敌，最后于前216年向罗马寻求保护。

马其顿也雇佣德米特里，掏钱让他与斯凯尔狄莱达斯一道骚扰西海岸的埃托利亚人。德米特里知道自己得到了马其顿的支持，就回到伊利里亚南部，让阿丁坦尼脱离罗马，并劝说帕提尼要塞城镇迪马莱（Dimale）加入自己的行列。增加这座城镇是非常有用的，因为它实际上是坚不可摧的，护卫着阿波罗尼亚以东未来的厄纳齐雅大道。过去几年一直与罗马为敌的人被马其顿认作盟友。

罗马反击

大约前220年代末，德米特里开始劫掠罗马人的伊利里亚南部盟友。有几年时间，罗马并未采取任何行动，但一直保持着关注。前面提到，他们正全神贯注于在波河平原与凯尔特人作战。前221年，两位执政官都被派往亚得里亚海北端镇压伊斯特里亚海盗。前 220 年，阿尔卑斯山又发生多次抗击凯尔特人的战斗。但到前 219 年夏天，卢修斯·埃米利乌斯·保卢斯（Lucius Aemilius Paullus）和马库斯·利维乌斯·萨利纳托（Marcus Livius Salinator）两位执政官都被派往伊利里亚。

至关重要的是把握时机。罗马人知道麻烦正在西班牙形成，这种麻烦将导致第二次布匿战争。事实上，就在两位执政官准备在伊利里亚开战之际，汉尼拔蓄势待发，准备进攻罗马盟友[14]——西班牙城市萨贡图姆（Saguntum）。罗马人安排两支军队参加这次战役一定有非常充分的理由。最令人信服的理由莫过于他们将与迦太基重新开战。他们从以前与迦太基人的交锋中知道，后者没有把军队常驻在其他地方的资本。这就是为什么两支军队再次奔赴伊利里亚：迅速完成这项任务需要压倒性的兵力优势。

31　　到了前 219 年，罗马人显然得出结论，德米特里目前对亚得里亚海的安全构成的威胁与前 229 年托伊塔带来的威胁同样严重。从这个角度看，与德米特里开战是他们两年前与伊斯特里亚人交战的一部分，其动机也和前 229 年的一样，既担心出现强大的邻国，又要保护亚得里亚海上的商业利益。但显然第二次战争还有更为特殊的意义，德米特里接受罗马人的友谊但不按朋友的姿态行事，罗马应对其予以惩罚。因此，德米特里受到了严厉惩罚——其统治的城镇被夷为平地，本人遭到流放，家人和朋友被关押在意大利——而斯凯尔狄莱达斯却很快被罗马拥入怀抱。[15]

该如何对付马其顿？第一次伊利里亚战争结束时，罗马人可能忽视了马其顿，但这几年马其顿在希腊地区已重新获得影响力，罗马人一定知道，他们所采取的任何行动，即使是在伊利里亚，也会有更广泛的影响。此外，就在罗马人在伊利里亚作战期间，腓力在西海岸更远的伊庇鲁斯南部开战。罗马人知道，法罗斯的德米特里即便不是马其顿的真正盟友，也与马其顿人关系密切，受他们雇佣。罗马人现在可以看到，腓力正打算在西海岸强化自己以及盟友的地位，同盟者战争结束时他也是这么做的。如果罗马人丧失伊利里亚，几乎整个希腊西海岸都可能会落入敌人之手。因此，必须对德米特里的挑战做出反应。这不仅仅是遏制海盗的问题。马其顿现在进入了罗马人的视野。[16]

否认罗马人丝毫没有想到马其顿，就等于说他们目光短浅。他们知道马其顿的威望令人生畏，他们可以看到，在过去安提柯三世和现在腓力五世的统治下，马其顿已经走上完全恢复其在希腊霸主地位的道路。根据他们签署的共同联盟条款，腓力可以号召几乎所有的希腊同盟成员提供军事支持，而在同盟者战争结束时，他成了"希腊的宠儿"。[17]如果遏制德米特里同时就可以使腓力受阻，那是一箭双雕的好事。但就目前而言，罗马人无须做更多的事情，腓力已卷入同盟者战争。

第二次伊利里亚战争

由于存在迦太基的威胁，罗马人希望战争尽快结束，第二次伊利里亚战争持续时间非常短暂。德米特里对罗马人的到来早有准备，在坚不可摧的迪马莱驻扎兵营，另派一支六千人的军队驻守自己家乡的法罗斯城。在伊利里亚南部各社区，德米特里显然在政治上十分用心，因为他同时将尽可能多的亲罗马政权都换成自己的盟友。但所有这一切都是徒劳的。被围困仅七日后迪马莱便陷落了，也许是敌军数量巨大让他们感到恐惧。伊利里亚南部支持德米特里的其他城镇和部落立刻投降：

32

那里几乎没有布防，即使有驻军，数量也非常少。

罗马人乘胜前进，对法罗斯岛发动进攻。法罗斯城（即今斯塔里格勒）将成为十分难啃的硬骨头，它既有坚固的防御工事，又有重兵把守，狭长的港口使其难以接近（见图2.2）。罗马人派出一支由二十艘船组成的小型舰队，佯装在港口入口附近登陆，德米特里冲出防御工事，企图阻止敌军行动。但前一天晚上，罗马人的主力部队已经埋伏在法罗斯城后面的森林里。德米特里的军队一离开城墙的防御工事，罗马军队就冲了上去，伊利里亚人被困在防御工事之外，受到前后夹击。

图2.2　法罗斯城（今赫瓦尔岛的斯塔里格勒，又称"老城"），德米特里在此最后坚守。图中显示，进入港口的水道十分狭窄，直接进攻难以成功。

德米特里预先在一个小海湾隐藏了部分"列姆波斯"舰船，得以逃脱，他把家庭成员丢在了意大利监狱，任自己的士兵惨死在罗马士兵手下。在短短几周里，一切都结束了。在亚克兴（Actium），德米特里赶上了腓力的舰队，受到腓力的欢迎。他加入了腓力的宫廷，与阿拉图斯作对，成为国王最亲密的顾问之一。前214年离世时他仍在为腓力而战。

我们没有听说过战后有何种形式的安排，也许是要求平纳支付更多赔款；但不管怎样，我们还是了解到，前217年罗马派出的使团[18]提醒年轻的伊利里亚国王（或者当时他的辅佐大臣之类的人），他拖延了部分赔款的支付，不过这笔款项也可能指前229年的最初赔款。罗马人把迪马莱纳入他们自己在伊利里亚南部的势力范围。在罗马的支持下，斯凯尔狄莱达斯现在成为伊利里亚北部的实际统治者，他的统治标志着阿尔迪安王朝转变为拉比坦王朝。

尽管战役进行得比较顺利，两位执政官班师回朝时还是再次受到凯旋礼仪迎接。罗马人又一次撤出全部军队，在伊利里亚不留一兵一卒，未来几年对希腊事务也没有表现出更多的兴趣。撤军的部分原因是防止出现海外驻军的费用，部分原因是很快其他地方就需要军队。结果，需要军队的地方竟然是意大利本土，前218年汉尼拔从西班牙发兵，大举入侵意大利。但不管怎么说，罗马人实现了自己的目标：清除了德米特里，改善了亚得里亚海的贸易环境。同时，他们也向外显示，首先是对腓力显示，与他们在西方做的一样，罗马人拥有干涉东方事务，保护他们及其盟友利益的意愿。

凯旋仪式

我们已经看到，对一位年轻的罗马贵族来说，要提高自己及家人在罗马的地位，并让参加投票的公众相信自己非常忠诚于共和国，很适合担任领导人，最佳的途径就是在战场上展现才华。在这方面取得成功并幸存下来的人，就有可能从军中崛起并有望成为裁判官，甚至晋升到执政官，由此可取得一支军队一年或更长时间的指挥权，如果他的指挥权得到延长的话。如消灭规定数量的敌军，抓获俘虏，掠夺财产，扩大罗马的统治范围，他就可以请求元老院给予凯旋待遇。

并非所有这样的请求都能得到批准，但请求者必须做出这方面的努力，因为个人事业取得巨大成功的象征莫过于一次凯旋仪式。这是元老院授予的终极荣誉之一（尽管罗马共和国在这一时期，通常每十八个月就会授予一个这样的荣誉），[19] 但更重要的是，这是一个人在同胞公民心目中牢牢打下印记的独特机会，因此凯旋仪式成为获得更大荣耀的垫脚石。同时，形象的树立还得益于这样的事实：获胜将军要分配给麾下每人一份与其地位相称的奖金。如果这份奖金十分丰厚慷慨，部下将来就一定会继续忠于这位将军。毫无疑问，凯旋仪式对政治生涯大有裨益。据我们了解，在前227~前79年受到凯旋仪式迎接的十九位裁判官当中，就有十五位最后晋升为执政官。[20]

罗马有一条明智的规定，将军带兵进城属于违法。因此，接受凯旋仪式的将军要将自己率领的军队，或他还没有解散的所有军队，带到罗马城界（pomerium）位置——不允许携带武装人员越过的界线。元老院在城界外面举行特别会议，会议通常是在战神广场（Field of Mars）某个隐蔽场所举行，讨论是否可以授予这位将军凯旋仪式。据我们了解，凯旋仪式有各种各样的规定，例如必须杀死至少五千名敌兵。但这些规定似乎只是纲领性意见，因为没有一项规定始终不变。不过，获此荣誉的人必须取得过重大胜利，伊利里亚战争也算作重大胜利，因为尽管获得这些战争的胜利比较容易，但它们极大地扩张了罗马的势力。

会上，元老院成员们对提案进行磋商，辩论可能十分激烈，这不但因为与会人员的愿望尖锐对立（提此申请的将军希望获得凯旋待遇，而其政治对手们却企图阻止），相关指导性原则存在灵活性，而且因为元老院必须确保在将来的某个时间不会发现这样的殊荣被授予了不合适的人选。最后，如果成员们决定给予凯旋待遇，申请书要提交给罗马人民批准，而后者一直是点头通过。随后，这位将军将被允许携带仪式需要的足够数量的士兵越过城界，活动准备进而开始。

接受凯旋仪式的将军应该在炫耀与谦卑之间找到平衡。他在得到炫耀战功殊荣机会的同时，又不想因过于招摇而被诟病（见图2.3）。他身穿紫色衣服，像国王甚至神一样坐在华丽的战车上，紧跟在后的是怀抱或者用担架抬着掠夺物的士兵，满载战利品和异国珍品的马车，被俘的奴隶和战俘（其中最好还有国王或臭名昭著的酋长等显要人物），再就是元老院成员，表现将军为了罗马的荣耀而占领的城镇的绘画，以及用于祭祀供奉的动物。所有这些都是罗马日益强大的具体体现，凯旋仪式成了野蛮的军国主义的好战展示。

喧嚣的随从人员缓慢地从城中穿过，若将军请来乐师，整个队伍则尤为吵闹。街道两旁站满欢呼的人群，他们向卡皮托林山（Capitoline Hill）上的朱庇特神庙投掷鲜花，将军在神庙献上自己的紫色长袍和其他军事装备，向神明献上盛大的感恩祭品。所有这些必然让人产生一种目空一切的骄纵，为此，可能会在战车上的将军身旁特别安排一个奴隶，他在将军耳边不

图 2.3　凯旋！一块遗失的马可·奥勒留（Marcus Aurelius）
（公元 2 世纪）纪念壁画细节图，显示这位皇帝乘坐华丽战车
进入罗马接受凯旋待遇迎接时的瞬间场景。他的前边是一名号
手，肩上是长有翅膀的胜利女神。

时低声地说："切记，您也是人。"

凯旋仪式耗资不菲，但元老院只要决定授予某位将军凯旋仪式，就会支付有关费用。当然他们也知道，国库很快将从将军掠夺来的物品中得到更多补偿。不过，如元老院拒绝授予凯旋仪式并支付凯旋费用，则存在两种较小的可能：一是元老院授予小凯旋式（ovatio）待遇，二是将军可以自筹凯旋仪式费用。小凯旋式与正常凯旋仪式基本相同，只是将军必须步行或者骑在马上，所以壮观程度大大降低，而且将军戴的是香桃木桂冠而不是胜利者桂冠。小凯旋式不太常见，明显原因是人们认为这种仪式不如凯旋仪式那样能增强人的尊严。若元老院拒绝给予一位将军凯旋仪式待遇，那么这位将军可以考虑在阿尔班山（Alban）[今卡沃山（Monte Cavo），在罗马城东南方25千米处]举行自己的凯旋仪式，其辉煌程度决定于将军个人财政状况以及罗马人是否愿意出城参加仪式。[21] 元老院不仅不反对这样做，而且就个人荣誉而言，这种仪式被认为与罗马凯旋仪式不存在重大差别，与元老院出资的凯旋仪式一样得到正式登记。由此看来，对于凯旋仪式，展示本身比由谁出资更为重要。

局势紧张

两次伊利里亚战争之后，罗马军队在伊利里亚未留一兵一卒，意大利以东地区也没有罗马人的任何永久存在。从表面上看，到目前为止，罗马人的利益只是试探性和防御性的。没有任何迹象表明，对希腊地区的帝国主义政策在官方层面已经形成。然而，四位执政官皆因相对无关紧要的战争而受到凯旋仪式迎接，除此以外，他们带回的战利品足以激起怨恨：有人指控利维乌斯·萨利纳托最终的获利超过了他应得的份额。[22] 新近的历史让罗马人了解到希腊邦国四分五裂和自相残杀的惨状。既然罗马对巴尔干半岛已经表示出一点兴趣，希腊各邦国越来越多地向罗马以及希腊同胞提出仲裁与调解请求。考虑到元老院存在竞争动力，一些人开始意识到，应对这些请求可以把利他主义和对个人与家族荣耀的追求结合在一起。

38　　　通过再次在伊利里亚果断采取行动，罗马人重申他们对希腊和伊利里亚盟友承担全部责任。但几乎不可避免的是，大国对小国事务的干涉必然导致大国在一定程度上控制小国。罗马更大程度地参与希腊本土事务的种子已经播下。同时，由于第二次伊利里亚战争无疑加剧了罗马与马其顿之间的紧张关系，决心反抗罗马的种子同样也在腓力心中播下。马其顿国王自视为希腊地区抵御野蛮人入侵的保护者，[23] 而罗马入侵只是又一次野蛮人入侵。从字面意义上讲，罗马人不会说希腊语，在希腊人看来就是野蛮人［对希腊人来说，其他民族说话巴拉巴拉巴拉（bar-bar-bar）的，由此便有了野蛮人（barbarian）一词］，并且我们即将看到，残暴也让罗马人在伦理上被描绘成野蛮人。但是，腓力决定抵抗直接导致了罗马对希腊事务的永久性干预。

　　然而，同样可能的是，腓力已开始制订更加宏伟的计划，而不仅仅限于抵抗。前面提到，前 217 年，在盟友们尚未实现各自设定的有限目标时，腓力突然结束了同盟者战争。[24] 这种行为十分令人费解，波利比乌斯对出现这种情况的原因清楚地表明自己的看法：在腓力得知罗马人在特拉西梅诺湖（Lake Trasimene）惨败于汉尼拔后，腓力被法罗斯的德米特里提出的有关征服伊利里亚，将其作为入侵意大利的跳板的想法所诱惑。[25] 最初，德米特里无疑只是想把斯凯尔狄莱达斯踢出伊利里亚，并在腓力的帮助下恢复自己的地位，但他的想法在腓力脑海中深深扎根。我们的故事正是从这里开始的，因为在本书"序曲"中占用笔墨的诺帕克特斯会议结束了同盟者战争，并鼓励腓力实施自己的宏大计划。

历史学家近年来对波利比乌斯的观点表示怀疑。他们认为，腓力根本不可能拥有这样的计划：他刚刚走出同盟者战争；他缺乏资源，尤其没有像样的舰队；因为斯凯尔狄莱达斯的存在，他没有进入西海岸的良好通道。波利比乌斯本人也认为，腓力雄心勃勃的计划没对任何人讲，既然如此，怎么会有人了解这些计划？[26]

这些说法几乎都有充分的理由，但这些历史学家没有考虑 39 腓力的性格。同盟者战争并未让他筋疲力尽，我们的证据显示，同盟者战争结束让他得以解脱，他可以把自己看成更大范围的参与者。他年轻有为，精力充沛，已显露出参与军事赌博的意愿。他以与亚历山大大帝一样的征服者自居，还自诩为亚历山大的后代。[27]腓力是彻头彻尾的希腊化君主，其民族精神就是军事主义、好战和扩张；在铸有其头像的钱币上，他显得强大无比、聪明过人、果敢坚定（见图2.4）。与所有希腊化国王一样，腓力在经济上严重依赖于持续不断的战争，战争可以吸纳巨额财富，并且要求回报。国王在人民面前的地位取决于征服。否认腓力野心勃勃，否认意大利是其朝思暮想的目标显然是愚蠢的。

同时代的诗人麦西尼的阿尔凯奥斯（Alcaeus）挥动绝妙的讽刺之笔，丝毫不怀疑腓力狂妄自大的野心：[28]

> 加固城墙防御，奥林匹斯的宙斯！
> 没有什么是腓力翻越不了的。
> 关闭神殿的铜门，

> 大地与海洋都被腓力的神杖驯服，
>
> 留给他的只有通往奥林匹斯的道路。

图 2.4 公元前 180 年，佩拉或安菲波利斯（Amphipolis）铸造的 2 德拉克马银币上的腓力五世头像。注意他头上戴的简式王冠，那是自亚历山大大帝以来马其顿王权的象征。马其顿国王们声称，钱币上的权杖是他们从赫拉克勒斯（Heracles）那里继承来的。

40 这里并不是说，腓力感到自己已经拥有立即对意大利发动入侵的能力，但随后几年他的所有行动都符合这样的假设，即他试图对西海岸尤其是对伊利里亚拥有足够的控制权，如果时机成熟，便入侵意大利，或与迦太基人合作再次入侵意大利。然而，就目前而言，发生如此大规模对抗的可能性微乎其微，腓力的主要目标是驱逐外来闯入者。考虑到他已经把罗马人视为未来可能的敌人，他必然视罗马势力范围不仅为一种侮辱，而且为未来可能对付自己的桥头堡。第二次伊利里亚战争结束时，罗马和马其顿都意识到，他们彼此是潜在的敌人。他们像斗犬一样围着对方打转，却没有交战，甚至没有去试探，只是注视着对方的强项与弱项。

第三章 野蛮人，滚回老家去！

到前 217 年诺帕克特斯会议举行和希腊同盟者战争结束时，罗马人和马其顿人都意识到，如若条件成熟，他们会大打出手。在接下来的几年里，紧张局势不断加剧，这完全是腓力一手造成的。有一种诱人的说法，认为罗马军队在第二次伊利里亚战争后撤退可能让腓力错误地认为马其顿可以继续为所欲为，不受惩罚。几十年来马其顿一直如此行事，希腊似乎就是马其顿的游乐场，最为重要的只有马其顿的利益。不过，腓力不但在军事和外交方面强化马其顿在希腊的地位，而且采取明显对抗罗马的侵略行为，尤其是与汉尼拔结盟——罗马人必然会对这一举动做出反应。

就腓力而言，罗马人在希腊地区的霸权地位对马其顿构成了威胁，因此必须加以解决。首先，必须把罗马人赶出伊利里亚。不管近代一些历史学家对罗马势力范围在伊利里亚南部的重要性如何轻描淡写，腓力认为形势非常严峻，决心结束这种局面，首先是在那里扶持法罗斯的德米特里充当他的傀儡或者盟友。在这场战争中，腓力应对的是自己主观认为的威胁，从这个意义上讲他是挑事者。他正在为希腊人收复希腊城市，驱逐外国入侵者。

有一段时间，腓力曾如愿以偿：罗马人在意大利被汉尼拔战争捆住手脚，无法做出反应。然而，前 214 年来到了转折

点，罗马人开始了羞辱马其顿的漫长进程。但第一次马其顿战
争断断续续，未能取得决定性结果，其主要原因是罗马人无法
按照自己的意愿全力投入战争。意愿是有的：他们并非半心半
意，但投入过度。第一次马其顿战争的结果是，罗马人发现自
己卷入希腊世界的程度远远超过战争之初，在希腊世界拥有的
权威远大于当初。考虑到战争并未取得决定性结果，马其顿再
次出现麻烦只是时间问题。

第二次布匿战争

前218年汉尼拔率部跨越阿尔卑斯山，军队受到严重消
耗。不过，他入侵意大利的前提是预计波河河谷的凯尔特人会
提供合作，前220年代后期罗马人发动的残暴战争在当地留下
深深的怨恨。事实上，汉尼拔不仅希望得到凯尔特人的帮助，
还猜想，他取得的成功越多，意大利那些对罗马心怀不满的盟
友，尤其是南部的希腊人越会投入他的麾下。汉尼拔在外国领
土上取得的成功，很大程度上取决于获得这样的支持。

汉尼拔战争在意大利进行期间，罗马人正忙于希腊战事。
因此，这场战争的进程对发生在更远的东方的事件影响最大。
前218年12月，汉尼拔在特雷比亚河（Trebia river）的凯尔
特领地首次遭遇罗马人。在此地取得的胜利让他获得凯尔特人
的效忠，富饶的波河河谷成为后勤基地。随后，他进军意大
利，并于前217年6月将一支罗马军队诱入特拉西梅诺湖的包
围圈。在短短几个小时内，三万名罗马士兵或被杀或被俘，随
后汉尼拔沿意大利东海岸继续南下，没有遇到反抗。

经历这些灾难之后，罗马人任命昆图斯·法比乌斯·马克
西姆斯（Quintus Fabius Maximus）负责战事。法比乌斯采取迁

回策略，由此获得了有名的"拖延者"（Cunctator）称号。他紧随汉尼拔之后，让汉尼拔无法突然发动袭击而向罗马城挺进，但他从不迎战。汉尼拔取得的胜利越少，罗马盟友转而投靠他的可能性就越小，而汉尼拔手下的凯尔特人和北非雇佣军越会对他不满。他们只想迅速取胜，得到抢掠的机会。

　　然而在罗马，法比乌斯的政敌却认为他无能，督促他开战。前216年8月，战斗在坎尼（Cannae）打响，这场战斗让汉尼拔获得杰出将军的不朽美名。大约七万名罗马士兵丧生，几乎全军覆灭。[1]整整七万名士兵！罗马人感到十分恐慌，他们罕见地采用活人献祭祈求神灵，[2]以躲避更多的灾难。两个希腊人和两个凯尔特人被活埋了。之后，罗马人继续投入战斗。

　　坎尼战役使罗马人明白，法比乌斯当时采取的战术是完全正确的。自此他们打起了消耗战，但为时已晚。坎尼战役之后，西西里和意大利南部越来越多的希腊人加入了汉尼拔的行列，包括塔兰托和卡普阿（Capua）这样的大城市。对罗马人来说，意大利南部实际上已经丧失，而在北部，凯尔特人再次显示了力量。前215年，汉尼拔与马其顿的腓力五世结盟，次年又与锡拉库萨新统治者、年轻的希罗尼穆斯（Hieronymus）结盟。对罗马来说，这些都是毁灭性的打击。

　　然而，局势一点点地开始翻转。入侵者很难打赢消耗战。前212年，经历长时间的包围后，锡拉库萨被曾五次担任罗马共和国执政官的马库斯·克劳狄乌斯·马塞勒斯（Marcus Claudius Marcellus）[1]收复，而汉尼拔的国际盟友马其顿的腓

---

① 五次担任执政官的时间分别是前222年、前215年、前214年、前210年和前208年。

力却全神贯注于希腊地区。汉尼拔孤立无援，逐渐失去优势。他在意大利南部的盟友几乎全是希腊城市；他没有能力赢得各个拉丁殖民地，它们后来被西塞罗称为"帝国壁垒"。[3]汉尼拔始终未能突破罗马防线，深入意大利中部，对罗马城构成威胁。

前 211 年，经过长时间围攻，罗马人还重新夺回了卡普阿。卡普阿是汉尼拔最北边的前哨，是肥沃的坎帕尼亚（Campania）地区的主要城市。卡普阿只希望罗马人承认其尊严，却几乎被消灭了：行政机构被解散，肥沃的农田成了罗马的财产。前 209 年，塔兰托被法比乌斯重新夺回，并经历浩劫，之后再没有完全复兴，此时摇摆不定的罗马盟友得到了更确切的信息。

在另一个战区的西班牙，罗马人经历了前 211 年近来一段时期的灾难之后，破例让普布利乌斯·科尔内利乌斯·西庇阿（Publius Cornelius Scipio）①出阵。科尔内利乌斯年仅二十五岁，他能担任如此崇高的职务真是出人意料。不过，这种选择似得到神灵启示一般：到前 206 年，他就把迦太基人赶出了西班牙，终结了他们的海外帝国。回到罗马后，科尔内利乌斯极力主张将战争引向非洲的迦太基本部，而不是集中对付意大利的汉尼拔，他认为汉尼拔已是强弩之末，现在几乎完全被限制在克罗顿（Croton）。他如愿以偿，而且事实证明他是正确的。

战事初时十分艰难，但在前 203 年科尔内利乌斯就迫使迦太基人求和。和平协定尚未签署，汉尼拔就带领军队从意大利

---

① 更为人所知的名字为大西庇阿。

撤回，敌对行动再次爆发，但在前 202 年，汉尼拔和迦太基人防守的最后一支军队在迦太基西南的扎马（Zama）被彻底击败。当然，强加的和平条款是十分苛刻的，战争赔款足以让罗马空空如也的国库再次充盈，并让迦太基在可预见的未来无声无息。为纪念他取得的伟大胜利，普布利乌斯·科尔内利乌斯·西庇阿被授予"阿非利加努斯"（Africanus）的称号①，在罗马几乎被尊为神。在最终削弱迦太基共和国的名单中，列有一长串富有魅力的领导人，西庇阿就排在首位，但他并未滥用得到的奉承或其军队对他的效忠。他不是苏拉（Sulla），不是恺撒，也不是屋大维。

功败垂成

罗马与迦太基交战正酣，腓力趁机积极实施扩大马其顿势力范围的战略，尤其是在西面。刚从同盟者战争中抽身，他就于前 217 年末在达萨里蒂斯（Dassaretis）发动了打击斯凯尔狄莱达斯的精彩战役，迅速地重新取得了对普雷斯帕湖（Prespa Lakes）以北马其顿通往伊利里亚南部主要道路的控制权，这条道路后来成为厄纳齐雅大道。加上这一年早些时候占领了培奥尼亚的贝拉索拉（Bylazora），腓力已不再担心西北与西部边境了。

这年年初，罗马人终于正式开始与腓力接触，却要求他交出法罗斯的德米特里。假如罗马人以前与他有过接触，这样的要求就完全正常，但这一次是首次接触，提这种要求有点放肆。腓力 45

---

① "阿非利加努斯"，意为非洲征服者。称号（agnomen），古罗马人因功绩而获得的附加名字。

似乎置之不理，罗马人的要求一直被搁置，由此加剧了两国之间的紧张关系。但这种情况让腓力有了一种额外的理由对自己成功夺回达萨里蒂斯感到欣喜：这是对罗马绝好的冷落。腓力不但没有交出德米特里，而且决心安排他在伊利里亚上台。

腓力次年发动的战役是同一种政策的延续。前216年春，他率领一支由最新建造的一百艘"列姆波斯"船组成的舰队前往希腊周围，但就在他们接近阿波罗尼亚时，海面上出现了一些罗马军舰。斯凯尔狄莱达斯曾致函罗马当局，警告其腓力正计划在伊利里亚南部发动针对罗马盟友的战争，请求罗马提供帮助。罗马人仅派出十艘战船，但腓力以为这些战船是一支大型舰队的前锋，于是决定谨慎地撤回克法利尼亚。[4]尽管他并未做与罗马对抗的准备，但这场被许多人认为不可避免的冲突正在逼近。

汉尼拔登场

前215年，形势变得更为紧迫。腓力如同皮洛士第二，赫然出现在罗马人的东翼（在一些罗马人看来）；而在坎尼，汉尼拔刚刚让罗马军队遭遇有史以来最惨重的失败。此刻，罗马正值最脆弱之际，两个敌人签订了合作条约。纵观历史，罗马人一直运气不错，从来没有同时面对过两个强敌。这项条约是对罗马人的惊人打击。

最初的举动如同出自好莱坞的剧本一般，或许在叙述中还加了某些修饰。腓力派自己的代理人、雅典的色诺芬尼（Xenophanes）去意大利见汉尼拔。色诺芬尼谎称受命要在腓力与罗马人之间达成一项条约，他虚张声势，大胆地通过罗马人的防线，然后神不知鬼不觉地到达汉尼拔的营地。双方达成协议后，色诺芬尼离开，但他与汉尼拔代表返回希腊乘坐的船遭到截获。色诺芬尼再次施展骗术，不过，迦太基人的在场让他露出了马脚。经过一番搜查，汉尼拔致腓力的信函以及提交腓力批准的条约草案文本浮出水面。

这份条约的草本在罗马元老院被宣读。让他们恐惧的是，这是一份有关未来相互合作的总条约，特别是规定腓力（连同希腊共同联盟）有责任帮助汉尼拔在意大利打败罗马人。作为回报，汉尼拔承诺，一旦打败罗马人，就迫使他们绝不向马其顿开战，并放弃他们对伊利里亚南部盟友的统治，所有盟友都被详细列明。[5]

但被截获时条约还没有得到正式批准，因而没有理由感到惊慌，短期内罗马人能做的只能是增强普布利乌斯·瓦莱里乌斯·弗拉库斯（Publius Valerius Flaccus）统率下的亚得里亚海舰队力量。弗拉库斯现在拥有足够的战船提防或阻止所有来自东方对意大利的侵略，使罗马人得以集中精力在意大利对付汉尼拔；他指示在伊利里亚的海上巡逻，并"收集关于马其顿爆发战争的可能性方面的情报"。[6]如果弗拉库斯收到的情报足以令人担忧，裁判官马库斯·瓦莱里乌斯·拉维努斯（Marcus Valerius Laevinus）将率领舰队赶往伊利里亚，将腓力围堵在马其顿境内。腓力与汉尼拔结盟具有明显的战略意义，但这样也势必让罗马人全力对付他。局势引起罗马人最大的恐惧，皮洛士的阴魂尤为令人胆战心寒，因为前280年皮洛士在意大利土地上发动的首场战役中，拉维努斯本人的祖父遭遇惨败。

最初收到的几份报告还不足以促使拉维努斯采取行动。与往常一样，腓力腾不出手脚，故不存在直接的威胁。这让我们再次想到希腊本土上的小规模战争有多么频繁。前215年和前

214 年，伯罗奔尼撒需要马其顿的军事干预，以帮助他们的阿哈伊亚盟友。斯巴达曾在同盟者战争中与埃托利亚同盟合作，麦西尼似乎要从阿哈伊亚同盟中分裂出来。对斯巴达暂时无须采取什么行动，但麦西尼在猛烈打击下屈服。法罗斯的德米特里正是在前 214 年的这次战役中去世的，他终究没能成为腓力在伊利里亚南部实施的政策的受益者。

大国碰撞

47   由于罗马人很自然地将注意力集中在汉尼拔这一更为直接的威胁上，腓力在充分地解决伯罗奔尼撒问题后，便立即采取行动。在前 214~前 212 年的三年里，他多次成功地攻击了伊利里亚南部的罗马盟友，直到有史以来第一次将马其顿势力扩张到希腊西海岸，使与罗马保持关系的社区越来越少。腓力似乎就要实现清除罗马存在这一目标了，唯一的问题是罗马人何时能对此做出反应。

前 214 年的战役无疑是腓力与汉尼拔协调过的，与此同时，他们之间的条约肯定已经得到批准，但这次在罗马无人知晓此事件。当腓力的陆军穿过伊庇鲁斯向伊利里亚挺进时，他的舰队则绕过希腊，企图从海上攻击阿波罗尼亚并立刻登陆。假如罗马的亚得里亚海舰队能腾出手脚，就不会有这次海军行动，但汉尼拔同时对塔兰托发动进攻，使罗马舰队牵涉其中。阿波罗尼亚的防御工事十分坚固，腓力无法迅速取得结果，由于急需安全的沿海基地，腓力命令舰队沿海岸线南下，转而进攻奥里库姆，奥里库姆很快陷落。腓力在奥里库姆留下少量驻军，掉头继续攻击阿波罗尼亚，但奥里库姆的居民成功地向拉维努斯发出了紧急消息。

腓力估计罗马人不会前来。罗马人应该感到心烦意乱，不仅因为汉尼拔攻打塔兰托，而且因为这一年早些时候锡拉库萨的希罗尼穆斯与罗马决裂，转而把自己的命运交给汉尼拔，而几十年来锡拉库萨一直是罗马在该地区最重要的盟友。但是，被授予东部战争指挥权的代裁判官拉维努斯却率领大部分舰队扬帆起航，他们以克基拉作为基地，轻而易举地收复了奥里库姆。战斗的顺利进行不应掩盖这一刻的重大意义：这是罗马与马其顿两支军队之间的首次冲突，尽管并未正式宣战。这次战斗成为罗马人对马其顿第一次战争的开端。

攻下奥里库姆后，拉维努斯派副手沿海岸北上防御阿波罗尼亚。经过努力，罗马舰队将腓力的船只困在了河口，为防止船只落入敌人手中，腓力被迫烧毁舰队船只，然后从陆路逃走。后来，罗马人散布谣言，说腓力被吓破了胆，衣服都没有穿好就狼狈地从营地逃走。但这纯粹是一种宣传，如果他有时间下令摧毁舰队船只，就一定有时间穿好衣服。罗马人已经证明亚得里亚海属于他们。拉维努斯与舰队在奥里库姆正常过冬，元老院延长了他的指挥权，并大胆地将"希腊和马其顿"作为下一年的战区授予了他。[7]

腓力低估了罗马人的反应，为此付出了沉重代价。他失去了自己的舰队，因此在有能力建造另一支舰队之前，他只能在陆地上活动。三千名士兵在阿波罗尼亚那场惨败中丧生，罗马人如今在伊利里亚拥有军事存在，舰队就驻扎在奥里库姆。不过，第二年腓力就完全弥补了前214年的损失。战季伊始，他就从陆路进军伊利里亚山脉边缘，让帕提尼和阿丁坦尼脱离罗马，还占领了迪马莱。自此，他终于实现了自己的目标，即占领伊利里亚港口城市利苏斯（见图3.1），打通到海边的通道。

48

图 3.1　利苏斯，拉比坦人的主要据点之一。前 213~ 前 197 年，腓力五世占领该地，实现了马其顿人的长久梦想，对罗马在该地区的利益构成明显威胁，甚至可能对意大利本土构成威胁。

　　夺取利苏斯之所以非常重要，不仅因为腓力首次在海边有了面向意大利的良港，供自己或迦太基人使用，以及由此有了船坞，无疑可以即刻开始建造舰队；而且还因为该地区有肥沃的农田。这样一来，腓力更容易为西海岸的军队提供给养。占领利苏斯后，当地部落的人迫不及待地向他投降。斯凯尔狄莱达斯现在被限制在从斯科德拉（Scodra，今斯库台，斯凯尔狄莱达斯的主要城市）到瑞衷的北部湖岸。同时，马其顿人在利苏斯构成的楔子把斯凯尔狄莱达斯与其在伊利里亚南部的罗马盟友分开。腓力持续对伊利里亚施加的压力终于得到回报。

　　腓力占据利苏斯，罗马舰队驻扎于奥里库姆，双方之间出现僵局，意大利本土外数月没有重大行动出现。罗马人仍然在意大利和西西里岛为生存而战，前 212 年丢失塔兰托是一次沉重的打击，不仅因为该城陷落本身，而且因为它加剧了罗马人对入侵的恐惧：如果入侵军队从利苏斯进攻，塔兰托将是一个绝佳的港口。 49 如果他们自己无法消除来自腓力的威胁，就需要有人帮他们消除。拉维努斯转向埃托利亚人——这并不奇怪，因为埃托利亚人是唯一拥有军事实力并与腓力不和的希腊邦国。从理论上讲，按照同盟者战争结束时签订的和平条约，埃托利亚人必须与马其顿维持友好关系，但条约使他们失去扩张甚至劫掠活动的余地，所以他们对条约一直心存不满。他们十分乐意拉维努斯前来求助。

与埃托利亚人结盟

经过前期多次接触，罗马与埃托利亚同盟大约在前211年秋结成联盟，这是罗马与希腊邦国之间达成的第一份书面协议。[8] 联盟协议的具体分工是，罗马人指挥海上作战，埃托利亚人指挥陆地作战。罗马人单独夺取的所有城镇都将交给埃托利亚人，罗马人只保留战利品；联合行动夺得的所有城镇属于埃托利亚人，战利品双方分配。但北方作战的范围被限定在克基拉：罗马人不想让亚得里亚海上的埃托利亚海盗人数超过其伊利里亚同行；因此，实质上是让埃托利亚人在阿卡纳尼亚自行其是，毕竟，在伊利里亚战争中，阿卡纳尼亚曾与罗马为敌。为建立一个与腓力领导的共同联盟相抗衡的希腊联盟，罗马邀请伊利斯人（Eleans）、斯巴达人以及伊利里亚北部的普莱拉图斯（Pleuratus）和斯凯尔狄莱达斯成为合作伙伴。帕加马的阿塔罗斯（Attalus）国王（帕加马是从小亚细亚前塞琉古领土分裂出的富裕的小王国）是埃托利亚人的朋友，也被邀请加入新联盟，从而将罗马人的友谊首次延伸到小亚细亚。

为确保争取到埃托利亚人，拉维努斯提出了慷慨的条件。

罗马也会从中受益，不但可以获得战利品，而且不必抽调意大利本土急需的兵力去占领希腊的任何城镇。罗马人将继续避免深度卷入希腊事务，他们的大部分资源将用于更重要的其他地方。埃托利亚人将会为他们而战。

埃托利亚人担当这样的角色肯定拥有充分的理由。首先，他们认为与罗马结盟可以挽回他们在同盟者战争中遭受的损失——主要是可以收复在阿卡纳尼亚的领土，以及对抗马其顿的前沿哨所弗西奥蒂斯的底比斯（Phthiotic Thebes），埃托利亚人十分看重那个地方（见图 3.2）。但他们的长期目标依然是打败马其顿，在希腊取得霸权。只要罗马人不因埃托利亚人欠他们的人情而决定在希腊地区谋求霸权，与罗马结盟就能帮助埃托利亚人走向成功。

图 3.2 弗西奥蒂斯的底比斯。这座山边小镇俯瞰着帕加塞湾（Gulf of Pagasae），它的遗迹现在几乎所剩无几。然而，当年它的战略地位十分重要，是兵家必争的宝地，有几年它一直是埃托利亚同盟对抗马其顿的前哨。

腓力在得知联盟条约签订后立刻做出反应，对阿波罗尼亚和奥里库姆发起突袭，还进一步加固了抵御达达尼亚人入侵的北部边界。但现在是前211年末，埃托利亚军队全部集结在阿卡纳尼亚边界。阿卡纳尼亚人自知无法自保，便决定孤注一掷。他们把非战斗人员送到伊庇鲁斯的安全地带，发誓血战到底。与此同时，他们给腓力发出紧急信件，结果腓力暂停了北方行动，火速赶往南方。腓力即将到来的传闻挫败了埃托利亚人的侵略，但罗马人的计划奏效了。腓力从伊利里亚脱身，正在为保全自己的联盟而战。

步履蹒跚地走到谈判桌前

在接下来的几年里，所有接受邀请加入反马其顿联盟的罗马-埃托利亚条约的国家都信守承诺。毫无疑问，他们有各种各样的理由。例如，斯巴达人的动机可能是他们与阿哈伊亚人的持续冲突，而不是他们特别喜欢罗马人或埃托利亚人。对伊利里亚人斯凯尔狄莱达斯和他的儿子普莱拉图斯来说，这样做顺理成章，这段时间普莱拉图斯似乎与父亲共同执政。[9] 在前214年被腓力野蛮报复后一直处于冲突中的麦西尼人，也脱离了阿哈伊亚同盟，加入埃托利亚同盟。伊利斯人则是埃托利亚人的老朋友。

不过，帕加马的阿塔罗斯为什么加入联盟，为联盟增添更强的国际意味？他与埃托利亚人长期保持友好关系，与奉行扩张主义的邻居、比提尼亚（Bithynia）的普鲁西亚斯（Prusias）长期为敌。普鲁西亚斯娶腓力的姊妹为妻，与马其顿关系良好。受与叙利亚的安条克签订的协议的约束，阿塔罗斯在小亚细亚不能冒险扩张。阿塔罗斯加入联盟，可能是得到这样的承诺，即如果在战斗中夺得腓力的爱琴海属地，则夺得的一部分或全部归他。埃托利亚人从阿塔罗斯那里最希望得到的是一支爱琴海舰队，迫使腓力东西两顾，这也是他们邀请他加入联盟的原因。腓力在海上存在致命的弱点。他正忙于弥补海上的损失，但目前无力在爱琴海对抗阿塔罗斯，或在爱奥尼亚海和亚得里亚海对抗罗马人与斯凯尔狄莱达斯。显然，拉维努斯的主要目的是利用海军优势保护自己和盟友的沿海地区。

然而，在接下来的几年里，罗马人和埃托利亚人实际上几乎一事无成：所获总是被损失抵消。拉维努斯几近重夺扎金索斯岛，但该岛挺过攻击，仍留在马其顿人手中。他夺得阿卡纳尼亚的一些地方，但几年后腓力又收复了其中大部分。不过，伊尼亚第曾有一段时间落入埃托利亚人手中。前 210 年初，拉维努斯从海上围攻安提库拉（Anticyra），经过激战拿下该城。安提库拉是科林斯湾北侧一座具有战略意义的城镇，拥有极好的避风港。该城处于马其顿南向陆路终端，所以对腓力是个有用的港口。拉维努斯通过大肆掠夺并将其居民卖为奴隶巩固占领，后来又将它交给埃托利亚人。

与此同时，在拉维努斯围攻安提库拉之际，腓力率军沿阿哈伊亚弗西奥蒂斯（Achaea Phthiotis）东海岸挺进，夺取了一直延伸到马利亚湾（Maliac Gulf）的陆路。现在统率罗马人的是前来接替拉维努斯的代执政官普布利乌斯·苏尔皮基乌斯·伽尔巴（Publius Sulpicius Galba）。他率领罗马人发动了反攻，却未取得成效。[10] 此时腓力已接近温泉关（Thermopylae）至关重要的隘口，这是向南深入希腊中部最好的一条陆路（因此，数百年来此地发生过许多战役，包括前 480 年波斯入侵者与"三百名"斯巴达人的著名冲突）。但几十年来，埃托利亚人一直在温泉关驻扎军队。

伽尔巴的远征——罗马舰队首次出现在遥远东边的爱琴海上——并没有完全白费，因为在返回途中，他从阿哈伊亚人手中夺走了埃伊纳岛（island of Aegina）。在勒索富人而筹得资金后，按照他们与埃托利亚人签订的条约，伽尔巴将该岛交给了埃托利亚人，后者又以 30 塔兰特（talent）的价格把整个岛屿卖给了阿塔罗斯。出售整座岛屿而收取少得可怜的金钱，这显然是有意贿赂阿塔罗斯，以保证前 209 年阿塔罗斯能够提供服务。[11]

前 209 年夏，塔兰托城即将陷落，迦太基舰队被迫撤离。为弥补其海上力量的不足，根据腓力的安排，迦太基舰队驶入爱奥尼亚海，对以克基拉为基地的罗马人发出挑战，要求对方开战。显然，这是决定希腊西海岸控制权的一次重大努力。但罗马人沿袭"拖延者"的经验，他们懂得战争中的少很可能就是多，所以拒绝迎战。他们安安全全地躲进港口，迦太基人则一事无成，只能十分沮丧地返航。第二年，由于担心罗马与帕加马舰队出动，迦太基人未能与腓力会合，所以同样没有发挥用处。也许，罗马人高估了腓力与汉尼拔之间的条约构成的威胁。

前 209 年，腓力从陆路继续逼近温泉关，但他接受一些邦国的意见，认为也许可以通过谈判和平解决问题。他安排与埃托利亚人休战，并在该年晚些时候召开会议，讨论和平条款与条件。然后，他继续挺进，解救受斯巴达人极力压迫的阿哈伊亚人，并留下足够的兵力，确保伯罗奔尼撒局势对阿哈伊亚人有利。前 213 年阿拉图斯中毒死亡（也许是腓力所为）后，[12]阿哈伊亚同盟中最杰出的人士菲洛皮门（Philopoemen）对阿哈伊亚军队进行了彻底改组［菲洛皮门终于这样做了，彼奥提亚人（Boeotians，又译作维奥蒂亚人）和斯巴达人早在几十

54

年前就进行了这样的改组]，使其成为马其顿战线上一台令人生畏的战争机器。

由于罗马的炮舰外交，和平会议变成了一场闹剧。伽尔巴命令其舰队靠近召开和平会议的地方，试图威胁会议进程，埃托利亚人的立场也更趋强硬，提出了特别令人无法容忍的要求，而谈判的大前提是他们正处于弱势（他们替罗马人说话，要求腓力割让利苏斯和阿丁坦尼）。就在这时，阿塔罗斯的军队与舰队从小亚细亚赶到埃伊纳岛。阿塔罗斯采取这样的行动不仅为了埃伊纳岛这件礼物，而且为了他该年当选为埃托利亚同盟联合司令官的荣誉。显然，罗马-埃托利亚联盟并不是真心要实现和平。

到前208年初，罗马联盟做好了大举进攻的一切准备。在斯凯尔狄莱达斯与普莱拉图斯在马其顿的西部边境自找麻烦之际，罗马人从占领安提库拉开始，继续攻击腓力的通信及后勤供应线。主要战役是袭击对腓力具有重要意义的优卑亚岛（Euboea，现埃维亚岛）。只要埃托利亚人控制温泉关，腓力最佳的南向路线就是将其部队从德米特里阿斯（Demetrias）运送到俄瑞乌斯（Oreus），让士兵通过哈尔基斯（Chalcis）的桥梁进入大陆。

然而，由于腓力的猛烈反击，罗马人在优卑亚岛几乎毫无进展。再者，由于命运眷顾勇者——若非腓力与普鲁西亚斯已取得联系——这时阿塔罗斯得知比提尼亚人入侵了他的领土。阿塔罗斯立刻返回国内应对危机，不再参加这里的战争。这是对罗马联盟的重大打击。在前208年的剩余时间里，腓力对埃托利亚人发动战役并取得成功，其间收复了安提库拉，还大肆蹂躏埃托利亚的中心地区。伽尔巴勉强能做的，就是洗劫阿哈伊亚的狄米镇（Dyme），把当地居民卖为奴隶来筹集资金。

到前207年初，腓力明显占据优势。菲洛皮门似乎拥有平定伯罗奔尼撒人的能力。事实上，经他改造的军队小试锋芒，这年晚些时候在曼提尼亚（Mantinea）彻底地打败斯巴达人。不管怎样，腓力觉得可以放开手脚对付埃托利亚人了，但来自中立国的代表在第一时间赶来，试图再次达成一项全面和平协议。[13] 随后举行了两次会议，但都遭到伽尔巴的故意破坏。这是一个十分重要的关口：罗马人本来可以接受腓力提出的并非不合理的条件。还有，如果他们的动机纯粹是防御性的，他们本来可以这样做。罗马人开战本可能是为了分散腓力对意大利的注意力，现在却要求战争继续下去，这样他们就可以惩罚腓力。哪怕战争结束，不令人满意的结果逐渐失去影响，他们都不会放弃这种欲望。

两次和谈失败后，腓力取道阿塔马尼亚（Athamania）深入埃托利亚，再次发动闪电式袭击。作为过境阿塔马尼亚的回报，他把扎金索斯岛赠予阿密南德（Amynander）国王。结果，腓力实现了为伊庇鲁斯盟友收复安布拉基亚的壮举。其实，尽管腓力占据该城的时间并不长，但足以迫使埃托利亚人再次认真考虑和谈。罗马人承诺向埃托利亚人提供增援，但从现实角度讲，他们不能指望从罗马那里得到更多的帮助。毕竟，不但汉尼拔仍盘踞在意大利南部，而且另一支迦太基大军在汉尼拔弟弟哈斯杜鲁巴（Hasdrubal）的率领下，刚刚抵达意大利北部。事实上，在意大利东北部进行的梅陶罗河（Metaurus River）战役中，哈斯杜鲁巴很快就被击败并遭到杀害，迦太基人在意大利的冒险就此告终；但埃托利亚人无法预见这一点。

55

两份和平条约

因此，埃托利亚人愿意接受和平，他们厌倦了为罗马人充当替身。腓力抓住机会，瓦解了敌方联盟，用自己选择的条款羞辱了埃托利亚人。最重要的是，他得以保留前 210 年和前 209 年在阿哈伊亚弗西奥蒂斯占领的所有地方，那是第一次马其顿战争后形成的缩小版的埃托利亚。

在前 206 年春举行的大会上，埃托利亚人批准了这份和平条约。讽刺的是，埃托利亚的崩溃却伴随着罗马人的时来运转，因为在西班牙和意大利他们已迫使迦太基人转入防守。但当伽尔巴的继任者、代执政官普布利乌斯·森姆普罗尼乌斯·图迪塔努斯（Publius Sempronius Tuditanus）率领新的部队到达埃比达姆诺斯时，他所面临的却是埃托利亚人投降的既成事实。从这时起，罗马与埃托利亚的关系明显降温。埃托利亚人违背前 211 年前协议明确规定的条款，与敌人单独媾和，罗马人非常愤怒。他们并不懂得，在希腊世界，联盟的建立或瓦解通常基于权宜之计。

但森姆普罗尼乌斯对此无能为力，伊庇鲁斯人却抓住机会促成一次和平会议。腓力和罗马人都有理由认为，最好将自己的资源用在其他方面：腓力与达达尼亚人一直存在边界纠纷，而罗马人则需要结束第二次布匿战争。假如腓力与汉尼拔最终签署的条约与被截获的草案文本一致（我们已经了解其中的内容），那么他不应该与罗马单独和解；但到现在为止，与汉尼拔签订的条约只是一纸空文。

前 205 年在腓尼基敲定的和平条约只涉及伊利里亚——与埃托利亚人达成的和平条约对希腊已有规定。腓力退还迪马

莱，并承认罗马对帕提尼的控制，但他保住了利苏斯。由于阿
丁坦尼仍依附于马其顿，腓力继续保持对伊利里亚与伊庇鲁斯
之间最重要的陆路的控制。只要能与伊庇鲁斯人维持良好关
系，腓力随时可以派兵迅速进入伊利里亚南部。此外，割让迪
马莱并非重大损失，因为他保住了达萨里蒂斯，因此也就保住
了安提帕特里亚（Antipatrea，即今培拉特，其奥斯曼时期的
建筑已经成为联合国教科文组织公布的世界遗产）。该城位于
迪马莱以东不远处，战略地位同样重要。老牌海盗斯凯尔狄莱
达斯不久前已经去世，普莱拉图斯不得不继续接受以斯科德拉
与瑞衷为基地的领土缩小的王国（见图3.3）。

图3.3　一枚十分罕见的伊利里亚拉比坦部落古
钱币，斯凯尔狄莱达斯、普莱拉图斯和根修斯
（Genthius）都属于该部落。钱币上这艘雕刻粗糙
的船大概就是一艘"列姆波斯"，那是一种伊利
里亚特有的船只。

这份条约表明，当事双方根据忠诚对象的不同已将希腊人
分为两个阵营。尽管腓力和罗马人是条约的签字人，但附件中

列出的双方各自的盟友也被认定为共同签署人。列出的双方盟友如下：[14] 罗马一方有伊利昂（Ilium）[也许就是小亚细亚西北整个特洛阿德同盟（Troad League），它自前 226 年起为阿塔罗斯的盟友]、[15] 阿塔罗斯、普莱拉图斯、斯巴达的纳比斯（Nabis）、伊利斯人、麦西尼人和雅典人；腓力一方有比提尼亚的普鲁西亚斯及希腊各同盟，即阿哈伊亚同盟、彼奥提亚同盟、色萨利同盟、阿卡纳尼亚同盟和伊庇鲁斯同盟。换言之，罗马在与埃托利亚人业已结成的联盟的基础上，现在与马其顿一道在希腊地区称霸，而寻求罗马保护的希腊邦国数量增加，地域面积扩大。

尽管如此，罗马人签署的条约却是一种带有耻辱的和平。收益的天平严重倾向腓力，罗马人未能惩罚他。腓力得到的绝非微不足道：罗马人首次介入希腊事务，就沾上永远无法洗清的残暴恶名。拉维努斯占领安提库拉时，大肆抢劫并贩卖当地居民为奴。伽尔巴夺得埃伊纳岛，就威胁将所有居民变为奴隶，尽管最后只敲诈了有钱的居民。伽尔巴和阿塔罗斯占领优卑亚岛的俄瑞乌斯时，血洗该城。伽尔巴占领狄米时，大肆抢掠并贩卖当地居民为奴。扎金索斯和其他地方仅仅受到掠夺。总的来说，罗马人被视为野蛮人。[16]

罗马人洗劫城池时究竟是什么样的场景？经典之作当属前 209 年波利比乌斯对新迦太基（New Carthage，西班牙迦太基首府，即今卡塔赫纳）遭到洗劫时的情景描述：[17]

> 西庇阿觉得城内已拥有足够的部队，便放任大多数士兵对城中居民随意撒野——这是罗马的惯例——命令他们不加区别地杀死遇到的任何人，但在命令下达之前不得开

始抢掠。我以为，他们这样做就是为了制造恐怖。也正是
出于这种原因，一个地方若落入罗马人之手，人们经常看
到的是，不仅老百姓被杀，狗也被剁成两段，其他动物的
尸体也遭到肢解。

在某种程度上，罗马人之所以能像冷血动物一样制造如此
巨大的恐怖，背后有诸多文化因素。他们可能极度蔑视那些在
战争中投降的人，认为他们似乎根本就不配为人。[18] 不过，波
利比乌斯暗示罗马人这些做法比其他民族更为野蛮，则是夸大
事实。在众多例子中我们只举两例。前 416 年，在西方古典文
化中被认作英雄的雅典人就大肆屠杀男人，并把爱琴海米洛斯
岛（island of Melos）上的妇女儿童当奴隶出售，仅仅因为这
些人不愿加入雅典联盟。之后，雅典人安排自己的居民在这个
岛上繁衍生息。前 217 年，腓力五世从埃托利亚人手中夺得弗
西奥蒂斯的底比斯时，就把所有存活的居民卖为奴隶，让马其
顿人在该地繁衍生息，并把该岛的名字改为菲利皮
（Philippi）。[19] 从某种程度上来说，问题在于在希腊本土上几十
年都没有这种做法了，不过，历史记录中的这些涟漪真实反映
了古代宣传家的操纵，即根据政治观点的不同，罗马人要么被
描述成奴役希腊的残忍的野蛮人，要么被描述为把希腊人从马
其顿暴政下解救出来的解放者。如果说罗马人践踏了古代战争
的惯例，那仅仅是因为其残暴持续时间比对手们的更长。

如果说罗马人憎恨和平有充分的理由，那么腓力对和平也
不大满意。他原计划彻底铲除罗马人的存在。和平实际上只是
一种临时措施，一种权宜之计。未来几乎必然会发生摩擦，一
是两位主角都对和平不满，二是腓力现在占据利苏斯和达萨里

蒂斯，两地都紧邻伊利里亚南部的罗马盟友。腓力的军事声望再次达到顶峰，作为一位希腊化国王，他极有可能要在众神祝福下继续从事冒险活动。实现和平的唯一原因是两位主角都有其他事情要做。这一点在李维对和平的描述中表现得十分明确。他说罗马人要把重点放在非洲，因此要从其他战争中"暂时"抽身。他们认为对腓力的让步只是暂时的。[20] 像往常一样，在前 206 年底，由于已不存在任何迫在眉睫的危险，罗马人撤出了军队，但他们还会再来。这里的失败之仇是一定要报的。

希腊人对罗马的反应

在罗马人踏上希腊土地之前，希腊人对他们并没有多少先入之见。早期希腊文学中出现罗马的地方稀少而零碎；[21] 罗马城还未在更为广阔的地中海世界产生实质性的影响。在罗马人抵达希腊之后，才有了各种各样的说法，这一点在波利比乌斯身上得到体现。包括波利比乌斯在内的一些人认为罗马人是侵略成性的帝国主义者，而另一些人则认为他们是和平与自由的使者。还有一些人因害怕反抗造成的可怕后果，采取实用主义的策略，顺从罗马人的意愿。所有这些都是对侵略与贪婪做出的反应，因为残暴行为既会引起人们的憎恶，也会让懦夫或实用主义者顺从。早在前 190 年代，提图斯·昆克提乌斯·弗拉米尼努斯（Titus Quinctius Flamininus）在致色萨利小镇克莱提亚（Chyretiae）的一封公开信中就认为他必须为罗马人辩护，让他们免遭贪婪的"诽谤性"指控。他把曾被罗马人没收的财产归还给这座城市，"由此在这些事情上，你们可能了解到我们的高贵品行，认识到我们绝对没有贪婪的意图"。[22]

令人惊诧的是，即使在征服希腊的六十多年里，希腊作家（大多数文学作品已失传）似乎很少对罗马发表评论。[23] 来自莱斯博斯岛（island of Lesbos）一位名叫梅林诺（Melinno）的女诗人有一首诗流传下来。这首诗可能写于公元前 2 世纪中叶，实际上是一首赞美罗马的诗。诗中巧妙地使用了希腊语中"Roma"的两个含义。在希腊语中，"Roma"既指"力量"也指"罗马"。这首诗有五节，以下是其前两节：[24]

> 赞颂你，罗马，阿瑞斯的女儿，
> 系着金腰带的好战的女主人，
> 在人间您住在神圣的奥林匹斯山，
> 永不动摇。

> 尊贵的女士，命运只给了你一人
> 永远统治的无上荣耀，
> 好让你拥有至上的权力
> 统御天下。

60

几乎就在同时，克尼多斯（Cnidus）的历史学家阿加萨希德斯（Agatharchides）却对罗马的残暴统治提出尖锐批评，把阿拉伯世界的繁荣归功于与罗马距离较远。[25] 尽管这一点远不能提供足够证据，但反映出的情感范围与我们可能预期的相同——从顺从到憎恶。

在本书后面我们将会看到，相比之下，罗马作家对他们与希腊人的相遇及其受到的希腊影响进行了大量的思考，对希腊文化的反应从热情接受到顽固抵抗都有。如果说希腊人很少提及罗马，其首要原因在于，希腊人实际上能做出的反应只有抵抗或屈从两个选择。其次，需要考虑这样的事实，即公元前 1 世纪亲罗马的希腊历史学家、哈利卡纳苏斯（Halicarnassus）的狄奥尼修斯（Dionysius）认为需要有这样的看法：既然罗马实质上是座希腊城市，希腊人就不应鄙视罗马人。这就意味着许多希腊人确实鄙视罗马人，认为他们在文化上不如自己。[26] 因此，希腊作家（历史学家除外）对罗马缺乏兴趣，部分原因也许是他们认为罗马人不值得思考。他们被这些来自西方的暴发户野蛮人征服，肯定是件让人震惊的事情。

这种震惊引发出一些莫名其妙的反应。公元 2 世纪从事写作的特拉勒斯（Tralles）的弗勒干（Phlegon）保存了前 189 年前后的一个故事集。[27] 在这个故事集里，一位名叫"普布利乌斯"（也许就是西庇阿·阿非利加努斯）的人在科林斯湾诺帕克特斯的宙斯神殿里发疯了，或被神附身了。他把自己看到的景象部分用流利的希腊诗句，部分用散文，描述给一群信以为真而目瞪口呆的士兵与平民。第一个景象就是将会有一位国王从东方赶来，对征服希腊的罗马人实施武力报复。为了证明自己看到的景象是真实的，可能是西庇阿的这个人还提供了另一个景象：一只红色的狼跑出来把他吃掉。真的，狼来了，吃了人，只剩下还在喋喋不休地宣扬罗马末日即将到来的执政官的头骨。然而，这些预言只是一厢情愿的想法，是在被罗马打败后企图收复高地的绝望努力。给希腊人留下深刻印象的首先是罗马人毫不妥协的残酷与无情。

第四章 马其顿的腓力国王

前 206 年第一次马其顿战争结束时，罗马人发现自己在希腊世界已经拥有相当大的影响力，却无法加以利用。就目前而言，他们必须将注意力放在他处，因此，这种影响力通过偶然与间接的手段，主要是靠外交来延续的。罗马人显然打算在希腊事务中扮演重要角色，尽管这样做会让他们继续与马其顿发生冲突，但他们仍旧没有一个连贯的计划去实现自己的意图。在罗马人看来，到目前为止，似乎有三种情况要求他们在希腊地区保持存在：伊利里亚出现新形势；腓力最近对罗马盟友构成威胁；或者更准确地说，他对罗马人在希腊的霸权构成威胁。但是，这种仅仅应对新形势的进程已经结束。前 202 年，第二次布匿战争以对罗马人有利的局面结束后，他们立刻就可以放开手脚，制定更具侵略性的政策，矛头直指马其顿的腓力。

马其顿帝国的复兴

第一次马其顿战争结束后的几年里，一些恐惧马其顿，想讨好罗马，并从中为自己捞点好处的希腊人不断派使团到罗马，控诉腓力的所作所为。众所周知，罗马人显然希望再找机会遏制腓力，而这样做必须有充分的理由。罗马人认真听取这些投诉，并派出使团进行调查。[1] 但当前 201 年初，[2] 埃托利亚人前来要求协助抗击腓力并恢复前 211 年签订的条约时，却遭到严厉的拒绝：他们怎么胆敢求助于罗马，前206年他们不是单方面与腓力签订和平协议了吗？不过，尽管如此，罗马仍然派出了调查使团，这样做自然让罗马人在与埃托利亚人打交道时占据道德高地。

腓力并未采取任何措施来消除罗马人的恐惧，也没有放慢自己的扩张步伐。事实上，他明确表示，他现在的目标是恢复甚至扩大马其顿帝国，这一帝国是与他同名的腓力二世（亚历山大大帝之父）在前4世纪中叶所缔造的。他在伊利里亚发起袭击，进一步巩固了与达达尼亚人相邻的北部边界，但他最重要的战役发生在海外。前202年与前201年发动的两场激烈战役，使他得以攫取赫勒斯滂海峡（Hellespont）以及爱琴海北部海岸的重要城市与岛屿，直到被希腊人称为"色雷斯沃德地区"（Thraceward region）和色雷斯切索尼斯（Chersonese）的大部分地区落入他的手中。他还帮助比提尼亚的普鲁西亚斯夺取赛厄斯（Cius），此举必然让帕加马的阿塔罗斯感到震惊。

爱琴海的许多岛屿和陆地沿海城市都是托勒密属地，即埃及海外帝国的一部分。前204年或前203年，年少的国王托勒密五世（Ptolemy V）登基后，埃及王国的一半地区出现分裂，宫廷内部纷争四起，埃及疲惫不堪，腓力乘虚而入。他夺得基克拉迪群岛（Cyclades，即基克拉泽斯群岛）的几座岛屿，还与小亚细亚沿海的各个城市建立了良好的关系。腓力凭借最近重建的舰队取得成功，其部分资金来自他所雇用的海盗首领对爱琴海各岛屿发动的抢劫。这位首领就是埃托利亚的狄凯阿科斯（Dicaearchus），一位拥有非凡幽默感的人。在抢劫突袭中一旦成功登陆，他就会建两座祭坛，一座祭奠不敬神（Impiety），另一座祭奠不法神（Lawlessness）。[3]看来狄凯阿科斯对自己敬重的神祇非常虔诚。

腓力显然毫不顾忌与任何人——或者说除盟友普鲁西亚斯外的任何人——为敌，不论是做什么事，还是怎么去做。赛厄斯和萨索斯岛（Thasos）多次发生残忍的屠杀与奴役事件，随后就是强行驻军。赛厄斯、利西马其亚（Lysimachea）以及他夺取的赫勒斯滂其他地方都曾是埃托利亚同盟的盟友。埃及解 64 体后，爱琴海各岛屿曾向罗得岛寻求保护。令罗得岛人更为恼火的是，腓力支持与他们交战的克里特（Crete）海盗，[4] 前201 年，罗得岛人对腓力宣战。不久，帕加马的阿塔罗斯也对腓力宣战。

腓力无所畏惧，他在基克拉迪各主岛驻扎军队，在萨摩斯港（harbor of Samos）夺取了托勒密的舰队，然后挺进希俄斯（Chios），并将该城团团围住。罗得岛－帕加马联合行动，企图解除对希俄斯的围困，结果被腓力打败，腓力也遭受惨重损失。尽管如此，他接着对帕加马本土发动进攻。尽管帕加马陆军遭受惨败，但帕加马城成功地抵挡住了腓力的进攻。不过，在返回爱琴海沿海作战之前，腓力储备了大量的给养。在爱琴海沿海，腓力迅速将卡里亚（Caria）大部分地区以及罗得岛比利亚（Peraea，罗得岛在大陆的延伸部分）绝大部分地区变为一个拥有自己总督的马其顿海外行省。[5] 一支罗得岛人的舰队在拉德岛（island of Lade）［位于米利都（Miletus）不远处］附近再次对腓力发起进攻，但腓力成功地击退敌军并乘胜挥师米利都，米利都未做任何抵抗。[6] 腓力的推进速度令人难以置信，而埃及却因内部纷争激烈而无力顾及海外属地。叙利亚的安条克也无意干涉。由于帕加马占据腓力认为属于自己的领土，所以在腓力看来，任何削弱帕加马的事情都是正当的。

接着，腓力占领了伊阿索斯（Iasus）和巴尔基利亚（Bargylia，即今博斯普鲁斯），在小亚细亚西南部海岸拥有的避风港得以增加。然而，罗得岛人却趁机将他封锁在海湾，迫使他在巴尔基利亚过冬，用波利比乌斯的话说，[7]"过着狼一样的生活"，意思是很难寻找或乞求足够的食物熬过冬天。腓力知道敌人正紧张地准备与他开战，一定十分沮丧，怒不可遏。不过，在前200年春天，他施展诡计，逃回马其顿，罗得岛人和帕加马人穷追不舍。在巴尔基利亚他们第三次试图围堵腓力，也第三次收获了失败。

返回马其顿后不久，腓力就被卷入雅典人与他自己的盟友阿卡纳尼亚人之间的冲突。自上年秋季起，两方就存在怨恨。当时两名阿卡纳尼亚人糊里糊涂地参加了厄琉西斯秘仪[1]，结果被指称亵渎神灵而遭雅典人杀害。雅典人与托勒密王朝关系友好，因而一直与马其顿不睦，同时由于腓力在爱琴海取得的胜利威胁到雅典人通过赫勒斯滂海峡的至关重要的粮食运输线路，近来双方之间的紧张关系有所加剧。腓力派出多艘船以及一支阿卡纳尼亚-马其顿联合舰队大肆蹂躏阿提卡（Attica），直到它们后来被一支来自埃伊纳岛的罗得岛-帕加马联合舰队击溃。雅典人无力保护自己，但通过正式诅咒腓力并歇斯底里地取消曾授予马其顿祖先的荣誉表达了自己的敌意。雅典已不

---

① 厄琉西斯秘仪（Eleusinian Mysteries，又译埃琉西斯秘仪），是古希腊时期位于厄琉西斯的一个秘密教派的年度入会仪式，这个教派崇拜得墨忒耳和珀耳塞福涅。厄琉西斯秘仪被认为是在古代所有的秘密崇拜中最为重要的。这些崇拜和仪式处于严格的保密之中，而全体信徒都参加的入会仪式则是一个信众与神直接沟通的重要渠道，以获得神力的佑护及来世的回报。后来这些神话和仪式也传到了古罗马。

再是一两个世纪前的国际强国，它只是迅速地变成了一座大学城。

与此同时，腓力率领大部队继续在爱琴海北部作战。大小城镇纷纷向他投降，但位于赫勒斯滂海峡南岸的欧亚大陆主要交会点，即隶属托勒密的要地阿卑多斯（Abydus）得到罗得岛和帕加马特遣队的增援。阿卑多斯选择了抵抗，因而受到包围。阿塔罗斯率领一支舰队从埃伊纳岛赶到位于赫勒斯滂海峡入口外的特内多斯岛（island of Tenedos），却不敢与就在赫勒斯滂的腓力对峙。此时已是前 200 年夏末，人们期待已久的战争即将爆发。

秘密协定

前 201 年与前 200 年之交的冬季，就在腓力被困于巴尔基利亚海湾之际，罗得岛与帕加马派出的特使抵达罗马。他们未能依靠自身力量遏制腓力，甚至未能阻止他肆意入侵帕加马，所以需要帮助。第二次布匿战争既已结束，他们希望罗马能对他们的呼吁做出积极响应。除了与往常一样提出抱怨并警告腓力咄咄逼人的侵略行为将对罗马自身构成威胁外——毫无疑问，使节们会强调腓力新建的海军力量，他们知道在上一场战争中罗马的海上优势至关重要——他们还带来一些令人震惊的消息。他们声称腓力已与叙利亚的安条克签订秘密协定，准备趁埃及当前虚弱而滋事。[8]

埃及人的无能肯定为腓力和安条克提供了千载难逢的机会。显然，腓力决意要为马其顿争得一个海外帝国，而埃及驻军肯定是他在爱琴海和赫勒斯滂海峡的目标。同时，安条克在其帝国的远东地区征战数年，刚刚凯旋，决心收复科勒叙利亚

66

(Coele Syria) 和小亚细亚尽可能多的地区，需要腓力不干涉这些宏大的计划。前 203 年，埃及宫廷向腓力提出缔结婚姻联盟的请求。毫无疑问，安条克之所以向腓力提议缔结和约，是因为他企图阻止埃及和马其顿结盟。

这是一项互不干涉协定，目的是让双方根据自己的选择，放开手脚削弱托勒密在小亚细亚与爱琴海的势力。例如，前 201 年腓力在卡里亚沿海（条约可能已于前 202 年达成）发动战争时，安条克忙于在稍远的内陆地区重新掌权，但两个伟大的希腊化国王都竭力避免在此地或他处发生对抗。另一个例子就是，腓力在巴尔基利亚受困时，似乎得到安条克一位将军的物资援助，尽管这位将军并不情愿么做。[9] 正是有了这份秘密协定作为后盾，腓力才瞄准卡里亚和爱琴海的托勒密领地，而安条克则发动了第五次叙利亚战争（前 201～前 199 年）。在经历一百年断断续续的努力后，这场战争让他一劳永逸地收复了科勒叙利亚。

临界点

"士兵们，"西庇阿·阿非利加努斯在扎马战役前说（据波利比乌斯的记载），"你们不仅仅是为非洲而战，而且是为你们自己和你们国家赢得对世界其他有人居住地区的统治权而战。"[10] 这句话非常接近波利比乌斯提出的"西边的乌云"理论——即罗马人战胜迦太基后将赢得对希腊地区的统治权——以至于我们难以相信实际听到的就是西庇阿的声音。但第一次马其顿战争结束时，罗马人显然已下定决心，要在希腊地区扮演十分重要的角色。国际政治常常高深莫测，罗马人随后不作为的表现并不代表他们漠不关心，而是出于轻重缓急方面的考量。他们只是在等待时机，等待更有利于自己的机会出现——一旦迦太基人的威胁得以消除，他们就有希望利用这样的机会。

因此，尽管元老院在震惊地得知安条克与腓力达成协定后请求罗马人民对马其顿宣战，却并不代表既定方向的改变。这条消息之所以成为导火索，原因只是元老院成员们认为他们在东方存在利益，否则腓力远在爱琴海的行动就不会让他们感到威胁。罗马人除了与从前一样保护伊利里亚及希腊盟友之外，也许不会采取其他任何行动，只是坐视腓力携手安条克来摧毁埃及，而后自相残杀。他们本来可以对罗得岛与帕加马的使团置之不理，却选择了介入这种无人能从中幸免的一触即发的形势中。虽然这一时刻将改变整个世界，从此地中海东西两部分的命运密不可分，但罗马做出的决定只是他们一段时间来从事的事业的延续。尽管罗马每年都举行选举等活动，政治上采用短期制，但形成一以贯之的政策依然是可能的。数十年来元老院始终决心粉碎波河河谷的凯尔特势力，现在我们可以看到，他们同样决心维持并扩大在希腊世界的影响力。对此他们需要的只是一个借口，而对马其顿复兴的所谓恐惧就是这样的借口。

但战争提案最初提交公民大会时遭到了拒绝。避免战争的理由十分充足。第二次布匿战争结束后，罗马在西班牙担负军事义务；波河河谷的凯尔特人蠢蠢欲动；意大利南部遭到摧毁，急需得到关注。罗马城有许多耗资不菲的维修工作要做，有许多贷款需要偿还。为什么要在此刻开始一项新的巨大冒险行动？尽管他们的希腊盟国会参与，但这项冒险行动的代价仍然十分高昂。

鉴于公民大会拒绝参战，元老院便将赢得大会支持的任务交给前 200 年两位执政官之一的普布利乌斯·苏尔皮基乌斯·伽尔巴。伽尔巴在第一次马其顿战争中担任将军，那场战争让马其顿成为他的行省。果然，伽尔巴不负众望，成功地赢得了公民大会的支持。如果我们相信李维的记载，那么在这次著名的演讲中，迦尔巴充分利用人们对罗马两个最大厌恶对象的恐惧，称腓力与汉尼拔一样危险。如果罗马人不在希腊土地上对腓力进行反击，就不得不在意大利与他作战。[11]与往常一样，人们很难知道这种对入侵恐惧的表述是真诚的表达，还是好战的计谋。尽管伽尔巴提出的观点也许是改变公民大会想法的原因之一，但元老院执意进行战争可能在罗马人民心中留下强烈印象。在汉尼拔战争期间，元老院曾成功地引导罗马人民，现在他们似乎确信当前这场战争同样会给罗马带来好处。事实上，元老院成员已经预计到伽尔巴会说服公民大会。在公民大会拒绝战争与伽尔巴发表演讲之间的短暂时间里，元老院命令马库斯·瓦莱里乌斯·拉维努斯率领一支舰队前往伊利里亚做准备，确保来自意大利的补给路线的安全。

这是一个关键时刻。尤其是考虑到公民大会最初并不情愿参战，元老院本可以轻易地忽略来自希腊的消息而选择和平。然而，它显然并不希望和平。元老院对战争立场坚定，他们宁愿做出一些让步来支持伽尔巴说服公民大会。他们知道老兵厌恶战争，便允许在过去服役时间最短的人士当中招募战士（随时欢迎老兵志愿者加入）；并且他们知道，如果再发动一场战争，国家便无力偿还资助过第二次布匿战争的富人的欠款，便决定给他们分配土地（战后元老院拥有可供出让的大量土地，特别是在没收背信弃义的盟友的土地之后），暂时让

68

他们感到满意。¹²于是，罗马人民批准了这项元老院决议，并指示伽尔巴率领军队抵达伊利里亚时正式宣战。

大巡游

在罗马人民投票支持战争前派遣拉维努斯前往伊利里亚，并不是元老院回应罗得岛－帕加马使团要求的唯一行动，他们还派出第二个三人使团试探希腊的水深。使团成员是，在梅陶罗河征服哈斯杜鲁巴的盖乌斯·克劳迪乌斯·尼禄（Gaius Claudius Nero）、第一次马其顿战争结束时的罗马指挥官普布利乌斯·森姆普罗尼乌斯·图迪塔努斯以及后来成为那一代最受人尊敬的马库斯·埃米利乌斯·雷必达（Marcus Aemilius Lepidus），后者此时刚开始职业生涯，但其才华早就为人所知。他们的任务包括许多方面，或者可以说随着到过地方与收集信息的增多，任务也不断增加。这无疑是一次真正令人惊叹的旅行，为期七个月的巡游，从陆地到海上行程达6000千米。使团所到之处，受到当地达官贵人的接待，他们开始将当地精英分为亲罗马派和反罗马派，这种安排在确保罗马对希腊地区的统治方面将起至关重要的作用。

在伊利里亚登陆后，他们继续南下，首先就与伊庇鲁斯人、阿塔马尼亚的阿密南德、埃托利亚同盟和阿哈伊亚同盟接连进行磋商。大约就在此时，腓力从巴尔基利亚挣脱出来。罗马人在所有地方发出了同样的信息：希腊人应该意识到，如果腓力不向希腊人发动战争，并就入侵阿塔罗斯的领土对阿塔罗斯做出赔偿（赔偿金额由一个独立的裁判法庭确定），那么就会出现和平；否则，只能诉诸战争。

这仍是以前政策的延续。罗马不但保护那些已经将自己托

69

付给罗马的人，例如伊利里亚南部地区与《腓尼基和约》联合签署方，而且保护希腊广大地区的各邦国和各同盟。如果腓力对他们中的**任何一方**采取侵略行动，他将面临来自罗马的战争。罗马人现在公开宣称对整个希腊地区拥有霸权，而不仅仅是选定的地区；他们将自己定位为希腊人的共同恩人，而腓力则被定位为恶棍。在过去几年里，腓力发动的进攻不得人心，所以罗马使节们必然受到热情迎接。如果有人还记得第一次马其顿战争期间罗马在西西里岛和意大利南部或希腊本土上是如何对待希腊各邦国的，他会十分礼貌地不提及这件事。

使节们传递信息的含义取决于听信息的是什么人。一般对腓力的盟友（伊庇鲁斯人、阿密南德、阿哈伊亚人）来说，这种信息就是一种威胁，或者让其改变立场或至少保持中立的要求；罗马人试图瓦解腓力的共同联盟。埃托利亚人和其他被认定为罗马盟友的人若站在罗马一边，就会得到利益与晋升。使节们每到一处，便收集针对腓力的指控，鼓动反马其顿派别，从总体上给腓力制造麻烦，为自己拉拢盟友。所有这些努力的结果，就是将希腊各邦国置于一种可怕的两难境地，选边错误将导致彻底的毁灭。这不仅意味着政治领袖会被杀害或流放，由更为顺从的人取而代之；随之而来的还可能有军事占领、部落经济崩溃和个人的堕落与灾难，房屋和公共建筑被烧毁和劫掠，妇女、儿童遭到强奸，男子被奴役或致残。这就是罗马使节们暗示的威胁，而希腊人从过去的经历中已经懂得，罗马人和腓力都有制造这种灾祸的意愿。

使节们与阿哈伊亚同盟举行的会晤尤其微妙。菲洛皮门在同盟中拥有最大影响力，一度主张逐渐脱离马其顿实现独立。在纳比斯（前207~前192年在位）统治下重燃的反斯巴达零星战争正在得到妥善地管控，菲洛皮门已将阿哈伊亚军队改造成为一支能够支撑独立者实现目标的军队。二十年来，该同盟一直是希腊地区支持马其顿的中坚力量，继续扮演这种角色对腓力来说肯定是至关重要的。罗马人能否将他们对马其顿中立的立场转变成积极支持罗马？这一定是使节们访问阿哈伊亚的目的。要知道这种努力能否取得成果，他们不得不等上一两年的时间。

使节们从阿哈伊亚出发前往雅典，前200年4月下旬抵达时，那里的危机达到高潮。他们发现阿塔罗斯和罗得岛人在把阿卡纳尼亚人赶回老家后已经赶到雅典。阿塔罗斯和罗得岛人劝说雅典人和他们一道对马其顿作战，罗马使者可以倾听他们的意见，并给予他们有力但沉默的支持。雅典人没有能力单独对付腓力，但他们将成为一支强大团队的成员，于是在维持三十年的中立（自前229年驱赶马其顿驻军以来）后，他们终于向马其顿宣战，雅典又一次投入战争。因此，在两年的时间里，已经有两个邦国对腓力宣战，雅典、罗得岛、帕加马和拜占庭［已经丧失卫星城佩林托斯（Perinthus）］已结成联盟。既然已经得到满意的结果，罗得岛人便启航回国，途中还将腓力的部分驻军赶出基克拉迪群岛。

71

在此期间，腓力麾下的尼卡诺尔（Nicanor）将军率领一支马其顿军队抵达雅典城外，准备继续阿卡纳尼亚人几周前开始的抢劫与掠夺。尼卡诺尔起初进行得比较顺利，但因罗马使节要求会面，行动不得不停止。这纯属罗马使者的临场发挥，因为最初的任务计划并未安排这样的会面。但他们只是把在希腊四处传播的强硬措辞传递给尼卡诺尔：他们要尼卡诺尔告诉腓力，停止攻击希腊各个城市，其他一切事情都好办；继续攻击将面临战争。这一刻与后来盖乌斯·波皮利乌斯·拉埃纳斯威胁安条克四世一样，罗马使节对尼卡诺尔提出挑战：如一意孤行，继续惩罚雅典人，就得面对严重后果。尼卡诺尔离开了，带着给国王的口信回到马其顿。

腓力报以无所畏惧的挑衅，他派遣一支小部队，在名叫菲洛克勒斯（Philocles）的将军的率领下，从优卑亚岛和科林斯附近的马其顿基地继续对雅典进行袭击。同时腓力发动战役，围困阿卑多斯。显然，他无意屈服于罗马的压力。

罗马使节把雅典人放心地交给阿塔罗斯，继续前往罗得岛的旅程。事实上，罗得岛人并不像他们宣战时显示的那样团结。但不管怎么说，阿哈伊亚人仍然认为，呼吁那里的亲马其顿派或至少反战派与腓力达成协议是划算的。然而，罗马人坚定了罗得岛人的决心，阿哈伊亚代表团被打发走了。这座岛屿同时还成了使节会晤埃及托勒密五世和叙利亚安条克三世，完成其宏大旅程的理想跳板。他们要争取结束第五次叙利亚战争，鼓励托勒密维持目前与罗马拥有的良好关系（即不站在腓力一边）。安条克肯定收到了要求保持中立的请求。谈判似乎已经取得成功，安条克果然很快停止攻击埃及本土，转而首先进攻奇里乞亚（Cilicia）的托勒密属地，然后攻击小亚细亚的埃及属地。这是罗马人首次在主要希腊邦国之间进行调解，是他们与安条克的首次正式接触，第一次主动地将势力范围扩展到希腊本土以外更远的东方。

使节在罗得岛停留期间，得知阿卑多斯遭到围困的消息。雷必达只身前往面见腓力。当时其他人可能去了埃及和叙利亚宫廷。腓力允许雷必达觐见，这个罗马人便立即发出同样的强硬信息，还增添了新的要求：腓力不但必须从希腊各邦国抽手，而且必须从各埃及属地抽手，譬如立即从阿卑多斯撤出；必须给罗得岛和帕加马做出赔偿。实际上，他坚称，罗马的希腊政策应优先于腓力的政策，当然，腓力绝不可能同意。马其顿在希腊占据长达一百多年的地位，怎么能拱手让与野蛮人？

会见的场面十分激烈。希腊化国王没有被外国年轻人如此专横对待的习惯，也没有被任何人以这种方式欺辱过。但雷必达去那里只是发布最后通牒，而不是进行辩论。最后，腓力提醒雷必达，从理论上讲，他与罗马人依然受前205年在腓尼基签署的条约的约束。因此，罗马人不应对他发动战争，但"如果他们这样做，我们将在众神的帮助下勇敢地捍卫自己！"[13] 腓力甚至不想装出谦逊，就投入了豪赌——罗马人几乎没提及其他军事任务，但腓力一定明白，他们会全力以赴地对付他。从这一点我们可以看到他的坚定决心。

于是，就只有战争了。雷必达返回罗得岛，然后与同事们一道回到罗马。他们可以向元老院报告，使命成功完成。安条克与腓力签订的协定已经破裂，如果罗马人与腓力交战，安条克不会干预。第五次叙利亚战争已经结束，托勒密并未请求罗马帮助。看来，罗马人会得到一些希腊邦国与同盟主动或被动的帮助，帕加马、罗得岛、拜占庭和雅典似乎就是多米诺骨牌的第一排。罗马人可以放手集中对付腓力，而腓力也已收到最后通牒，并明白这一点。不过，实际上当使节们返回时，罗马人已经宣战。第二次马其顿战争由此爆发。

73

血洗安提帕特里亚

迦尔巴出发前往伊利里亚时，对阿卑多斯的围困正接近令人恐惧的结局，大批无法面对马其顿统治前景的居民自杀。前

200 年 11 月腓力返回马其顿时，得知罗马人已经抵达。一支超过二十万人的罗马军队到达阿波罗尼亚，一支由五十艘战舰组成的舰队抵达克基拉。[14] 应雅典使团的要求，从这支舰队拨出二十艘战船，在盖乌斯·克劳狄乌斯·肯托（Gaius Claudius Centho）的率领下驶向雅典，迎战菲洛克勒斯从科林斯和哈尔基斯发动的攻击。

事实证明克劳狄乌斯非常得力。冬季在优卑亚岛与大陆之间的尤里普斯海峡（Euripus Strait）的危险水域里作战，要冒很大的风险。他使哈尔基斯遭受严重摧残，一场戏剧性的政变差点引发战争，但他没有足够的兵力驻守哈尔基斯并保卫雅典。他虽然后来撤退了，但仍取得象征性的伟大胜利，消灭了腓力驻军，烧毁其主要粮库，摧毁存放昂贵攻城设备的重要军火库，对腓力造成了实质上的伤害。哈尔基斯是三座被腓力称为"希腊门户"的非常重要的希腊城市之一，另外两座分别是科林斯和德米特里阿斯。一般来说，控制了这些"门户"，也就控制了希腊绝大部分交通。三座城市都拥有坚固的防御设施，哈尔基斯尤为坚固，以至于马其顿军队逐渐放松了警惕，给了克劳狄乌斯可乘之机。

腓力立刻采取报复行动，在哈尔基斯重新驻扎军队，对雅典发动几乎势不可当的进攻。之后，他把雅典交给菲洛克勒斯，继续前进，到达伯罗奔尼撒，在那里参加了阿哈伊亚同盟的一次例会。腓力知道他们已经开始动摇，也知道自己非常需要他们。会上，腓力提出，如果阿哈伊亚同盟能够驻守科林斯、哈尔基斯和俄瑞乌斯，在他挺进斯巴达时保卫他的后方，他将主动接过他们对抗纳比斯的战争。但阿哈伊亚人拒绝了腓力的提议，凭自己的力量继续斯巴达战争。腓力这才明白，再也不能依靠阿哈伊亚人（不过第二年他仍做了最后努力，用他在伯罗奔尼撒掠夺的部分财物作为礼物，试图赢得他们的支持），于是带领部队返回马其顿过冬。那个冬天一定是既繁忙又让人焦虑的。

与此同时，伽尔巴在伊利里亚建立了自己的营地，并向内陆发动多次突袭，为来年的战斗做准备。他的副手卢修斯·阿普斯提乌斯（Lucius Apustius）占领了许多要塞，并在达萨里蒂斯发动突袭，且没有受到什么惩罚，因为腓力此时正在从阿卑多斯返回的路上。阿普斯提乌斯来到安提帕特里亚后，先是企图通过谈判拿下该城，谈判失败后，便强行进入。城里所有适龄从军的男青年都遭到屠杀，全城被洗劫一空，之后被烧成灰烬。直到公元 5 世纪这座城市才恢复元气，成为拜占庭帝国的一座边城。由此看来，伽尔巴正为下一战季深入马其顿更多内陆地区的行动扫清道路，否则他会占据安提帕特里亚并在那里驻扎军队。然而，在第一次马其顿战争带来恶名的基础上，罗马军队的野蛮行径再次成为送给马其顿宣传家的礼物。

听到罗马人胜利的消息，几位骑墙派人士于冬季来到营地拜访伽尔巴。斯科德拉的普莱拉图斯承诺支持罗马，同时前来的还有达达尼亚邦联的统治者巴托（Bato）。迦尔巴要他们为他春季进攻马其顿做好准备。阿塔马尼亚的阿密南德也在这里出现。前 200 年罗马使团来访后，他决定将自己的命运交给罗马人。由于阿密南德与埃托利亚人一直关系良好，伽尔巴便要他把埃托利亚人也拉进来。但埃托利亚人对前 201 年遭罗马人粗暴拒绝感到愤怒，仍不愿做出明确的承诺。伽尔巴似乎计划来年从三个方向入侵马其顿，除了自己的军队和伊利里亚军队之外，埃托利亚人作为第三支军队将从西南部穿过色萨利发动进攻。如果是这样的话，埃托利亚人犹豫的代价将十分高昂。

抢 掠

75　　在当今社会，士兵一般不会从事抢掠（但毫无疑问，还会发生某些"搜寻纪念品"的行为），但这一现象是一种相对新近的社会进步。滑铁卢战役后战场遭抢劫，1812 年拿破仑军队洗劫莫斯科，1814 年英国军队抢掠华盛顿，做法如出一辙。从那以后，这种惯常做法才逐渐消失（至少在欧洲），尤其在士兵的基本工资较高的情况下。我们必须努力使自己的思想回到这样一个时代，即在"胜者通吃"的原则下，抢劫并不被认为是不道德的，而是人们意料之中的事情，实际上还是男人当兵的主要动机之一。然而，我们更为熟悉的是官方抢掠。在古代，战利品是可以看得见的荣耀。胜利纪念碑上吹嘘在战争中抢来的战利品，凯旋仪式上战利品作为任务被完成的证据得到展示。二战期间艺术品被盗这一事实提醒我们，人们仍怀有同样的心态。

　　罗马军队中人人都从中获利。在战场上，所有战利品都被集中起来，然后按等级制重新分配，因此军官和骑兵得到的就比步兵得到的多。士兵们还期望打赢战争后获得现金奖赏，这笔钱甚至足以建个小农场。国家也从中得到好处：罗马期待战场上归来的将军用赎回或出售俘虏与牲畜、倒卖俘获的奴隶等活动中所获得的利润来填充罗马的国库。

　　回国以后，战利品要么被出售，要么被回收。从私人住宅抢夺来的财产往往最终落入罗马人的家中。绘画与雕塑可能会被收藏家收购。毁于公元 79 年维苏威火山爆发时的赫库兰尼姆纸莎草别墅（Villa of the Papyri in Herculaneum，加州有模仿它的盖蒂别墅博物馆）中有超过八十件希腊雕塑，尽管大部分系复制品，却可以帮助人们了解富有的罗马收藏家如何在家里摆满希腊雕塑（见图 4.1）。马其顿王朝最终被推翻后，以廉洁闻名的罗马指挥官埃米利乌斯·保卢斯将马其顿皇家图书馆送给了自己的儿子们，那是一件价值连城的礼物。[15]

然而，公共纪念碑往往被重新奉献于罗马的神庙及公共空间，问题就出现在这里。这些公共纪念碑大多是神圣的，长期以来一直是希腊各个社区的崇拜中心，而它们正是从这些社区被盗走的。搬走这些纪念碑已经糟糕透顶，因为这样做削弱了社会的凝聚力，而重新奉献给罗马，尽管是崇敬之举，却也是一种帝国主义行为。例如，马其顿人有座著名的宙斯雕塑在库诺斯克法莱（Cynoscephalae）战役后被提图斯·昆克提乌斯·弗拉米尼努斯运到罗马，用来美化作为朱庇特神崇拜中心的罗马卡皮托林山，朱庇特在罗马就相当于宙斯。[16]明确无误的是其象征意义。众神之王的保护责任已经从马其顿转移到罗马。对西西里、意大利南部、希腊和小亚细亚众多城镇的洗劫讲的也是同样的故事。抢劫成了帝国主义者镇压的工具。

前 229～前 167 年，官方从希腊东部获得的战利品（我们所了解到的战利品），估价为 7000 万第纳尔（约合 70 亿美元）。[17]当然，还有更多的不为人所注意。但令人震惊的不仅是全部的总价值，一些单体艺术品同样令人瞩目。我们了解到，到公元 1 世纪，有四十六件希腊绘画和雕塑杰作被运往罗马，这份清单跟伦敦或华盛顿国家艺术馆早期绘画大师的名单一样长。[18]其中许多艺术品是在公元前 86 年苏拉率军洗劫雅典后运抵罗马的，不过其中有些艺术品抵达的时间肯定更早。我们知

图 4.1　休息中的赫耳墨斯（Hermes）。这尊来自赫库兰尼姆纸莎草别墅的青铜雕塑（公元前 4 世纪晚期希腊原作的罗马复制品），可以帮助人们了解罗马富人收藏艺术品的品质。

道，雕塑家利西普斯（Lysippus）的雕像《赫拉克勒斯的苦差》（"The Labors of Heracles"）于前 209 年被从塔兰托搬走。同样，宙克西斯（Zeuxis）创作的一幅名画也在前 189 年被人从安布拉基亚抢走。[19] 这两件艺术品都是无价之宝。我们知道，公元 1 世纪巴赫西斯（Parrhasius）一幅绘画的价值就高达 15 万第纳尔，几乎就在同一时间，马库斯·维普萨尼乌斯·阿格里帕（Marcus Vipsanius Agrippa）花两倍的价钱买了两幅绘画作品。[20]

前 190 年代，弗拉米尼努斯洗劫了多个希腊城市；前 189 年马库斯·富尔维乌斯·诺比利奥尔（Marcus Fulvius Nobilior）洗劫安布拉基亚；前 146 年，卢修斯·穆米乌斯（Lucius Mummius）洗劫阿哈伊亚。在这些劫难中，许多艺术品被盗走。尽管缺乏足够证据，我们仍可以肯定，在其他大大小小的洗劫过程中，都会发生同样的事情。之所以鲜有细节描述，是因为这种事情被认作理所应当：为东方战争胜利而举行的凯旋仪式上就展示了大量盗来的艺术品。富尔维乌斯·诺比利奥尔以知识分子和鉴赏家自居，在凯旋仪式上展出一千多尊青铜与大理石雕像。阿哈伊亚战争结束后，穆米乌斯"让罗马处处都是雕塑"。简而言之，从前 212 年马塞勒斯洗劫锡拉库萨到前 146 年科林斯城被毁的几十年里，罗马和其他意大利城镇成了名副其实的希腊雕塑与绘画博物馆。波利比乌斯认为这种做法尤其令人憎恶，他当然没有说错。罗马抢走了希腊最好的东西。[21] 遭受劫掠的城镇在经济和道德上一落千丈，因为它的骄傲和认同往往与其公共纪念碑紧密联系在一起。

78

伽尔巴的最后一搏

腓力的主要劣势在海上，前199年他对爱琴海的控制出现松动，罗马人乘虚而入。腓力舰队被罗得岛人困在德米特里阿斯湾，眼睁睁地看着罗马人及其盟友随意抢掠而无能为力，直到战利品压满船舱，他们无法再拿为止。[22] 但除安德罗斯岛（island of Andros）外，罗马人没有得到任何重大收获，直到后来在返回克基拉过冬途中夺得俄瑞乌斯，这是一个重大收获。尽管这座城市被委托给阿塔罗斯管理，但罗马人通过出卖当地居民为奴而获利。

罗马人在陆地上取得的成功也同样有限。由于埃托利亚人仍在局外，迦尔巴试图从两个方向入侵马其顿。普莱拉图斯和达达尼亚人从西北方向进攻，而迦尔巴则沿着阿普沙斯（Apsus）河谷（经过安提帕特里亚废墟），穿过普雷斯帕湖以南的山脉向东面发动进攻，这是一条漫长而艰险的路线。腓力派遣一支军队——名义上由他十三岁的儿子珀尔修斯（Perseus）指挥，实际上由阿特那哥拉斯（Athenagoras）将军指挥——北上阻击达达尼亚人和伊利里亚人，自己则率部迎战迦尔巴。罗马人奋力打通道路，向俄瑞斯提斯（Orestis）和欧耳代亚（Eordaea）挺近，马其顿腹地近在咫尺。这一地区属于山地，道路崎岖，所以只能进行小规模的战斗，偶尔还有骑兵交战，但罗马人的表现远超腓力预期，于是他调来珀尔修斯和一些北方军队前来援助。尽管迦尔巴被击退了，但他至少为来年的下步行动扫清了障碍。

然而，这时迦尔巴又病又累，他的指挥权也没有得到延续。前199年，他被当时执政官之一的普布利乌斯·维利乌

斯·塔普鲁斯（Publius Villius Tapulus）取代。维利乌斯必须
首先平息迦尔巴未能解决的几近发生的兵变。军队中的一些老
兵在国外连续征战多年，没有得到休息，也没有机会看望家
人。维利乌斯倾听他们的抱怨，并答应将这种情况反映给罗马
当局。这件事情似乎得到平息。幸好是这样，因为罗马人并没
有失去他们的资本。考虑到他们服役的年限以及拥有的经验，
这些不满的人其实是军队的中坚力量。随后，维利乌斯航行到
克基拉的冬季营地，春天来临之前平安无事。

迦尔巴向马其顿推进的主要后果是让埃托利亚感到振奋。
达达尼亚人入侵马其顿以及俄瑞乌斯陷落的消息让他们认为腓
力的一切彻底结束了。他们联合阿密南德对色萨利发动了一次
毫无章法的进攻，以表示他们决定站在罗马一边。但他们未能
与迦尔巴取得联系，还遭到了腓力的痛击。与此同时，阿特那
哥拉斯终于将达达尼亚人赶出了马其顿北部。这一年并没有决
定性的结果，但腓力已为此做得非常出色了。

第五章　希腊人的自由

　　前229年罗马人首次远征伊利里亚前后，一个男孩在罗马降生，他将把罗马统治希腊的渴望转化为一项连贯的，最终却不切合实际的政策。作为一名老练的外交官，他将完善一种工具，使罗马得以从远方维持控制，又几乎不投入任何资源。此人就是提图斯·昆克提乌斯·弗拉米尼努斯，他出生在一个有几分衰落的贵族家庭（其堂兄前208年曾任执政官，但在这之前的半个世纪该家族表现平平）。他和弟弟卢修斯沿着罗马公职的传统阶梯迅速上升，从而重振了家族声誉。然而，卢修斯后来声名狼藉。前184年，他因滥用权力被驱逐出元老院，成为二十五年里首位被驱逐的高级官员。据说他为了满足一个娈童心血来潮的欲望，杀害了一个凯尔特囚犯。[1]

　　尽管如此，前205年提图斯被任命为塔兰托总督，他在这个位子上成绩斐然，因而职务又延续了两年。我们不清楚他的具体职责是什么，但这些职责肯定既需要机智谋略又需要坚定立场，因为塔兰托曾于前209年在汉尼拔战争期间遭到罗马人的可怕洗劫，后来逐渐得到复兴。在此任职期间，他学会了希腊语，但最多也只是粗通，他用希腊语写的一份信件作为铭文流传下来，其中就有多处不足。[2]

　　前180年，罗马确定了担任各种职务的最低年龄，在前

190 年代和前 180 年代，个人逐步晋升的程序已开始正规。不过，此前的官员们也同样被期待经过各种不同的层级，有序地进行晋升。从快三十岁时起步，一位官员从一个职务晋升到另一个职务，一般都需要较长的时间（规定担任同一职务的间隔为十年）。要首次晋升到执政官级别，成为一名资深而负责的公民，他就要等到将近四十岁，或者更可能的是四十岁出头。但弗拉米尼努斯的职业生涯好运连连，卸任塔兰托总督后被委以两项重任：处理退伍军人及意大利南部殖民者的棘手任务。他曾担任裁判官级别的塔兰托总督，现在决定谋取最高职务。尽管两位保民官提出抗议，他仍然获得前 198 年的执政官职务。[3] 初到希腊时，他还不到三十岁。

阿乌斯会议

腓力与阿特那哥拉斯会合，在伊利里亚的阿乌斯河谷入口处安营扎寨，从那里他们可以控制通往马其顿的两条主要路线，前 198 年罗马人从阿波罗尼亚出发，走的就是这两条路。一条是前一年迦尔巴曾尝试过的十分艰险的山路（这是最佳选择，因为迦尔巴沿途留下了兵营与仓库），更靠南的线路是经安提戈尼亚进入伊庇鲁斯。听到腓力抵达的消息后，执政官维利乌斯·塔普鲁斯从克基拉撤出，在马其顿人以西几英里的地方安下营地，这是他作为指挥官采取的最后一次行动，替换他的弗拉米尼努斯已经到达。通过抽签，希腊作为行省被分配给弗拉米尼努斯，前一年曾担任裁判官的弟弟卢修斯也被一同派来，负责指挥舰队。

伊庇鲁斯人做了最后一次尝试，试探双方是否可以达成协议。参加会见的是国王和执政官以及各自的随从，在阿乌斯河①的最窄处，他们站在水流湍急的两岸，彼此怒目而视。弗拉米尼努斯明确表示，在他看来，腓力必须从希腊居住区撤走所有驻军，并对其劫掠过的各个部落予以赔偿。腓力辩称，把希腊所有城市统统置于他控制之下是毫无意义的，由于他是以不同方式夺得这些城市的，所以这些城市需要不同的待遇，具体办法应由一个独立的法庭裁决。但弗拉米尼努斯并不准备妥协，他把色萨利人列为第一批应该获得自由的人，这无疑是想在反马其顿人士的心中点燃希望之火。但色萨利作为马其顿的卫星国已有一百二十五年的历史。腓力怒气冲冲地离开会面现场。

弗拉米尼努斯肯定预料到了这样的结果。如果腓力接受弗拉米尼努斯的要求，就等于承认罗马人有权支配希腊的未来。在腓力看来，这就是放弃责任，是对自己尊严无可挽回的打击。此外，弗拉米尼努斯的要求预示着冲突严重升级。前 200 年罗马使团提出的条件是腓力在希腊不再发动战争，现在弗拉米尼努斯不仅考虑未来，而且计较过去。腓力必须给予所有他控制的希腊邦国以"自由"，还要完全撤出希腊。假如弗拉米尼努斯准备妥协，重申特使们以前提出的要求，战争立即就可结束。但对一位雄心勃勃地追求荣誉的年轻人来说，这一点远远不够。元老院赋予他的使命内容比较含糊，只是让腓力屈服。弗拉米尼努斯可以随心所欲地解释这一使命。他明白元老院对任何能让他们暂时把注意力集中在波河河谷的解决方案都会感到满意。

阿乌斯河谷之战

谈判破裂，战争不可避免。弗拉米尼努斯一方在人数上超

---

① 今维约萨河。

过了腓力一方。他可以奋力挺进马其顿，尽管沿途会受到袭扰，也可以奋力把腓力从现在占据的位置赶走。他选择了后者，但前景看来并不乐观。腓力的守防十分坚固，他在河谷山坡两侧部署了士兵和抛石机，而雄伟陡峭的山坡高耸2000多米。

起初，双方打得难解难分。但后来——与公元前480年著名的温泉关战役如出一辙——有人告诉弗拉米尼努斯有一条后路，要翻山越岭。他派出一支精兵，然后等候消息，让士兵们休息。等其他方面就位，到了敌人的后侧和上方，弗拉米尼努斯立刻发动进攻——时间大约是前198年6月25日[4]——为防止被从他们身后的山顶上冲下的罗马军队前后围困，马其顿人逃走了。

河谷变得越来越窄，甚至只有之前的二分之一宽，最后只剩下了河床（见图5.1）。战斗一定十分激烈。但至少地形对腓力有利，因为弗拉米尼努斯很难追踪逃跑的马其顿人，所以被杀的士兵并不多，最多只有两千人。腓力在河谷东端集结军队，经色萨利北部返回马其顿，弗拉米尼努斯的军队对腓力的营地实施抢掠。腓力沿途留下坚固的兵营，严防弗拉米尼努斯进行尾追，他还摧毁了城镇、乡村与农田，宁可冒险激怒自己的臣民，也不愿把给养留给弗拉米尼努斯。

但弗拉米尼努斯并未立即追踪。他刚赶到希腊，还要做准备工作。他要搞定伊庇鲁斯同盟，不仅仅是因为他不想在向东挺进时将其作为敌人留在后方，而且是为了保障从西海岸到马其顿最后一条路线的安全。在北部，他的达达尼亚盟友控制着经贝拉索拉到马其顿的阿克西乌斯（Axius）河谷的北端。在伊利里亚，罗马人已经控制了未来通往普雷斯帕湖北部的厄纳

图 5.1　阿乌斯河谷。图中显示的是最狭窄处之一，当年弗拉米尼努斯军团在这里将腓力五世的军队赶出河谷。当时浅蓝色的水一定被染成血红色。

齐雅大道以及南边的漫长山路（前 199 年迦尔巴行走的路线）。不过，还有第四条线路，从安布拉基亚跨越平都斯（Pindus）山脉到戈姆菲（Gomphi），距离不长但十分艰险，那里有两个通道穿过阿塔马尼亚山脉抵达色萨利平原。这次战役是与阿密南德和埃托利亚人协作进行的，后者蹂躏了色萨利西部，为弗拉米尼努斯拿下了戈姆菲。

在确保伊庇鲁斯保持中立后，弗拉米尼努斯立刻取道腓力先前退回马其顿的同一条线路折回，沿途扫清了马其顿的驻军，并与色萨利西部的阿密南德取得联系。腓力的焦土政策不再困扰他了。由于伊庇鲁斯人提供合作，弗拉米尼努斯的补给船只从伊利里亚移至安布拉基亚，戈姆菲成为罗马人及其盟友的主要仓库。腓力仅出击数次以援救要塞，但避免与敌人发生激战。

在采取惯用恐怖手段迫使当地的色萨利人屈服后，弗拉米尼努斯却在一个名叫阿特拉克斯（Atrax）的要塞前受到围困，并蒙受羞辱。前 198 年 9 月，他决定结束当年的马其顿战役。年底之前还有一条重要的交通线路要拿下：夺取安提库拉。他冲入福基斯（Phocis），迫使包括安提库拉和埃拉提亚（Elatea）在内的一个又一个城镇投降，最后夺得福基斯的大部地区和洛克里斯（Locris）东部。埃拉提亚现在成了弗拉米尼努斯在希腊中部地区的总部。他的弟弟卢修斯已在优卑亚岛将来自埃雷特里亚（Eretria）和卡利斯托（Carystus）的马其顿驻军赶走（埃雷特里亚的“古代工艺绘画和雕塑”也遭到抢掠），使该地区更加安定，不过腓力依然占据着哈尔基斯。[5]

从埃拉提亚到后来的科林斯，弗拉米尼努斯几乎扮演着希腊化国王的角色。最引人注目的是，前 197 年后不久，他发行或者批准发行了一套金币（存留下来的很少），金币上通常出现国王或神祇的位置换上了他的肖像（见图 5.2）。一百五十年以后，另一位在世的罗马人尤利乌斯·恺撒才有胆量如此放肆。不过，信奉希腊文化的国王们如此行事已有大约一百年的历史，弗拉米尼努斯很清楚希腊人的这一习惯，也照此办理，在这种钱币流通的所有地方，以希腊人能够理解的方式显示着自己的权力。

此外，他经常以君主的方式与希腊领导人打交道。例如前191 年，他温和地指责阿哈伊亚同盟当时的将军未征求他的意见就进行战争。过后不久，他又告诉埃托利亚人，是神指派他来管理希腊的。[6]随着时间的推移以及他在希腊使命的延长，期望别人顺从的欲望愈加明显。但这种事情并不少见：在外征

图 5.2　一枚在希腊使用的极为罕见的金币，以 T. 昆克提乌斯·弗拉米尼努斯的名字命名。请注意，这里的拉丁铭文其实是一种文化统治的主张。这一时期的罗马人还不知道把自己的头像放在钱币上通常为神或国王保留的位置。

战期间，罗马执政官的作为一如国王，因为他们几乎就是国王。由于无法与远方的元老院进行协商，他们在自己管辖的行省被授予几乎绝对的统治权。他们靠参谋人员和使节来审议并批准他们做出的决定。通常元老院对海外地理及政治因素了解得非常粗略。一个问题可能需要数周才能反映到他们那里，而得到答复又需要数周。他们经常依赖于其指挥官在战场上临时做出的决定。

　　不管是否能够立即得到元老院的批准，执政官和代执政官都会建立殖民地，拥立国王，拥有自己可以全权支配的庞大军队；可以要求其朋友和盟友派出更多的军队；可以派遣与接受大使；可以以平等的地位与国王打交道；可以摧毁城镇并奴役其人口；可以制定和平条约条款；可以发布法令，有权奖励顺从者并惩罚不服从者。波利比乌斯在描述罗马宪法时，曾把执政官比作君主。皮洛士的一位使节曾把元老院比作国王理事会。希腊语中执政官一词是"hypatos"，意为"至上"。[7]有时，弗拉米尼努斯和其他人融入希腊的最简单方法就是标榜自己为国王，尽管他们可能很快就会被罗马召回，不可能拥有国王那么长的统治时间。需要再次强调的是，弗拉米尼努斯在钱币上出现是十分引人注目的：他一直期待并最终得到了在希腊长期停留的机会。

弗拉米尼努斯的两次致胜行动

前 198 年底，就在弗拉米尼努斯在福基斯和洛克里斯横冲直撞前不久，阿哈伊亚人在西锡安（Sicyon）举行了一次具有决定意义的会议。代表们一个接一个地站起来发言；卢修斯·弗拉米尼努斯（Lucius Flamininus）参加了会议，受到帕加马与雅典代表团的支持，同时会议也允许腓力的代表发表意见。根据阿哈伊亚宪法对此类会议的规定，会议发言与审议被允许用去整整三天时间，观点僵持不下。三个成员国甚至退出了会议，他们拒绝做出任何与马其顿断绝关系的事情，但到会议结束时，阿哈伊亚人投票决定立即成为罗得岛和帕加马的盟友，并派遣特使前往元老院，开始与罗马谈判建立联盟。

罗马人成功了，腓力失去了二十五年来一直为共同联盟中流砥柱的阿哈伊亚人。当然，他们在使出强硬手段，令其害怕与罗马为敌造成恶果的同时，也开出了诱人的条件，即罗马人帮助阿哈伊亚把马其顿人赶出科林斯和伯罗奔尼撒。与罗马而不与马其顿结盟，现在似乎成了实现伯罗奔尼撒统一这一永恒目标的最佳途径。但如果说收复科林斯的前景是扭转局势的关键，那么短期内他们将会感到失望。西锡安会议结束后，他们曾试图收复科林斯，却遭到失败。这是一个难以实现的目标（见图 5.3）。

图 5.3 科林斯卫城控制伯罗奔尼撒连接希腊本土的地峡（Isthmus），对所有前现代军队构成了令人生畏的障碍。占据这座卫城让科林斯成为希腊的"门户"之一。

但退出会议的阿尔戈斯城（Argos），立刻脱离阿哈伊亚同盟，把自己的命运交给腓力（腓力的第一位妻子就来自阿尔戈斯贵族）。腓力决定将这座城及其管辖的广大地区交给斯巴达的纳比斯，希望借此加强纳比斯的势力，因为纳比斯现在是腓力在伯罗奔尼撒的主要盟友。但没过多久，纳比斯就利用其控制伯罗奔尼撒半岛东部大片地区的优势，成功地说服罗马人把他当作朋友而不是敌人。纳比斯此举可谓老谋深算，因为这一举动同时结束了与现在已是盟友的阿哈伊亚人之间的战争，也保护他免受腓力的报复。腓力收到大量来自他在阿尔戈斯的朋友的投诉，指责纳比斯强行修改宪法。在发生这种背信弃义的行为之前，腓力就后悔将这座城市交给了纳比斯。部分由于其他地方需要军队，部分由于这些军队目前正处于危险之中，除科林斯外，腓力撤走了在伯罗奔尼撒的最后兵营，驻扎于科林斯的兵营反而得到增强。

与此同时，腓力与弗拉米尼努斯联系，约他见面。也许，这是他能以相对有利条件谈判达成和平的最后机会。谈判在阿哈伊亚人加入罗马阵营与随后纳比斯也加入罗马阵营两个事件之间的空当时间举行。前198年11月选择的会晤地点，是位于马利亚湾南部海岸的尼西亚（Nicaea）。按照长久以来的惯例，腓力不上岸，坐在他的船尾上，而弗拉米尼努斯和盟友代表则列队站在海滩上。腓力请弗拉米尼努斯首先发言，于是这位罗马执政官就列出了他的要求，在阿乌斯会议提出的条件的基础上增加了更多要求，更不用说涵盖罗马使节们最初提出的条件了。弗拉米尼努斯现在要求腓力不但从希腊地区完全撤出，而且向普莱拉图斯归还前205年《腓尼基和约》后占领的伊利里亚部分地区，向托勒密五世归还前204年托勒密四世去世后夺得的所有埃及属地。接着，弗拉米尼努斯的盟友们一个接一个发言，提出了他们自己的不满以及安抚他们必须做出的赔偿，比如把比利亚交还罗得岛人，撤走腓力在爱琴海和赫勒斯滂的所有驻军，把佩林托斯还给拜占庭，等等。也就是说，现在所有盟国的共同要求实际上是新马其顿帝国的解体。

腓力表示准备做出让步，但继续坚持他在阿乌斯河岸提出的条件，称他所占据的地方分为不同类别，必须区别对待。第一天会面结束时未能达成决议。第二天，腓力又做出更大的让步，但在完全撤出问题上依然犹豫不决。第三天，全体会议在附近的特洛尼昂（Thronium）举行，双方一致同意，所有各方都应派代表前往罗马，陈述他们的各种理由，为此，同意给腓力两个月的停战期，条件是他必须立即撤离福基斯和洛克里斯（这两个地方现在留给他的并不多）。

前197年初，各个盟友在元老院发表的演说内容十分相
似，几乎就是出自弗拉米尼努斯本人写的脚本。代表们不仅
厉声抱怨他们遭受的损失（与他们在尼西亚会晤时表现的一
样），而且这一次还都特别关注希腊的三大"门户"，坚称只
要科林斯、哈尔基斯和德米特里阿斯被掌握在腓力手中，希
腊就永远不会实现自由。他们争辩说，如果腓力继续占据这
些"门户"，即使他做出其他所有让步也无济于事。毫无疑
问，弗拉米尼努斯在元老院的朋友就此询问腓力的代表腓力
国王是否愿意从三大"门户"撤出，但在这个问题上国王并
没有给他们明确的指示。

结果谈判破裂，元老院只能继续战争。希腊使节们的讲
话使元老院相信，弗拉米尼努斯足以胜任此项工作，所以前
197年他们没有派出执政官替换弗拉米尼努斯，而是延续了
他的指挥权。腓力撤离希腊已成为把希腊人从枷锁中解放出
来的响亮口号。前200年罗马使节们含糊其词地提出给希腊
的一般性保护，已经演变成要求希腊人发出摆脱马其顿统治
的呼声。

库诺斯克法莱战役

腓力在马其顿的防御十分坚固，但现在阿卡纳尼亚人和彼
奥提亚人成了他在希腊地区仅存的盟友。前197年弗拉米尼努
斯的首要任务，是设法让他们与腓力分手。他派弟弟卢修斯去
找阿卡纳尼亚人，自己则亲自去找彼奥提亚人。

是支持马其顿还是罗马，彼奥提亚同盟出现严重分歧。弗
拉米尼努斯必须确保他们按他自己的方式看待问题。他带着帕
加马的阿塔罗斯和几位仆人来到彼奥提亚同盟主要城市底比斯

城下，但在附近隐蔽处布置了两千名武装人员。按照当地习俗，他和阿塔罗斯受到当地达官显贵的正式欢迎。毫无疑问，弗拉米尼努斯在仪式上发表了辞藻华丽的讲话，就连反罗马派领袖布拉奇拉斯（Brachylles）也和对手朱克西帕斯（Zeuxippus）一道，在欢迎仪式上履行外交职责。弗拉米尼努斯随后和他们一起走向城门，与他们谈笑风生，但故意放慢脚步，以便他的部队趁城门打开时冲进去。

由于罗马人在底比斯拥有武力，彼奥提亚人商议的结果必然有利于罗马。彼奥提亚人不但已完全孤立，没有多少选择余地，而且同盟管辖的城市果然一个接着一个地投票支持与罗马建立友好关系。这一刻极富戏剧性，阿塔罗斯对彼奥提亚人发表讲话，鼓励他们站在罗马一边，就在讲话过程中，他突然中风，不得不被担架抬出会场。他被送回帕加马，不久就在那里去世。二十五岁左右的儿子欧迈尼斯二世（Eumenes II）继承王位。欧迈尼斯继承了其父对罗马友好的政策，而这正是帕加马走向繁荣的基础。

罗马的外交努力继续卓有成效。随着反罗马人士被驱除出彼奥提亚——当然，布拉奇拉斯及其盟友在马其顿避难——一直往北到色萨利，几乎整个希腊都被掌握在罗马人或中立者手中。在卡里亚和罗得岛的比利亚，罗得岛人在阿哈伊亚人的帮助下，正在收复前202~前200年腓力占领的一些地方。但战争的最后一年，罗得岛人却面临一项不同的任务。安条克在科勒叙利亚取得新的战果之后，正带领一支庞大的陆军和海军沿小亚细亚南部海岸线挺进，沿途占领托勒密的多个领地。罗得岛人要求安条克不得通过吕西亚（Lycia）的切利多尼亚群岛（Chelidoniae Islands）。如果没有罗马人暗地支持，罗得岛人绝

90

对不敢如此大胆。罗马人在这个问题上支持罗得岛人，表明他们已对叙利亚国王保持警惕，认为安条克也许有与腓力再次联系的打算。安条克提出抗议，但战争结束时此事不了了之，罗得岛撤回要求，叙利亚国王则继续其征服进程。

整个冬天，腓力都在扩充自己的军队，他招募与训练的不仅有年轻人，还有老年人，这可不是什么好的兆头。前 197 年春，他向南推进，但在发现罗马侦察兵后在斐赖（Pherae）附近停了下来。完成在彼奥提亚的任务后，弗拉米尼努斯率领超过三万人的大军（两个军团，还有作为补充的埃托利亚人、阿塔马尼亚人以及其他人）快速北上，兵力比腓力的多出数千人。毫无疑问，在埃托利亚人的怂恿下，他企图胁迫弗西奥蒂斯的底比斯投降，但未能成功。他越过德米特里阿斯，在斐赖附近的平原上安营扎寨。这一关键举措让腓力无法获得弗西奥蒂斯的底比斯和德米特里阿斯的资源。腓力的士兵遭遇的正是来自这个营地的哨兵。在此之前，两位指挥官相互不知道对方离得这么近。

腓力在德米特里阿斯设有粮仓，企图强行通过赶到那里，却未能成功。斐赖附近的地形不适合方阵行动，他又需要给养，所以不得不转向西面。弗拉米尼努斯尾追腓力，至少部分意图是确定腓力不掉头去德米特里阿斯并非虚张声势。弗拉米尼努斯在一座低矮的山上安营扎寨，那里供奉着阿喀琉斯之母海神忒提斯（Thetis）的神龛，有（现在仍然有）多处泉水（见图 5.4）。一夜过去了。腓力的营地就在弗拉米尼努斯营地的北边。双方都知道对方离得很近，但仅此而已，因为暴雨以及雨后的浓雾严重降低了能见度。黎明时分，腓力派出一队骑兵前往山梁，等待云雾散去。

图 5.4　色萨利佐多克霍斯佩奇一处刻有土耳其铭文的山泉。
前 197 年库诺斯克法莱战役爆发前，这处山泉就在弗拉米尼努
斯的营地之内。

　　这座山梁名叫库诺斯克法莱，意为"狗头"。[8] 浓雾迟迟不
肯散去，腓力的士兵在那里等候之际，遭遇弗拉米尼努斯的一
支巡逻骑兵。小规模交手迅速演变成一场全面战斗，来自双方
阵营的更多士兵加入战斗。腓力拥有地势高的优势，他的部队
把罗马人推下山坡，来到更为平坦的地方。但是，主要凭借埃
托利亚一支分队的勇敢，罗马人在那里站住了脚步。埃托利亚
人英勇奋战，因为这场战斗据说可以给他们带来长期渴望的奖
赏——在希腊地区取得霸权。

　　弗拉米尼努斯的整个部队已经部署完毕，而腓力的大量士
兵仍在路上。就在两军骑兵相互厮杀之际，弗拉米尼努斯命令

其左翼军团向前推进，但腓力率领的希腊方阵将他们再次推下山坡，罗马军队似乎就要崩溃。弗拉米尼努斯放弃左翼突破行动，率领右翼兵团绕道上了山顶。山顶上腓力的部队仍在陆续到达，无法组织顽强的抵抗。与此同时，这一右翼军团的大约两千名士兵分出队列，从后方驱赶获胜的马其顿方阵继续下山。没过多久，一切都结束了，腓力一方八千名士兵丧命，另有五千名被俘。罗马方面损失了八百名士兵。这是一次决定性的失败。

在库诺斯克法莱战役中死亡的马其顿人几年后都没有被埋葬，腓力的诗坛对手、麦西尼的阿尔凯奥斯假借墓志铭的形式为这支倒下的军队赋诗一首，鞭笞马其顿国王的所谓勇气（诗中严重夸大了死亡人数）。诗是这样写的：

> 旅行者啊，无人悲泣，未被埋葬，
> 我们三万个躯体，躺在色萨利这道山梁上，
> 打垮我们的是埃托利亚的阿瑞斯，
> 还有提图斯率领的来自意大利平原上的拉丁人。
> 他们要给马其顿带来巨大灾难。
> 腓力的胆量不翼而飞，
> 逃得比受惊的鹿还快！

93　　值得称道的是，作为回应，腓力本人写了一组讽刺意味十足的对句：

> 旅行者啊，脱了树皮、掉了树叶，根植在这道山梁，
> 赫然出现的十字架，静候着阿尔凯奥斯。[9]

坦佩和会

就这样，第二次马其顿战争结束，谈判开始。几乎就在库诺斯克法莱战役进行的同时，阿哈伊亚人在战斗中击败了科林斯的腓力守军，而阿卡纳尼亚人则向卢修斯·弗拉米尼斯投降。随着卡里亚战事的进展，对腓力来说，一切真的都结束了，他只好联系弗拉米尼努斯，请求会晤。弗拉米尼努斯同意会晤，战斗就此结束。但埃托利亚人对此感到不快，他们散布消息，称弗拉米尼努斯肯定是接受了贿赂，否则他会继续战斗，彻底打垮腓力。他们竭尽所能激怒弗拉米尼努斯：声称胜利归功于他们，这在弗拉米尼努斯看来，简直就是对其个人荣耀的攻击；尽管盟友们正在结束与敌人的战斗，埃托利亚人却为了私利，对库诺斯克法莱的腓力营地实施抢劫。埃托利亚人认为他们自己现在可以接管希腊了，而弗拉米尼努斯却认为统治希腊应该是罗马的事情。正如波利比乌斯所说，这场争吵"为希腊埋下了祸根"。[10]

和会将在风景如画的坦佩谷（Vale of Tempe）入口处的戈尼（Gonni）举行。就在和会开始的前一天，弗拉米尼努斯召集盟友开会，了解他们的期望。这次会议的大部分时间被埃托利亚人与弗拉米尼努斯的激烈争论所占据。埃托利亚人坚持认为，希腊未来获得和平的唯一途径是废黜腓力，结束马其顿的君主体制。弗拉米尼努斯却不认同这种看法，认为腓力的地位应予以保留，因为众所周知，马其顿是希腊抵御北方部落劫掠的堡垒。因此，保留腓力符合希腊人的最大利益。

埃托利亚代表菲涅阿斯（Phaeneas）坚持不退让，弗拉米尼努斯直接让他闭嘴。决定权在弗拉米尼努斯（和元老院），　94

而不在埃托利亚人或其他任何希腊人。不过，他答应要尽量削减腓力的权力，使其没有能力伤害希腊人。这种立场明显不符合逻辑，如果腓力具有足够力量抵御来自北方野蛮人的入侵，难道没有足够的力量去伤害希腊人？为什么不推翻君主制，另外寻找其他办法保卫北方边境？弗拉米尼努斯当场并没有说，但在场的所有人无疑都知道，保留腓力的主要原因是防止埃托利亚人变得过于强大。弗拉米尼努斯的目标是维持希腊力量的平衡。

第二天，腓力来了，他立即表示愿意完全接受盟国于上年11月在尼西亚提出的要求，即完全撤离希腊和伊利里亚，将前204年以后从埃及夺得的所有地方归还埃及，并向盟国做出赔偿，另外将其他所有问题提交罗马元老院。菲涅阿斯仍然感到不足，便增加了阿哈伊亚弗西奥蒂斯的四座城市。之所以挑出这四个地方，是因为它们是最近几年才丢失的，之前埃托利亚人曾占据很长时间。腓力完全崩溃了，说你们就拿走吧，但弗拉米尼努斯打断了他的话。他说，埃托利亚人可以拿走弗西奥蒂斯的底比斯，但其他三个地方已向罗马投降。菲涅阿斯愤怒地打出自己的王牌：根据前211年的联盟条款，罗马人只能得到动产，不能占据实际的城镇。弗拉米尼努斯回答说，前206年埃托利亚人与腓力单独媾和时，罗马人已解散了前211年建立的联盟。

弗拉米尼努斯的主张实际上是合乎道德的。埃托利亚人前206年单独签订了条约，表明他们并非罗马的真正朋友，因此弗拉米尼努斯并不觉得有义务把他们当成朋友。前211年签订的实际条约有一部分似乎表明，他把向罗马投降的城镇与其他城镇划分开来是错误的，所有这些城镇都应交给埃托利亚人。[11] 但根本问题在于，前 211 年签订的条约是否仍然有效，它是一项永久性条约还是仅仅针对第一次马其顿战争的条约。如果是针对特定环境的，那么弗拉米尼努斯的依据就是充分的。但如果确实如此的话，他为什么不直接说出来，构成足以压倒对方的论据？但前 211 年条约的条款似乎非常具体，总的来说，在严格的法律条款意义上，弗拉米尼努斯可能是正确的。然而，同样十分明确的是，他没有采取任何行动来弥合自己与埃托利亚人之间的裂痕。

作为罗马军队的指挥官，弗拉米尼努斯的权威高于埃托利亚人，后来罗马批准的和平条款基本上都是他拟定的。这些条款与他对盟国承诺的一样严厉。马其顿被削减到了一百五十年前的规模。其在奥林匹斯山以南，普雷斯帕湖以西，奈斯托斯河（Nestus river）以东的所有属地全部被交出，包括希腊的三大"门户"、色萨利、利苏斯以及腓力在爱琴海、赫勒斯滂和卡里亚的全部所得。希腊将"按照自己的法律自由地"生活。全部赔款为 1000 塔兰特，[12] 腓力必须立即赔付 200 塔兰特，同时送人质到罗马。这些人质包括腓力十一岁的儿子德米特里。如果罗马人民不批准这些条款，赔款和人质将一并归还。前 196 年初，罗马人民批准了条约，还增加以下规定：弗拉米尼努斯应就解放赛厄斯一事致函普鲁西亚斯；腓力的驻军要在春季于科林斯举行伊斯特米亚竞技会（Isthmian Games，又称地峡运动会）① 前撤离，战俘也要被遣返回国。弗拉米尼努斯将利用这次竞技会宣布他对希腊未来的规定。[13]

95

---

① 伊斯特米亚（Isthmia）坐落于科林斯地峡。

《伊斯特米亚宣言》

腓力陷入窘境，达达尼亚人必然乘虚而入，入侵马其顿北部。和谈结束后，驱除入侵者成了国王的首要任务。与此同时，弗拉米尼努斯出乎意料地卷入彼奥提亚的更多事务中。作为一种友好姿态，他允许布拉奇拉斯和其他被流放的彼奥提亚人士回国，尽管这些人在战争中曾与腓力并肩作战。但出乎他预料的是，彼奥提亚人立即恢复了布拉奇拉斯领导人的职务，并重新开放与腓力的交通线路。朱克西帕斯与亲罗马派的其他领导人劝说弗拉米尼努斯，认为从罗马的观点看，只要布拉奇拉斯还活着，彼奥提亚就永远不会安定。弗拉米尼努斯像本丢·彼拉多（Pontius Pilate）一样，说他不能直接参与此事。他要朱克西帕斯与埃托利亚人联系，这些人是安排这种事情的专家。布拉奇拉斯被一支埃托利亚突击队暗杀，彼奥提亚陷入混乱之中。在骚乱中，许多没有执勤的罗马士兵遭到杀害，弗拉米尼努斯随后用武力恢复了秩序。

元老院派出包括迦尔巴和维利乌斯在内的十位杰出使节前往埃拉提亚，确认和平条款，并帮助弗拉米尼努斯解决希腊问题；实际上有几十份悬而未决的请愿书，大致都是关于是否应该把皮洛斯交给阿哈伊亚人或麦西尼人的，这加剧了时局的动荡。此外，还有成百上千份有关土地等所有权纠纷的私人诉讼案。[14] 使节们本人只能处理一些重大案件，但他们需要为其余案件设立组织机构并建立机制。两年之内他们出色地解决了所有问题。毫无疑问，在此过程中他们一直得到当地人的帮助，但罗马人认为他们有权决定未来。

他们必须考虑的主要事情之一就是如何对付安条克，此人在实际上毫无防御能力的小亚细亚继续横冲直撞。目前他已经抵达赫勒斯滂，占领了阿卑多斯。两座希腊化的亚洲城市兰普萨库斯（Lampsacus）和士麦那（Smyrna）都趁机向弗拉米尼努斯和元老院提出请求，要求将其明确地纳入与腓力签订的条约之中，试图迫使罗马人承诺保护他们。这种请求短期内没有任何结果，但加上前198年阿塔罗斯提出的申诉，小亚细亚和安条克在元老院心中留下印象，他们含糊其词地承诺未来会提供帮助。[15] 兰普萨库斯在请求中还美言，出于特洛伊祖先的缘故，他们与罗马之间存在血缘关系［据说罗马是特洛伊的埃涅阿斯（Aeneas）建立的］。士麦那人民尽管遭到围困，却第一个将对罗马女神（Roma）的崇拜制度化。罗马女神并不是一位罗马的神，而是非罗马人眼中罗马的化身。之后，由于众多部落都看到顺从罗马带来的好处，这种崇拜在小亚细亚以及其他地区迅速传播。[16]

　　尽管在官方层面上安条克仍是罗马的盟友，[17] 但他与腓力签订秘密条约后，罗马人对他一直保持警惕，而现在罗马人的影响已经扩展到小亚细亚。实际上，在尼西亚会议上通过的最终解决方案中，这种影响力的扩展已经得到确认。因此，十位使节抵达希腊时，他们提出的条款之一，就是在亚洲和欧洲的所有希腊人都要获得自由。但安条克认为，依照继承权，小亚细亚属于他的领地，他决心排除其他人的干涉。罗马人刚化解了一处紧张局势，另一处的紧张局势就迫在眉睫。但假如他们不承诺参与希腊事务，就永远不会有这样的事情发生，而没有这种参与，安条克的所为在一定程度上就无关要紧。罗马人认为，他们不能始终捍卫一个希腊社区的自由，而无视其他希腊社区的自由。

关于解决方案内容的消息在希腊各地流传，埃托利亚人却继续着他们的攻击。他们通过信函，以及在各种会议上争辩说，罗马人似乎打算接管希腊地区各城市的驻军，尤其要在三大"门户"驻扎自己的军队。这对希腊人来说不是自由，而是一个主子换成另一个主子。埃托利亚人还尖锐地指出了一个含糊不清的问题，即战争的目的就是羞辱和遏制腓力，因此所谓"希腊自由"的首要含义仅仅是摆脱马其顿霸权的自由。弗拉米尼努斯的宣告是否同时意味着摆脱罗马霸权的自由？埃托利亚人提出抱怨的潜台词是：把希腊留给希腊人——也就是说，留给他们。

埃托利亚人提出这个问题无疑是正确的，因为虽然元老院已就如何处理其他案件向使节们发出明确指示，但它让使节们当场决定处理"希腊门户"一事。如果他们认为安条克现在或者不久将对罗马在希腊的利益构成威胁，那么罗马军队也许应该继续驻扎在"希腊门户"地区，而目前罗马人同样驻有军队的俄瑞乌斯和埃雷特里亚应该交给他们忠诚的盟友欧迈尼斯，后者把守着优卑亚岛和希腊东海岸。如果安条克入侵，就会来到这里。

为应对埃托利亚人的指责，弗拉米尼努斯采取最后的升级行动。到目前为止，他的指示是将希腊从马其顿的统治中解放出来。现在他要再进一步，证明前 200 年公使们将罗马描绘成希腊共同恩人的说法正确无误。他认为，要让希腊人相信罗马人是他们真正的恩人，以及遏制埃托利亚人，唯一的办法就是在马其顿撤军后，罗马人也从"希腊门户"以及其他所有地区撤出军队。弗拉米尼努斯顾问委员会的各位使节赞成他这样做。随着计划的进行，弗拉米尼努斯可能在乘着希腊人对他想法的反应浪潮同他们讲和，但使节们意识到他找到了一个强有力的工具。

弗拉米尼努斯特别选择在前196年春季举行的伊斯特米亚竞技会上发表自己的宣言。像希腊所有大型运动会（例如最著名的奥林匹亚运动会）一样，整个希腊世界的人都会参加这一盛会。这是一个节日，一个庆祝、娱乐和崇拜的时刻，也成为一个适合发布重大公告的场所，这一年人们的预期很高。所有希腊城市的名流都不会错过这一场合。

《伊斯特米亚宣言》简明扼要。"在征服腓力国王和马其顿人之后，罗马元老院和提图斯·昆克提乌斯执政官兼将军宣布，科林斯人、福基斯人、洛克里斯人、优卑亚人、阿哈伊亚弗西奥蒂斯人、马格尼西亚人（Magnesians）、色萨利人和佩里比亚人（Perrhaebians）实现自由，没有外国驻军，免除赋税，享有自治权。"也就是说，自由的范围涵盖以前处于马其顿霸权统治下的，以及/或者曾经是马其顿共同联盟成员的所有地方。[18]

尽管宣言居高临下地认为，希腊自由与否取决于罗马给或不给，参加集会的希腊人听到这个宣言后却欣喜若狂。一夜之间，他们重新获得了大约一百五十年前被马其顿征服后丧失的自由。如果宣言得到实施，那么就连"希腊门户"也不会有驻军了。希腊人一直估计获胜的罗马人在一定程度上会步马其顿人的后尘，成为新主人。[19]然而恰恰相反，他们却承诺将尽快离开这个国家，让希腊人继续自己的生活。弗拉米尼努斯政治上的亲希腊主义（有别于他令人怀疑的个人亲希腊主义精神）现已成为元老院的官方教义。[20]在节日庆典上，弗拉米尼努斯被人们团团围住，在接下来的几周和几个月里，心存感激的各个城市纷纷为他授予荣誉。[21]在罗马，为庆祝库诺斯克法莱大捷，元老院规定了为期五天的感恩节日。弗拉米尼努斯的声誉达到顶峰。[22]

99　　弗拉米尼努斯和使节们接着开始实施宣言的细节。他们将马其顿以前设置的机构替换成对罗马负责的机构，对希腊进行了彻底的重组，似乎是在弥补以前相对缺乏的干预。基本策略就是确保当地精英与亲罗马派掌权，不过也实施了更多激进的改革。在战争中惨遭蹂躏的色萨利现在被拆分：多罗皮亚（Dolopia）被划给了埃托利亚人；佩里比亚和马格尼西亚成了独立的同盟，包括阿哈伊亚弗西奥蒂斯在内的色萨利其他地区组成了第三个邦联。这样做的目的，就是让马其顿人或埃托利亚人未来接管色萨利变得更加困难。

　　库诺斯克法莱战役之后不久，俄瑞斯提斯在反腓力斗争中很快崛起，其独立地位得到了承认。"马其顿"与现代印度一样，是通过吞并而形成的大陆帝国。因此，如果中心过于薄弱，无法支持边远地区的利益，那么这个实体总会存在潜在的不稳定因素。位于伊庇鲁斯边境上的俄瑞斯提斯，是此前唯一对成为马其顿一部分最不满意的行政区。再往南，福基斯与洛克里斯东部被划给埃托利亚人（促使弗拉米尼努斯将其总部从埃拉提亚移至科林斯卫城）。阿哈伊亚得到了科林斯和特里菲利亚（Triphylia），逐渐接近对整个伯罗奔尼撒的统治。优卑亚各城市组成了一个同盟。最后，尽管贡献微乎其微，普莱拉图斯的忠诚仍然得到回报，他得到帕提尼，更重要的是，还得到近两百年来一直为马其顿一个州的吕克尼提斯（Lychnitis）。

　　自然，希腊地区新掌权者感激罗马提升了他们各自的地位，使节们工作的目的正是这一点。希腊现在掌握在许多邦国手中，其中没有一方拥有压倒其他方的绝对实力。几乎所有邦国都感激罗马，因此愿与元老院保持联系。到目前为止，在制定各项可能对罗马产生影响的重大政策之前，派遣使者到罗马征求意见已经形成习惯，并且这一习惯在希腊各邦国根深蒂固。因此，罗马可以从远方控制希腊，无须再投入武装力量。撤军承诺可以安全实现。这既是弗拉米尼努斯个人的胜利，也是罗马侵略行为的胜利。

希腊人获得自由？

使节们在希腊和小亚细亚分头行动，监督执行命令的情况，他们提出建议，给予惩罚，将罗马权威根植在希腊土地中。根据当时的情况，他们工作的总体目标是，维护在希腊培育的邦国联盟，不让其中一方超过其他方。例如，阿哈伊亚因其所获再次成为伯罗奔尼撒地区最强大的势力，与此同时，埃托利亚人因获得福基斯和洛克里斯仍然强大，但在希腊中部地区没有那么专横跋扈。由于任何一个希腊邦国都更难以取得对其他邦国的统治，希腊人从马其顿获得的自由得到了加强。统治现在成了罗马的特权。

第二次马其顿战争的意义，在于瓦解腓力的势力。罗马人来了，成功地做到了这一点。弗拉米尼努斯在伊斯特米亚竞技会上发表的宣言，首先是胜利的欢呼：大功告成！但人们很难否认，这是一种玩世不恭的伎俩。看看几年后的情景，他和反对撤军政策的人一起共事，这表明要么他发现这项政策已经失败，要么他一开始就不真诚。再往后看看，安条克被打败后，希腊自由的言论逐渐消失，这不仅（再次）表明政策已经失败，而且表明其最初目标就是加强希腊与安条克对抗。此外，

100

这一口号最后升级为希腊人的绝对自由，似乎是对埃托利亚人破坏性地预演第一次马其顿战争时的宣传——即罗马人要来奴役希腊人——做出的回应。喜好希腊文化的弗拉米尼努斯来到希腊，并不是希望看到希腊人获得自由，并决心找到实现这一目标的途径。弗拉米尼努斯提出这一口号，只是为了让埃托利亚人闭嘴，哄希腊人开心。[23]

只要稍加思考，人们就能看清罗马立场的虚伪。不但西西里岛和意大利南部的希腊化城市每天都遭到罗马人的践踏，而且弗拉米尼努斯和使节们在希腊本土实施的自由政策也是反复无常的。城市将获得自由，实行自治，没有驻军，埃伊纳岛和安德罗斯岛等地却除外。为什么元老院在赛厄斯问题上小题大做，而对其他问题保持缄默？显然，其他因素很容易凌驾于希腊自由之上，在这种情况下，首先要让他们的主要线人、反安条克的欧迈尼斯满意。或者说，如果希腊人将管理自己的事情，为什么弗拉米尼努斯会纵容暗杀布拉奇拉斯？人们当时就意识到罗马人是虚伪的。至少，李维安排安条克的一名间谍大谈罗马人利用"解放希腊各国这一似是而非的借口"。[24]遵循自由信条并不是因为这样做符合希腊人的最大利益，而是因为这一信条最适合罗马人。

此外，鉴于与安条克的斗争迫在眉睫，又与埃托利亚人存在分歧，希腊几乎注定将再次成为战场，届时，自由政策将让位于在各城驻扎军队并使其再次屈服于罗马人的目标的需要。然而，最重要且最微妙的是，由于罗马权威无处不在，希腊人的自由只是个假象。弗拉米尼努斯并未打算放弃希腊，如果那样做，他也不会在国内受到欢迎。他的意思是，在希腊不会有罗马的军事存在，罗马人没有正式或制度上的权力，但罗马权威是另一回事。希腊人纵容罗马人对希腊各邦国进行重组，随后几年一个接一个的使团从希腊前往罗马，这一点足以证明罗马的实力所在。他们撤走了军队，却没有减少对希腊世界的干预，而每次干预都会增加他们未来的义务，直到再无可能抽身离去。在伊利里亚实施的不干预政策取得成功，这鼓励罗马人将这种政策推广到整个希腊地区。战争的全部目的，就是让罗马成为欧洲希腊地区的主导力量。

罗马人想成为希腊世界的主要角色而不卷入殖民主义，他们所需要的是政治控制而不是行政控制，这同美国最近几十年来确保广泛的霸权却避免采用帝国机构如出一辙。弗拉米尼努斯找到了一个强大的外交工具，并不失时机地吹嘘自己取得的成就。库诺斯克法莱战役后，弗拉米尼努斯祭献了一些银盾以及自己的战盾，他让人刻下以下文字：[25]

102

> 啊，喜欢跃马飞奔的宙斯众子，
>
> 啊，斯巴达的领主，双子神廷达里得斯①，
>
> 埃涅阿斯的子孙提图斯，
>
> 献给您尘世上最好的礼物，
>
> 为希腊子孙创造出自由。

向廷达里得斯献祭在希腊世界最重要的宗教中心之一——德尔斐（Delphi）举行。作为阿波罗著名神谕的故乡，弗拉米尼努斯献祭夸耀他为希腊人所做的善事，将会得到无数达官贵

---

① Tyndaridae，廷达瑞俄斯（Tyndareus）之子，指孪生兄弟卡斯托耳（Castor）和波鲁克斯（Pollux），他们被视为水手的保护神。

人的见证。他们作为自己城市的代表，为了正式咨询神谕或出席节日庆祝活动而到访德尔斐。但弗拉米尼努斯的这种做法不免让人生疑，因为他最关心的一直是对自己的好处和对罗马的好处。他向罗马人展示如何一边奉行传统的帝国主义扩张政策，一边把自己装扮成控制对象的恩人。

甚至罗马的撤军也不过是一次公关活动而已。首先，罗马人已经强有力地展示出他们的能力和意愿，如果他们觉得有必要，就一定会回来。还有，他们发动第二次马其顿战争的决心证明，以前表面看上去的漠不关心，实际上只是优先考虑与迦太基人交手之事。其次，季节性战争仍然是常态。军队通常在春季出现，参加战斗，然后在秋天撤退，返回家乡或在营地过冬。鉴于罗马人已经证明具备派出大批军队开赴希腊的能力，他们撤走军队可以被视为正常军事节奏的一部分，因此，撤离可被视为一种临时措施，是逗号而不是句号，它不像现代"撤军"那样承载着情感包袱。

在一定程度上，整个希腊的未来第一次被完全掌握在罗马人手中。从前229年在伊利里亚土地上首次开始军事行动起，他们用了三十三年才做到这一点。使节们给希腊留下了一个更为稳定的实体，但那只是短期的。由于罗马人的基本策略通常是支持当地精英和亲罗马派系，因此至少在某些情况下这种解决方式注定引起怨恨并为未来不稳定局面埋下祸根。罗马人的社会和谐有赖于大众对精英的屈从；尽管他们大谈自由，但这些言论对民主几乎毫无用处。实际上，希腊自由意味着希腊人可以自由地服务于罗马利益。

第六章 通往温泉关之路

如果有人指望库诺斯克法莱战役和《伊斯特米亚宣言》
实现地中海东部地区的和平与安定，那他们就大错特错了。事
实上，在接下来的几年里，危机一直在加剧，直到罗马削弱一
个希腊化国王后，又更有效地削弱另一个，同时征服大希腊同
盟。前180年代初，罗马不但成为希腊地区唯一的超级大国，
而且是整个希腊化地中海地区仅存的超级大国。迦太基、马其
顿、叙利亚和埃及的荣耀都一去不复返。最后一个因内部原因
而奄奄一息，其他三个则被罗马削弱了。

虚张声势

前196年，安条克派资深而可靠的人士代表他出席《伊
斯特米亚宣言》仪式，前往科林斯祝贺弗拉米尼努斯战胜腓
力，并向他表达国王希望和平的意愿。但罗马使让他们给其
主子带回一条措辞严厉的信息，一种得到元老院批准的隐含威
胁：安条克不得插手希腊各城事务；撤出驻扎在刚从托勒密和
腓力手中所得地方的军队；不得试图跨海涉足希腊，因为他根
本没有理由那样做。没有一个希腊邦国需要他的保护或者需要
他来解放，一切都被掌握在罗马人手中。各方兴高采烈地接受
宣言后，罗马人受到鼓舞而越发野心勃勃，正把自己装扮成所
有希腊人的共同恩人。腓力垮台后，罗马人先发制人，消除安

条克充当希腊老大的可能。罗马人显然觉得，现在自己既拥有权力又拥有兵力，不但可以干涉小亚细亚，而且有能力遏制已知世界最伟大的国王——叙利亚国王。毕竟，他们刚刚击败了仅次于他的国王。

这年晚些时候，三位罗马使节发现安条克到了利西马其亚，并力图恢复过去的荣光。第二次马其顿战争期间，因需要集中兵力，腓力放弃了利西马其亚。之后，这座城市受到色雷斯人的抢掠与焚烧，但安条克已将它指定为次子塞琉古（Seleucus）的未来领地，当时塞琉古大约二十岁。这样做的意义在于，色雷斯切索尼斯半岛（今加利波利半岛）的利西马其亚地处欧洲，而不是亚洲，因此安条克是在自己传统的边界之外设置其帝国的一个主要城市。他还在迫使切索尼斯的其他社区接受他的驻军，进一步强化他的欧洲桥头堡。

与此同时，安条克毫不掩饰自己的意图，要占领整个小亚细亚南部及西部，而这些地方传统上属于塞琉古王朝的领土。他肯定认为，甚至他与罗得岛和帕加马之间的约定也是临时性措施（在得知这种情况后，他们成为他毫不妥协的敌人）。安条克拥有的帝国，面积超过塞琉古一世以来任何一位塞琉古王朝统治者所拥有的，他显然希望罗马不得不与这样的帝国和平共处。但过去的几周里，使节们一直忙于解放（即撤出腓力的驻军）巴尔基利亚和萨索斯岛等地。安条克肯定希望巴尔基利亚加入他的帝国。巴尔基利亚是小亚细亚最后一个拥有马其顿驻军的地方。此刻，安条克仍然围困着兰普萨库斯和士麦那，罗马曾承诺给予两地支持，尽管措辞含糊。

在利西马其亚，罗马人不但重新提出他们早先提出的要求，而且提出安条克的意图问题。为什么要在欧洲建立这个桥头堡？看样子他似乎想要激怒罗马人。安条克做了精彩的答复。首先，罗马人无权干涉他的事务，正如他无权干涉意大利领土上的事务一样。这里说意大利，就是暗示罗马人将希腊各个城镇置于他们自己的帝国主义统治之下。其次，他夺得的亚洲及欧洲地方是祖先传给他的，它们以前被埃及和马其顿从他或他的先人手里窃走，现在他要将其收回。[1] 再次，罗马人没必要让他与托勒密和解，因为托勒密即将与他缔结婚姻联盟。最后，罗马人向他介绍来自利西马其亚与士麦那的使节时，安条克先发制人，建议他们的事务应提交罗得岛人仲裁，而不能由罗马人处理。[2]

106

罗马人前来指责安条克挑起战争，而安条克却掉转矛头，让罗马人成为侵略者。会议结束后，罗马使者返回罗马向元老院汇报，安条克则返回安条克城（Antioch）。前196年与前195年之交的冬季，他最重要的事情就是安排女儿与托勒密五世订婚。

前195~前194年，罗马人在一定程度上打垮了波河河谷的凯尔特人，并尝试平定西班牙部落，安条克则趁机进一步扩张，进入色雷斯。西庇阿·阿非利加努斯当选前194年执政官后，考虑到安条克无视罗马人提出的警告，他本人认为在这一年应该将"马其顿"作为一个行省保留。元老院不同意他的意见，意大利北部局势需要两名行政官共同参与。

西庇阿（见图6.1）与弗拉米尼努斯几乎意见一致，唯一的分歧仅仅在于维持在希腊的军事威胁的明显程度。按照弗拉米尼努斯的政策，军事威胁应该隐藏于幕后，为外交及宣传活动所掩盖。假如西庇阿在这场辩论中获胜，罗马人会继续进行谈判，但会立即部署一支军队作为支撑。然而，大多数元老院成员当时倾向于支持弗拉米尼努斯的办法。无论何时与安条克发生冲突，希腊人的感激之情和善意会让他们处于有利地位。

图 6.1　大西庇阿·阿非利加努斯（公元前 1 世纪，赫库兰尼姆纸莎草别墅的半身雕塑像）。大西庇阿卓越的军事才能使他成为罗马共和国中期最受人喜爱的领导人之一，同时也对宪法构成潜在的威胁。

元老院对弗拉米尼努斯政策的支持尤其令人印象深刻，因为在前 195 年末进行这场辩论时，他们刚刚得到关注安条克的又一个理由：汉尼拔抵达安条克的宫廷。在迦太基，汉尼拔一直力图削弱对罗马友好的贵族派系，但后来因害怕遭罗马间谍暗杀而出逃。安条克对他的到来表示欢迎，还任命他为即将到来的反罗马战争的顾问。汉尼拔曾心存希望，企图在迦太基煽动叛乱，并引入他的人作为安条克的盟友，但这一阴谋因被发现而夭折了。

汉尼拔刚过五旬，他的名字仍然让所有罗马人感到恐惧。我在本书第三章结尾时曾提到过一个奇怪的预言，说的是一位国王将从亚洲赶来，为希腊人在罗马人手中遭受的苦难而报仇雪恨。听说过这一预言的许多罗马人都说这位国王就是汉尼拔，现在居住在亚洲。我们当然可以想象得到，在这种情况下，元老院会出现严重分裂，弗拉米尼努斯的朋友占微弱多数。十有八九，正是汉尼拔到达安条克宫廷的消息才让汉尼拔的宿敌西庇阿·阿非利加努斯被选为前194年两位执政官之一。

推迟撤军

实际上罗马人十分矛盾。一方面，维护自由卫士的姿态要求他们迅速撤出希腊。另一方面，希腊还不时发生动乱，同时存在安条克的威胁。到前196年底，这种矛盾尤其给弗拉米尼努斯本人带来了紧迫感。他担任指挥官已有三年，除非存在非常充分的理由，否则指挥权不可能得到延续。如果要在希腊赢得更多荣耀，现在就必须争取。然而，《伊斯特米亚宣言》内容规定，罗马人要立即撤出希腊。

斯巴达的纳比斯让弗拉米尼努斯走出进退两难的困境。《伊斯特米亚宣言》发表后，弗拉米尼努斯就一直在向纳比斯施压，要求他让阿尔戈斯实现"自由"，即将其归还给阿哈伊亚人。这是损人利己地运用自由口号的又一范例，真正的问题在于纳比斯可能成为安条克有用的盟友。纳比斯一直拒绝屈服于弗拉米尼努斯的压力，十位使者在向罗马发回的报告中不但警告安条克存在威胁，同时警告斯巴达国王也构成威胁。就像

108

夸大阿尔戈斯的重要地位一样，他们说斯巴达国王是希腊内脏中一块巨大的毒瘤。[3] 然而，对阿尔戈斯来说，为什么成为一个同盟的成员就比从属于一位国王更为自由？我们发现，几年之后（从前182年开始）罗马人又把阿哈伊亚同盟成员当成一种对自由的限制，这进一步揭露出弗拉米尼努斯对纳比斯态度损人利己的实用主义本质。

安条克已返回安条克城，罗马人认为他已不再构成直接威胁。但经过一番辩论，弗拉米尼努斯的指挥权得以延续，前195年他被授予全权对付纳比斯，尽管纳比斯出现在《腓尼基和约》的共同签署方之列——这证明他至少曾被认作罗马的朋友，甚至还可能与罗马人签订过条约。[4] 指挥权的延续正是弗拉米尼努斯所需要的，并且这不仅仅出于个人原因：他当然也想到，如果与安条克开战，他需要阿哈伊亚人照看伯罗奔尼撒。收复阿尔戈斯可以安慰阿哈伊亚人。

109　　弗拉米尼努斯邀请所有希腊人参加在科林斯举行的会议，讨论与纳比斯开战的问题，给人的感觉似乎是希腊人而不是罗马在做决定。埃托利亚人认为，罗马人应该信守诺言，从希腊撤军，把纳比斯交给他们解决。但绝大多数盟国同意弗拉米尼努斯的意见，投票支持发动战争。他们集结了一支五万人的入侵大军，是拉科尼亚（Laconia）有史以来见到的规模最大的军队。尽管纳比斯的抵抗超出了人们的预想，但前195年夏季盟军很快就打败了他，为阿哈伊亚同盟收复了阿尔戈斯。在当年在阿尔戈斯举行的尼米亚运动会上，弗拉米尼努斯称赞这座城市的解放是罗马对希腊政策的光辉典范。

纳比斯的双翼被剪断了：它被要求支付一笔巨额赔款，舰队只剩下两艘战舰，领土只剩下拉科尼亚的一小部分。但罗马人一如既往地追求权力平衡，他们推翻了盟国的意见，让纳比斯继续执政。于是，弗拉米尼努斯从伯罗奔尼撒走了所有军队，只在科林斯保留精锐部队，并将维持最新局面的任务交给了阿哈伊亚人。但这种安排是自找麻烦，因为阿哈伊亚人的政策是彻底除掉纳比斯，将斯巴达纳入同盟。他们还想吞并伊利斯和麦西尼。对拉科尼亚的入侵当然并未解决伯罗奔尼撒半岛的问题，但这一行动表明，为了帮助盟友，罗马人愿意卷入当地的希腊人争端。这一争端之所以摆在其他类似争端之前，主要原因是它可以被描绘成争取自由的问题。

撤军及凯旋

一旦处置完纳比斯，实际上罗马就失去不撤军的借口了。当然，安条克的威胁仍迫在眉睫，但弗拉米尼努斯在与使节们的争论中占了上风，他提出的撤军、凭借权力平衡以及在希腊依靠盟友网络的政策在罗马也得到采纳。于是，前194年春，弗拉米尼努斯在科林斯再次召开会议。会上，他回顾他本人和罗马人为希腊人所做的一切，告诫希腊人以后要遵守规矩，并答应在十天之内从德米特里阿斯和哈尔基斯撤军，将科林斯卫城归还给阿哈伊亚人。弗拉米尼努斯如同演戏，安排与会代表在会议地点见证罗马军队从科林斯卫城撤出。

罗马联合部队从三大"门户"与其他地区撤出后，穿过色萨利和伊庇鲁斯，来到撤军地点奥里库姆，而卢修斯·弗拉米尼努斯则率领舰队绕海岸线航行，与其兄长会合。对所有相关人士来说，这是一个十分重要的时刻。罗马人在希腊土地上耀武扬威已经四年，现在他们成千上万地集结在一起，带着所有耀眼的荣光，行进在希腊尘土飞扬的路上，向意大

110

利进发。可以想象，道路两旁的人群默默地注视着，许多人预计他们不久就会回来。然而，在意大利，他们却简直像凯旋队伍一样向罗马行进，欢呼的人群盛赞他们取得的胜利。

在行进队伍中，他们满载数量巨大的战利品（见图 6.2）。回到罗马后，弗拉米尼努斯顺理成章地被授予凯旋迎接礼仪，首次打破罗马凯旋史上一天的惯例，被给予三天的庆祝时间。

图 6.2　德维尼（Derveni）双耳喷口杯。它于公元前 4 世纪七八十年代在色萨利或马其顿制造，重 40 千克，是罗马将军们从希腊掠夺的战利品。

第一天，弗拉米尼努斯在彩车上展示了盔甲、武器以及青铜及大理石雕塑等。第二天展示黄金白银，有加工过的和没有加工过的，还有被做成钱币的。其中有18270磅未加工的白银，在加工过的银器中，有各种各样的器皿，大多数都有浮雕，还有一些是大师们的作品。有许多铜器，还有十面银盾。在铸成银币的银子中，有84000枚4德拉克马银币……3714磅黄金，一面纯金制作的盾牌，14514枚腓利比克（Philippic）金币。第三天展示各个城邦送来的礼物，有114顶金王冠，游行队伍中还有献祭的动物，在凯旋的战车前许多出身高贵的囚犯和人质被游街示众，包括腓力的儿子德米特里，以及暴君纳比斯的儿子、斯巴达的阿姆纳斯（Armenas）。[5]

所有这些战利品从何而来？仅银币就有1.5吨之多？在第二次马其顿战争中，由于弗拉米尼努斯想笼络希腊人心，所以掠夺行为少于以往。惊人的数量让我们想到古代历史学家经常忽略的东西。他们每次只是提到一座城镇被夺取或被占领，认为读者一定知道接下来要发生的事情——这座城镇遭到获胜军队的系统性抢掠。在马其顿陷落后，有段时间，士兵们可以任意抢掠私人及公共建筑物中任何想要的东西。雕像、手工艺品、部分金条和钱币就是通过这种方式得到的，不过大部分金钱来自贩卖被俘士兵与平民为奴，或者倒卖被俘的奴隶。每每我们读到对罗马凯旋仪式的描述，都应想到伴随着这些财富的是血腥和苦难。

于是罗马人信守诺言，从希腊撤军。在军事方面，这种做法的错误很快显现，埃托利亚人有如先知一般：到了前172年，罗马人就发现必须着手废除马其顿的君主制，前197年埃托利亚人就曾敦促他们这样做。不过，就目前而言，弗拉米尼

112

努斯的政策似乎是最好的。但这次撤军的戏剧性非常明显，它只是一场装腔作势的展示。事实上，罗马在希腊的影响力从未如此强大，他们可以随时返回。

弗拉米尼努斯与伯罗奔尼撒

前193年，安条克的使节们自罗马回国途中在德尔斐停留。在罗马，他们试图通过谈判在安条克与罗马人之间构建联盟，以避免现在看来不可避免的战争，但他们的努力未能取得成功。[6]安条克提出的协议实际上就是对地中海地区实施联合统治，以色雷斯和爱琴海为边界，而弗拉米尼努斯和十位使节（此时已返回罗马）领导的罗马人拒绝接受安条克的建议，并明确要把希腊人从安条克的统治下解放出来，就像过去把希腊人从腓力的统治下解放出来一样。针对安条克提出的建议，弗拉米尼努斯坚持安条克国王要么从欧洲全部撤出，要么允许罗马人干预其亚洲盟友（首先是兰普萨库斯和士麦那）的事务。又是过去那样咄咄逼人，但需要注意的是，如果能够找到简单的解决方案，弗拉米尼努斯便准备牺牲希腊城邦的自由。因为如果他能如愿以偿，无论是色雷斯的希腊人，还是小亚细亚的希腊人，都仍将在安条克的统治之下。

由于战争已经成为定局，使节们到访德尔斐的目的就是与埃托利亚人进行磋商，而在希腊领土上，与罗马人全面为敌的只有埃托利亚人。这次会议的结果是，埃托利亚人派使者面见腓力、安条克和纳比斯，试图建立一个反罗马联盟。然而，腓力已无力考虑与罗马再次开战。安条克肯定会对此建议做出积极回应，但因忙于皮西迪亚（Pisidia）战役，几个月之内无法采取任何行动。不过，纳比斯对此十分热心，他正需要一个强大的盟友。于是，趁着罗马军队撤出伯罗奔尼撒的机会，他立刻开始利用暗杀和军事手段，收复前195年丢失的一些地方，尤其是阿哈伊亚军队强力驻防的基赛阿姆港。

前192年，弗拉米尼努斯率领使团回到希腊，任务就是反制埃托利亚人的影响，动员希腊各国对抗安条克。他告诉阿哈伊亚人，很快将派出舰队保护伯罗奔尼撒的罗马盟友，但菲洛皮门立即宣布与斯巴达开战。菲洛皮门在春季海上战役中未能取得决定性成果。基赛阿姆港被纳比斯夺回，菲洛皮门的古老旗舰或多或少地被打成残片，让他感到十分尴尬，不过他成功地洗劫了拉科尼亚。在弗拉米尼努斯的鼓动下，双方停止了战斗行动。在停战期间，纳比斯与埃托利亚人取得联系，寻求帮助。由于几个月前埃托利亚人曾找过他，纳比斯大概相信自己提出的请求会得到接受。但埃托利亚人对他实施了暗杀（实施暗杀的正是前196年曾策划让彼奥提亚的布拉奇拉斯突然死亡的人）。埃托利亚人认为纳比斯并不可靠，他们已经决定，要将斯巴达并入他们的同盟。然而，这一更大目标还未取得成功，他们就被斯巴达人赶出去了。菲洛皮门抓住时机，向斯巴达进军，并在该城亲阿哈伊亚派的支持下，将斯巴达和拉科尼亚并入阿哈伊亚同盟。这是阿哈伊亚人几十年来的梦想，而菲洛皮门却为他自己及其同盟制造出一大堆麻烦。

如果说弗拉米尼努斯与菲洛皮门之间存在任何小的冲突，那么所有这些问题都在前192年秋季举行的阿哈伊亚同盟会议上得以解决。阿哈伊亚人希望在强大盟友的掩护下继续进行他们在伯罗奔尼撒的扩张活动，伊利斯和麦西尼在向他们招手。埃托利亚人和安条克也派来使者，他们来此的目的是弄清他们组成的共同体是否能够得到阿哈伊亚的加盟，却被毫不含糊地告知阿哈伊亚人已与罗马成为朋友，并且为了批准这种友谊，他们还投票确定与罗马建立联盟。早在前198年，他们就曾提出建立这一联盟的建议。

伯罗奔尼撒仍处在麻烦之中。并入同盟仅仅数月，斯巴达就发生了政变，反阿哈伊亚集团重新掌握政权。前191年的阿哈伊亚将军戴奥法尼斯（Diophanes）和弗拉米尼努斯一道组建了一支军队，以对付这一局势，却遭到菲洛皮门的强烈反对。菲洛皮门是前一年新的斯巴达的缔造者，他希望进行谈判，不愿发动战争。菲洛皮门采取了非凡的举措，占领了斯巴达，与戴奥法尼斯和弗拉米尼努斯的军队针锋相对。由于他成功地平息了事态，通过和平途径（至少暂时如此）将斯巴达重新纳入同盟，弗拉米尼努斯几乎无法提出任何抗议，但这一事件标志着他与菲洛皮门之间公开对抗的开始，同时还加大了同盟内部亲罗马派与反罗马派（或者至少亲独立派）之间的分歧。尽管这种对抗是个人之间的，却以政治为基础，因为弗拉米尼努斯想要限制阿哈伊亚人的权力，而菲洛皮门想要扩大他们的权力。

前191年，弗拉米尼努斯单方面制定麦西尼重新并入同盟的条款，结果如愿以偿，但几个月后轮到伊利斯人时，他们却拒绝他的帮助。眼看自己的影响力在阿哈伊亚开始下降，弗拉米尼努斯就在阿哈伊亚人从阿密南德手中购买扎金索斯岛时施展拳脚，禁止将该岛并入同盟。"你们应该跟乌龟一样，"他说，"把自己的头缩回伯罗奔尼撒的家里。"[7]这样的俏皮话并不意味着放松其专横主张，即阿哈伊亚人应该将这个岛交给罗马。

115　　　面对罗马人的搪塞，菲洛皮门坚持认为，阿哈伊亚人有权根据自己的方式解决斯巴达的麻烦（这座城市于前189年再次脱离同盟），于是所有这些博弈都以有利于阿哈伊亚的方式得到解决。他们在前188年据此行事，与菲洛皮门早前的解决方法相比，这次他们付出了更多的流血，也少了许多计谋。为了确保斯巴达从此安然无事，古老而独特的斯巴达生活方式被一扫而空（或所剩无几），同时斯巴达城的宪法被按照阿哈伊亚同盟其他成员熟悉的路线重新起草。元老院让阿哈伊亚人明白，他们并不赞成菲洛皮门以前的做法，但没有采取进一步的行动。实际上，事情本该如此，因为根据罗马人与阿哈伊亚人在前192年结成的联盟条款，从理论上讲，双方是平等的。[8]因此，尽管注定要失败，但在最后一刻菲洛皮门仍然坚持希腊脱离罗马而自由行动，所以他被称为"最后一个希腊人"。[9]

埃托利亚的权力游戏

在这三大"门户"中，最麻烦的是色萨利的德米特里阿斯，那里亲罗马与反罗马的力量几乎势均力敌。弗拉米尼努斯不得不采取措施，确保该城市的稳定与忠诚，甚至面临暴露前194年他撤出罗马军队的虚伪本质的风险。前192年，有传闻称他将把德米特里阿斯交还腓力。传闻很快就得到证实，当时连弗拉米尼努斯本人也不试图否认。对于在将来的战争中得到腓力的忠诚来说，这样做是十分经济划算的，但肯定会践踏德米特里阿斯公民所谓的自由。这种做法不但激怒了埃托利亚人，而且让弗拉米尼努斯几乎失去对他参加的德米特里阿斯大会的控制，最终让反罗马派别首领欧律洛科斯（Eurylochus）出于谨慎成功地逃到埃托利亚。

前192年，在埃托利亚同盟春季大会上，一切都到了紧要关头。欧律洛科斯在会上大声抱怨：依然是罗马人说了算，是他们安排了他的非法流放。所有感兴趣的希腊国家都派代表参

116 加会议，弗拉米尼努斯亲自出席，警告埃托利亚人要远离战争。但埃托利亚人决心已定，他们当着弗拉米尼努斯的面，立即起草了一份正式邀请函，请求安条克前来解放希腊，并在埃托利亚人与罗马人之间做出仲裁。换句话说，就是重新协商罗马人对希腊的解决方案，因为埃托利亚人感觉自己被欺骗了。

邀请函的措辞是对弗拉米尼努斯的进一步侮辱，弗拉米尼努斯认为自己已经"解放了希腊"。而当他要求获得一份会议决议副本时，得到的侮辱更是变本加厉。埃托利亚将军回答说，他会将决议副本亲自送到罗马台伯河的岸边。当然，从当时的情况看，这是一种奢侈的幻想。埃托利亚人甚至还没有建立起能够入侵意大利的联盟。但它暴露了埃托利亚人的决心：他们也许觉得，这可能是他们推动谋求希腊地区霸权的最后机会。

会议结束后，埃托利亚人采取各种措施加强其在希腊的地位。前面已经叙述过，试图将斯巴达并入同盟只是该计划的一部分，计划还包括在哈尔基斯和德米特里阿斯实施政变。在德米特里阿斯，欧律洛科斯成功地重新掌权，但哈尔基斯仍然忠于罗马。罗马的希腊解决方案的不稳定性进一步暴露出来，埃托利亚同盟由此夺得一个"门户"。

差不多在同一时间，前 192 年秋，元老院命令马库斯·巴比乌斯·坦菲卢斯（Marcus Baebius Tamphilus）带这年早些时候他在布林迪西集结的三千人的军队到阿波罗尼亚。然后他们等待安条克行动，以便将战争爆发归咎于他。安条克正在色雷斯作战时，收到埃托利亚人要他前来解放希腊的邀请。大约在 10 月，安条克一腾出手，就带着一支有一万名步兵、五百匹马和六头战象的军队乘船向德米特里阿斯进发。

尽管这支军队规模相对较小，但并不意味着安条克方面优柔寡断。他信心十足，埃托利亚人此前也一再向他保证，许多希腊国家会蜂拥而至，投入他的麾下。此外，他一抵达就向埃托利亚人保证，春季天气转好时，会有更多部队（实际上是主力部队）抵达。但这支军队规模不大，并且他也许同时向罗马发出信息，即他的唯一意图就是监督希腊人获得自由，既然罗马人的解决方案已明显支离破碎，罗马人不必做出过度反应来宣布战争。毕竟，安条克去那里只是作为埃托利亚的盟友，而埃托利亚人与罗马没有正式关系，所以整个事件与罗马人无关。开始派遣一支规模不大的军队甚至还是一种讨价还价的筹码，暗示如果他在色雷斯和小亚细亚的权利得到罗马承认，他会和平地撤出军队。罗马人和安条克都不急于开战，但他们都在承受来自其他方面的压力，安条克尤其受到埃托利亚人的压力，而罗马人则受到帕加马的欧迈尼斯的压力，欧迈尼斯特别害怕安条克让他黯然失色。

叙利亚－埃托利亚战争爆发

安条克也许权衡过所有这些理由，但一定也知道，罗马人绝不会容忍他在希腊的武装存在。抵达后，他就前往拉米亚（Lamia）会见埃托利亚委员会成员。埃托利亚人做的第一件事就是任命他为他们本年度的将军，从而使他在希腊领土上的存在以及解放使命合法化。埃托利亚人建议安条克尝试攻占作为第二个"门户"的哈尔基斯，以此开始战争。埃托利亚人曾试图夺取哈尔基斯，结果没有成功。

在哈尔基斯，安条克首先提出一份和平解决方案。他似乎依然在寻求外交优势，声称自己没有做任何激怒罗马人的事。对希腊地区各个城市及国家来说，最重要的政治关注是立场问题，在涉及罗马的问题上，从敌对到友好，他们的立场是什么，他们被认为的立场是什么。因此，安条克夺取这座城市的首要计策就是鼓励他的铁杆拥护者奋起反抗，在他提出的和平方案基础上控制这座城市。然而，亲罗马派别却警觉起来，他们呼吁弗拉米尼努斯提供武力支持。

哈尔基斯即将得到增援的消息促使安条克采取更加果断的行动，派出舰队阻止增援部队接近。但他的舰船抵达太晚，未能阻止一支阿哈伊亚人特遣队进城，但罗马人被打退了，只好在德利乌姆（Delium）扎营。他们本预料不会出现麻烦，但安条克的舰队司令下令袭击罗马人的营地，约有二百五十名罗马士兵丧命。这位将军一定是按照自己的意愿行事，安条克则一定对所发生的事情感到遗憾，因为迄今为止他一直小心翼翼地避免直接挑衅，现在战争却不可避免。他组建了一支庞大的军队，哈尔基斯城没有让自身遭受围困，而是打开了城门。优卑亚的其他城市也纷纷效仿，证明这个单一"门户"城市究竟有多么重要。安条克在德米特里阿斯设置兵营，将总部设在哈尔基斯。现在他控制了希腊东海岸的大部分地区。

安条克当年晚些时候到达，赶在春季罗马人的武装力量抵达之前，为自己的外交努力赢得了数月时间。前191年1月底，他娶了当地一位哈尔基斯贵族的女儿。安条克已不再年轻，并且已经有了妻子，但在希腊化时代，这些因素都不能对王室的浪漫构成障碍。我们的信息来源误解了安条克这一举动，将他描绘成一位东方君主，贪恋少女，在哈尔基斯专事放荡营生。[10] 但安条克为自己的新娘起名"优卑亚"，揭示出了这一事件的真正含义。他对希腊人发出的信息是，他是作为盟友和朋友来到这里的。

安条克在希腊各地寻找更多的盟友，主动联系腓力、彼奥提亚人、雅典人、阿哈伊亚人、阿密南德、阿卡纳尼亚人和伊庇鲁斯人。其中最重要的是阿哈伊亚人和腓力。我们已经看到，阿哈伊亚人对此做出的反应就是压倒性地投票支持罗马。不过，腓力暂时不做任何承诺。

对安条克来说，这次外交攻势不太令人满意。埃托利亚人曾向他保证会得到希腊人的热情支持，可他初次接触的势力没有一方欣然接受这种机会。他们都宁愿等着观望，看到底哪一家主子更胜一筹。罗马人的自由政策经受住了第一次重大考验，但其主要原因也许是希腊人害怕报复。只有埃托利亚的长期盟友伊利斯和阿塔马尼亚的阿密南德加入了安条克的行列。阿密南德近来一直是罗马的坚定盟友，但一个疯狂的建议让他改变了立场。这个建议就是，他可以用自己的内兄，也就是阿密南德在扎金索斯的前任总督麦加洛波利斯的腓力取代腓力五世，登上马其顿王位。与他一起转变立场的不仅有阿塔马尼亚，还有戈姆菲和色萨利西部，后者是因他在第二次马其顿战争中所做的贡献而被授予的。不久，一些阿卡纳尼亚邦国（远非全部）也加入了，但这样一个支离破碎的同盟绝不会有大的用场。在德利乌姆发生屠杀之后，彼奥提亚同盟也半心半意地表示支持埃托利亚的事业。在这场战争中，伊庇鲁斯人试图保持中立，与在上次战争中他们做的一样。[11]

战争爆发只待一个借口，而罗马人在德利乌姆被杀正好提供了这样一个借口。西西里的狄奥多罗斯（Diodorus）告诉我们："弗拉米尼努斯号召人类和众神做证，安条克挑起了战争。"[12]前191年初，两位执政官就职后，罗马人立刻向安条克正式宣战。[13]

119

温泉关战役

安条克与盟友召开战争会议，然后开始准备在斐赖附近集结联合部队，在色萨利准备冬季战役。但是他们没有争取到腓力。最终，对个人的冒犯使整个天平发生倾斜。安条克和埃托利亚人一直吹嘘麦加洛波利斯的腓力为马其顿王位候选人，这桩奇事结果冒犯了腓力五世。提拔这个觊觎王位者这件事情本身足以将腓力推入罗马人的怀抱，但在前191年初，为了讨好麦加洛波利斯的腓力，让其给未来的臣民留下好的印象，安条克派他去库诺斯克法莱收拾并埋葬散落在战场上六年的马其顿死者的尸骨。马其顿国王有责任妥善地埋葬阵亡战士，但到目前为止的形势不允许腓力这样做。[14] 腓力自然想到了自己的失败，于是与身在阿波罗尼亚的巴比乌斯取得联系，讨论针对敌人的共同行动，以换取实质上的领土增加。

安条克虽然没有赢得腓力，但在色萨利非常成功。在那里，他使用武力加外交，很快将大多数重要城镇笼络在自己的麾下，因此他现在控制了从雅典边界到马其顿边界的整个希腊东海岸，而他的盟友则控制着希腊中部大部地区。返回冬季营地时，安条克可能认为近来几周的工作成果还算说得过去——如果说不上出色的话——对此感到满意。

前191年春，执政官马尼乌斯·阿基利乌斯·格拉布里奥（Manius Acilius Glabrio）率领三万六千名士兵抵达阿波罗尼亚。在那里安顿期间，他派一名参谋官前往希腊南部各个城市，并与弗拉米尼努斯以及统治科林斯的罗马专员取得联系。这位官员便是马库斯·波尔基乌斯·加图（Marcus Porcius Cato），他以倡导罗马的传统价值而闻名，是位相当严厉的理论家，现已晋升至执政官级。前 184 年，他凭借审查制度达到了自己政治生涯的顶峰，但被称为"监察官"加图，不仅因为他的官位如此，而且因为他所持的保守主义。现今保存下来的只有加图在雅典发表的演讲片段。在讲话中，他认为安条克虚弱无力，只能用纸和笔来发动战争，[15]因此毫无疑问，他此行总的目的是鼓动罗马的盟友和潜在盟友。事实上安条克的确十分虚弱。对他来说，形势变化太快，他曾向埃托利亚人承诺从亚洲派出增援部队，而现在却仍然没有任何援军到来的迹象。

与此同时，巴比乌斯从伊利里亚出发，与腓力联合作战，夺取了色萨利北部。随后，他们与穿越伊庇鲁斯的格拉布里奥和罗马主力部队会合。更多的色萨利城镇被攻陷，他们不但摧毁了安条克上年冬季取得的胜利，而且取得更多收获。在这次战役中，他们还抓获了麦加洛波利斯的腓力。毫无疑问，他被囚禁在意大利，戴着锁链现身于格拉布里奥的凯旋仪式，之后杳无踪影。然而，格拉布里奥并未试图攻击德米特里阿斯：他不想让长时间的围城捆住手脚。

罗马和马其顿军队在色萨利节节获胜，安条克不得不从阿卡纳尼亚撤出，他在阿卡纳尼亚一直试图巩固西海岸港口，阻止罗马人染指。但阿塔马尼亚大部已落入腓力手中，安条克援救为时已晚。阿密南德逃往已经落入埃托利亚人手中的安布拉基亚。[16]格拉布里奥和腓力在埃托利亚边境上蓄势待发，埃托利亚现在实际上已被敌人包围。安条克呼吁埃托利亚人尽可能多地派兵到拉米亚集结，但在当时的情况下，他们只能抽调四千名士兵，这远低于安条克的要求和期望。

凭着对历史的良好感知，安条克主动站在保卫希腊自由免遭野蛮部落蹂躏的最著名的战场上。他将自己的士兵部署在温 ₁₂₁

泉关峡谷东端，让埃托利亚军队驻守附近的赫拉克利亚镇（Heraclea）和希帕塔镇（Hypata）。赫拉克利亚镇守着南线，格拉布里奥攻击彼奥提亚会走这条线路。这样，前191年4月，格拉布里奥在温泉关的海岸边迎战安条克。

人们都熟悉希罗多德（Herodotus）对前480年第一次战役的叙述，当时斯巴达的列奥尼达（Leonidas）阻击庞大的波斯侵略军。[17]人们都知道有一条自海岸线陡然上升穿越山区的路线。事实上，从第一次温泉关战役到此次战役的几个世纪里，沿着这条高山通道路线，人们修建了多个要塞。安条克下令，埃托利亚军队从希帕塔镇的营地撤出，去把守这些要塞（见图6.3）。

图6.3　温泉关的山顶通道，前191年战役前被加图夺取。这张照片拍摄于门德尼察（Mendenitsa）城堡。该城堡于公元13世纪在早期城堡的旧址上建造，其功能同样是防御这个通道。

格拉布里奥派加图和另一名军官各带两千名士兵去打通山　122
顶通道。这样做是必要的，因为格拉布里奥几乎无法强行通过
山底通道。毕竟，当年列奥尼达驻守通道的只有几千名士兵，
而安条克守军人数超过前者许多倍，而且戒备森严。加图的士
兵艰难地爬上了森林密布的凯利德罗蒙山（Callidromon
mountain），将埃托利亚人赶下高地，之后罗马人从前后两面
夹击塞琉古所部。安条克军队溃败逃走。舰队在爱琴海经过一
些战斗后，于德米特里阿斯重新集结，陆军残余部队连同安条
克本人则在哈尔基斯重新集结。格拉布里奥派加图回国，向元
老院通报胜利的消息。加图在当时和后来的多个场合宣称胜利
几乎全是他本人努力的结果，两人的关系由此恶化。[18]

第七章 周边扩张

　　前191年温泉关战役的失败标志着安条克希腊战争的结束，他决定立刻返回小亚细亚。他的军队要么被消灭，要么分布在各个兵营，能否守住哈尔基斯他自己也无法确定。格拉布里奥任士兵在彼奥提亚大肆抢掠，以此迫使同盟在他抵达哈尔基斯前再次改变立场，差不多在同一时间安条克带着新的家眷、剩余军队和他的战争基金前往以弗所（Ephesus）。哈尔基斯打开城门迎接格拉布里奥，优卑亚其他城市也再次效仿。格拉布里奥决定不再跨越爱琴海追踪安条克——严格地说，他当年负责的行省是希腊——而是掉头对付埃托利亚人。在腓力围困拉米亚之际，格拉布里奥包围了附近的赫拉克利亚。到了初夏，赫拉克利亚陷落，埃托利亚人没有采取任何行动，只是向逃得无影无踪的安条克发出一封绝望的求救信。

　　回到小亚细亚，安条克立刻对埃托利亚人的请求做出积极回应。埃托利亚特使带着安条克将立刻出钱，随后出兵支援的承诺返回。在准备小亚细亚战争时尽量延长希腊的战争，符合安条克的利益。但与此同时，在特使们带着安条克给出的一线希望归国之前，埃托利亚人的士气却一落千丈，他们找格拉布里奥请求和平，接着上演了一幕既阴暗又好笑的国际闹剧。[1]

　　如果埃托利亚人向罗马无条件投降（deditio in fidem），格拉布里奥便给予他们和平。但埃托利亚人并不明白这意味着"所有东西，无论是人的还是神的"都必须彻底投降，投降者的整个未来都被掌握在敌军指挥官手中。[2] 在埃托利亚人看来，"投降"自然是结束战斗，为和平条款谈判创造空间的一种方式，所以他们同意了"deditio"（投降）。让他们感到震惊的是，格拉布里奥开始提出盛气凌人的要求，因为他现在有权这么做。更让他们震惊的是，当他们表示抗议时，他竟然威胁对他们使用镣铐。他们都是全权大使，而全权大使的身体是神圣不可侵犯的。他们不知道签署了"deditio in fidem"即意味着将往事一笔勾销。

最终，这种误会得到了澄清，格拉布里奥体面地将埃托利亚人从他们的"deditio"名单中去除，但明确表示有关无条件投降的要求是不容谈判的。因此，埃托利亚人举行紧急全体会议，决定继续进行战争。格拉布里奥的回应就是围困诺帕克特斯，而腓力则收复了包括底比斯在内的阿哈伊亚弗西奥蒂斯大片地区，然后就安条克从德米特里阿斯撤军进行谈判，将该城收复为己有。反罗马派领袖欧律洛科斯自杀身亡。不久，腓力还收复了佩里比亚的一些地方，这是第二次马其顿战争结束时他的王国受到削减时丢失的地方。他已经占领了阿塔马尼亚并重新得到其南边的色萨利邻邦，即同样多山的多罗皮亚地区。与此同时，在南方，阿哈伊亚人迫使在伊利斯的安条克守军投降，并将麦西尼重新纳入同盟。

到了 7 月，在裁判官盖乌斯·利维乌斯·萨利纳托尔（Gaius Livius Salinator）的率领下，更多罗马战舰抵达爱琴海，罗马海军力量达到了一百艘战舰，足以对抗安条克派来抵抗的任何力量，尤其他们得到帕加马和罗得岛的支持。利维乌斯负责深入亚洲追踪安条克，而格拉布里奥则负责扫平希腊的埃托利亚人。

迈昂尼苏斯战役

统率安条克赫勒斯滂舰队的波吕克塞尼达斯（Polyxenidas）把基地设在利西马其亚，选择在厄里特赖半岛（Erythrae peninsula）等候利维乌斯的到来，企图将北面的罗马人和帕加马人同南边的罗得岛人分开。但罗马人与帕加马人组成的联合舰队将波吕克塞尼达斯赶回了以弗所，与罗得岛人取得了联系并在以弗所港口入口大肆炫耀船舰。后世的一位历史学家反思罗马当年的宣传攻势，对这次胜利大加赞扬，将其与前480～前479年希腊打败波斯相提并论，由此把马其顿的安条克东方化。[3] 随后，各方都撤回冬季营地。

前191～前190年冬，塞琉古与帕加马的军队发生冲突，但未产生大的影响，安条克忙于重建自己的舰队并加强自己的陆军力量［主要依靠自己的资源，但也得到卡帕多西亚（Cappadocia）国王阿里阿拉特四世（Ariarathes IV）和加拉太人（Galatians）的帮助］。[4] 他还派汉尼拔去东方，负责在腓尼基和奇里乞亚船厂建造另一支舰队，并联系当地的君主和海盗首领，即使他们只拥有一两艘船。他与比提尼亚的普鲁西亚斯取得了联系，但一番捭阖之后，普鲁西亚斯决定保持中立，这种立场实际上对罗马人的帮助超过对安条克的帮助。此外，安条克的所谓盟友托勒密正竭尽所能争取罗马人的好感，大概目的在于如果安条克分散精力或战败，托勒密能有机会重新夺回科勒叙利亚。然而，罗马人与托勒密保持一定的距离，如有必要他们就会伺机而动。与此同时，他们释放腓力的儿子德米特里回国，以感谢他提供的帮助。几个月后，他们还免除了腓力战争赔款的剩余部分。

在罗马，前190年执政官之一的卢修斯·科尔内利乌斯·西庇阿获得了希腊行省，并得到许可将战争引入亚洲，他把赫赫有名的哥哥安排进自己的参谋队伍。巧合的是，阿非利加努斯在罗马刚刚完成了一座凯旋门的建造与落成仪式，以纪念他战胜汉尼拔。汉尼拔目前投身于安条克宫廷。卢修斯·埃米利乌斯·勒吉鲁斯（Lucius Aemilius Regillus）被任命为目前驻扎于萨摩斯岛的舰队的指挥官，舰队和陆军都得到加强。爱琴海出现对峙局面，两支舰队规模相当，勒吉鲁斯驻扎在萨摩斯岛，波吕克塞尼达斯驻扎在以弗所。

罗马人预料汉尼拔的舰队将从叙利亚赶到，试图夺取可作为避风港的吕西亚和卡里亚的港口，却未能取得成功。海军围攻在技术上要求很高，而且旷日持久。要阻止汉尼拔，现在只能指望罗得岛人尽力了。前190年7月，两支舰队在斯德（Side）以外的海上发生激战，但未能取得决定性结果。尽管汉尼拔舰队已经减半，但他仍然有能力重整旗鼓，沿着潘菲利亚（Pamphylia）海岸继续向西布防，与此同时，罗得岛人撤退了，并做好了与汉尼拔再次相遇的准备。但拖延让安条克感到沮丧，因为没有汉尼拔的舰船，他就无法结束爱琴海的僵局。不久，埃及人趁腓尼基和奇里乞亚海岸线没有一支有效的舰队之机，袭击并掠夺了富裕的阿拉杜斯岛（island of Aradus，第五次叙利亚战争中被安条克夺得），迫使汉尼拔带着自己的舰队返回。[5]

在陆上，安条克于5月入侵了帕加马，同时攻击了帕加马在伊利亚（Elaea）的海军基地。尽管两次进攻都未能取得成功，却迫使欧迈尼斯放弃了在希腊的战争。西庇阿率领的陆军得到腓力允许，并在其后勤支援下，目前正在穿过马其顿和色雷斯，为了罗马能够跨海作战，帕加马舰队奉命保卫赫勒斯滂。这时安条克向西海岸挺进，围攻诺丁姆（Notium），波吕克塞尼达斯也将舰队从以弗所转移到那里。诺丁姆本身并不重要，此举旨在诱勒吉鲁斯从萨摩斯岛出动投入战斗，以此来打破僵局。果然，勒吉鲁斯舰队出动了，两支舰队在迈昂尼苏斯（Myonessus）以外的海上相遇。然而，安条克热切期待的战役对他来说却是一场灾难，结果，他的失败结束了希腊人或马其顿人对东地中海的控制。在以后的几个世纪，整个地中海在一定程度上成了罗马人的池塘。

马格尼西亚战役

安条克在各地仍有大量舰船，但他已经失去对海洋的控制，这就意味着没有任何东西可以阻止罗马陆军跨越赫勒斯滂海峡。勒吉鲁斯夺取并抢掠了福西亚（Phocaea），从而扫清了道路，而安条克则停止了对诺丁姆的围困，实际上就是放弃了小亚细亚的西北海岸。他需要迅速巩固自己的力量来对付西庇阿。撤出利西马其亚起了很大作用，尽管他是如何在欧迈尼斯巡逻队的眼皮底下从欧洲撤出而未遇到抵抗的，至今仍然是个谜。

127　　前229年罗马军队首次踏上希腊土地，三十多年后的前190年7月，他们入侵了小亚细亚。罗马人来了，骑墙的普鲁西亚斯爬了下来（不管怎么说，这堵篱笆正朝着罗马一侧迅速倾斜），并表示愿意帮助他们。经过一场不大的冲突，安条克选择打开谈判大门，通过阿非利加努斯（西庇阿之兄）的斡旋，他与执政官卢修斯·西庇阿取得联系。不知何故，显然跟随父亲去了亚洲的阿非利加努斯之子卢修斯，落入安条克的手中。[6]

安条克主动提出，承认罗马人有权保护兰普萨库斯和士麦那，他甚至可以放弃色雷斯，并接受一半战争费用。但是罗马人在谈判中处于强势，而阿非利加努斯知道安条克一直对他的儿子不错，可能放他毫发无损地回来，便直截了当地指出安条克立场的虚弱之处，即**在**罗马人占领欧洲的色雷斯**之前**，更奏效的途径是主动提出割让此地。第一次见面他就向安条克提出了罗马方面毫不妥协的要求：安条克必须交出整个小亚细亚并支付全部战争费用。安条克的行为根本不该受到如此严厉的惩罚，罗马人显然是想把他们的权力扩张到他的领土。因此，安条克结束外交努力，准备投入战斗。罗马人的侵略使他别无选择。

尽管安条克不得不在叙利亚留下一支庞大军队，但他在当地的兵力仍然达到了五万人，与西庇阿的军队旗鼓相当。罗马人沿着西海岸南下，在伊利亚停留，等待生病的阿非利加努斯康复。安条克在那里将阿非利加努斯的儿子交还给他，然后进军西皮洛斯山（Mount Sipylus）下的富裕城镇马格尼西亚（Magnesia，即今马尼萨）①，阻断罗马人继续南下的路线。不久将赢得"亚细亚杰尼斯"（意为亚洲扬名者）称号的卢修斯·西庇阿紧随安条克其后，就驻扎在附近，并充满自信地提出要在安条克选择的战场进行战斗。事实上，由于目前已深入敌后，为士兵提供给养存在严重问题，西庇阿希望尽早开战。

---

① 并非前文出现过的"马格尼西亚"，此处"马格尼西亚"为吕底亚（Lydia）一座城市，前者则为希腊中部色萨利的东南部地区。

不管怎么说，当时已是 12 月，新的将军很快将踏上前来东方的行程，接替他的职务，夺走他胜利的荣耀。在战场两翼，欧迈尼斯率领的帕加马骑兵将安条克的骑兵赶出了战场，而安条克的战象因受伤而发疯，狂奔起来，冲破了他们自己的方阵，使其在罗马军团面前变得不堪一击。至此，安条克必败无疑，罗马人取得完胜。

方阵对垒军团

不言而喻，在战争中，运气、士气，甚至一位勇士的站位，都可能比战略或战术上的优势更具决定性。[7]尽管如此，即使考虑到这些难以衡量的因素，马其顿方阵与罗马军团之间在战术上的差异似乎也让战场上的天平倾向于对罗马人有利的一侧。在过去的一百六十年间马其顿方阵在某种程度上是所向披靡的，现在却接连被罗马军团击败。[8]

自公元前 4 世纪中叶腓力二世进行一系列创新以来，方阵步兵使用的主要武器一直是一种又长又结实的长矛，名叫萨里沙（sarissa）。这种长矛长度可以达到 5 米，需要很大力量才能操纵。方阵士兵组成一个紧密队形，其长矛的长度意味着前五排的所有长矛都会刺到第一排之外。长矛下方有矛托，可以牢固地插在地上。因此，在防御中，坚固的方阵在一定程度上是坚不可摧的，因为没有任何剑能穿越长矛构成的防御而造成伤害，马匹也不敢冲向这样的队形。进攻时，方阵缓慢向前推进，通常排满八排或更深的纵队。在马格尼西亚，安条克部署了三十二排方阵。与以前一样，如果方阵稳固，就很难被击败。如果敌人没有在可怕的行进中崩溃和逃跑，方阵的绝对分量以及坚不可摧就成为决定性因素。方阵士兵还配备小盾牌、短剑或匕首，用于短兵相接的战斗。

相比之下，罗马军团的重装步兵配备两支重量不一、短而粗的投掷标枪，投掷时有效杀伤范围大约为 50 英尺。每支标枪都有一根长长的铁柄，尖端呈金字塔形。柄的长度意味着它可以同时穿透盾牌和胸甲，而带刺的尖头则意味着一旦标枪插入盾牌，盾牌就没有了用场，敌兵常常不得不扔掉盾牌。但军团士兵的主要武器是他们携带的西班牙风格的剑，它们是由高质量的钢材制成的，以保持剑的锋利。军团士兵也手持长盾。与方阵士兵一样，他们其余的头盔、护胫等都取决于个人的喜好和财富。盔甲是设计用来威慑或恐吓敌人并保护自己的。士兵们没有统一的制服。

军团战士的队形比方阵士兵的松散，只有三排。最年轻、体能条件最好的士兵叫作青年兵（hastati），占据第一排；第二排由有经验、年富力强的士兵组成，叫作壮年兵（principes）；第三排是年龄最大、最有经验的老兵，叫作成年兵（triarii，也译作老年兵）。① 一个正规军团包括一千二百名青年兵，同样数量的壮年兵和六百名成年兵。每排被分为十个战术单元，叫作"步兵中队"（maniple），每个战术单元由前两排的一百二十人或后排的六十人组成。在战斗中，士兵采用棋盘式队形，前边的两个青年兵中队中间插入一个壮年兵中队，两个壮年兵中队中间插入一个老年兵中队。方阵则更为笨重，但训练有素的方阵同样由较小的战术单元组成，每个单元都配有自己的指挥官，单元可以独立行动，快速反应。

在这本书描述的时期，两军交战的核心是方阵与军团的重

129

---

① 三排士兵又相应被称为"枪兵"、"主力兵"和"后备兵"。

步兵，但正规军团还包括一千二百名轻装士兵（弓箭手、标枪手和投掷手）以及三百名骑兵，同时由希腊各盟国提供的一个重装步兵方阵和骑兵支援。为马其顿方阵提供支援的也有骑兵、轻装士兵部队，还极有可能有由盟军士兵或雇佣军组成的重装步兵团，他们是使用老式希腊武器的重步兵。执政官的军队通常由两个军团构成，大约九千名罗马士兵，紧急时期可多达一万两千名，不过还有由他率领的或者现场召集的许多盟军。

通常情况下，在战场地面条件良好的激战中，重步兵会占据队形中心，两侧各有骑兵护卫，轻步兵则在前方和两侧进行小规模战斗。轻步兵的任务是掩护主力部队的部署，并在撤退和占领后方阵地之前尽可能多地造成破坏。如果其手中还有投掷物，他们可以作为一个预备队，以防被敌军包围或从侧翼突破。不过更常见的是，此时他们的任务已经完成。他们还可以进行抢掠或追捕逃兵。如果有大象参与战斗，那么在战斗开始阶段，轻装部队的任务就是设法打残敌方大象，同时保护自己一方的大象。大象用来充当阻挡对方骑兵的屏障，因为马匹厌恶大象的样子和气味，同时大象还可以冲破重步兵编队。不过，使用大象也存在危险，它一旦受伤，就会踩踏自己一方的队伍，安条克在马格尼西亚就遭遇了这样的事情。正如一战中使用的新型装甲坦克一样，大象十分重要，令人恐惧，但也不太可靠。

轻骑兵、弓箭手和标枪手主要用作侦察、游击和搜寻。重骑兵通常从头到脚都全副武装，手持长骑枪。从古到今［看看古代雅典的骑士（hippeis）、罗马的骑士（equites）以及中世纪欧洲的骑士（chevaliers）］，骑兵往往是社会精英，因为按照传统，骑兵要自备并自养战马，而养马是十分费钱的。只有富人才有空闲的牧场和时间学习并掌握骑术。骑兵的作战单元是半独立的骑兵队，由大约五十或一百匹马组成，在战场上通常一波又一波地发动进攻。在通常情况下，骑兵的任务分为从侧翼包抄敌军和防御敌军骑兵从侧翼包抄自己一方的步兵。

部队的这种公式化布置意味着，如果人数大体上相等，每个作战单元最有可能首先与其所对应的单元作战，即骑兵对骑兵，重步兵对重步兵。通常，只有在取得胜利或遭遇失败或受到伏击的情况下，他们才会发现自己在与不同类型的作战单位打斗。在轻步兵使用完自己的投掷物后，一侧或两侧才会整体推进，或者直线推进，或者侧重一翼地以斜线推进。一般情况下，在右翼会配备更多的突击部队，由右翼首先发起进攻。对希腊人和马其顿人来说，右翼是荣誉所在，是国王或指挥官喜欢占据的位置。在希腊世界里，将军们经常冲锋在前，而罗马指挥官却留在后方，对战局变化有更大角度的观察。

骑兵在交战时，尽量不离开战场太远。方阵与军团对垒，杀声连天，战士们用盾牌和武器猛击对方，力图打倒足够多的敌兵，撕开豁口，并造成对方恐慌（被认为是潘神①引起的），迫使敌人溃败逃走。在进攻过程中，头两排的罗马士兵，即青年兵和壮年兵，先近距离抛掷标枪（先投轻标枪，后投重标枪），构成一个令人可怕的火力网，然后使用刀剑和盾牌。他们的标枪可能会大幅削弱敌军兵力，迫使敌军展开近距离作

131

① 潘神（Pan）是希腊神话中的神，掌管树木、田地和羊群，他有人的躯干和头，山羊的腿、蹄子和耳朵。潘神引起的恐慌被称为"潘神之惧"（Panic fear）。

战。否则，罗马人往往会停下来，等待方阵士兵到来，因为他们很难攻入坚固的方阵。

只要阵形稳固，方阵在防守和进攻上都非常出色。不过这种长处也存在弱点，因为能让方阵确定保持队形的平整地方非常少。在大多数战斗中，或者在进攻和防御过程中，如果士兵被标枪或弹弓击倒，方阵就会开始破裂。此外，即使方阵在冲锋过程中能勉强保持队形，在短兵相接时也肯定会破裂。任何一个开口都可能让敌军渗入阵型之中。一旦冲入阵型，罗马人的刀剑与盾牌远远优于方阵士兵的同类武器，屠杀便开始了。不过，方阵的横排越多，其持久力就越强，敌军要打入其中就越困难，越费力。

因此，方阵的一个弱点是它依赖于保持稳固的阵形。还存在另一个问题，方阵是单一而庞大的单元，在冲向敌军时，它同样依赖于恐吓敌军，第八、第十六甚至第三十二列的士兵被布设在一条巨大的战线上，大声喊叫，击打武器，使劲地舞动头盔上的羽饰，而刚刚打磨的盔甲则在耀眼的阳光下闪闪发光。相比之下，罗马将军通常只派其第一排的青年兵首先投入战斗，由盟军步兵提供支持。他们所面临的极其危险的任务就是阻止敌人，并着手在敌军阵型中撕开一些豁口。与此同时，第二排的壮年兵在更多盟军的支持下，紧随其后，填补出现的空缺，暴风雨般地投出另一轮投掷物，提供更多的前冲动力。

成年兵可能根本就派不上用场（"一直打到成年兵"是一条用来描述事情已经到了危急关头的谚语）。因此，如果将军觉得有必要，成年兵可以充当后备部队，这是方阵通常并不具有的特征。由于方阵指挥官在前沿阵地领导作战，后备部队毫无用处，指挥官根本不知道何时部署他们。在马格尼西亚和库诺斯克法莱两场战役中，罗马人的阵地都被冲破，但部署的成年兵及时做了补救，稳住了局势。他们装备更长的防御性标枪，可以形成一道防线，战友们可以在这道防线后面集结重组。

因此，与罗马军团相比，希腊方阵的两个主要弱点是缺乏灵活性和缺少后备力量（就目前而言，此项为另一个不同的因素）。但罗马人取得成功还有其他秘密。我前边提到诸多难以衡量的因素，其中之一就是士气。在东方的绝大多数战争中，罗马人信心百倍，主要是因为在东方与希腊人和马其顿人打仗的许多士兵参加过几次布匿战争之后，已经拥有相当多的战斗经验。他们来自罗马共和国迄今为止培养出的最好的军队，懂得经验与纪律让他们处于优势地位。罗马军队一般由公民和盟友士兵组成，而希腊人和马其顿人长期严重依赖雇佣军，尽管这些人并不完全可靠。

另一件让敌人望而生畏的东西，就是罗马军队的绝对效率。尽管他们宁愿缓慢向前推进，宁愿为了安全牺牲速度，但每天行军结束后，他们会很快建造一个易于防守的营地，第二天又以同样快的速度将建造营地的材料打包。在最早的海外战争过程中，他们开发了一套非常出色的供给系统，因此很少听到罗马军队在这方面出现困难。他们不断地向敌人学习，改进自己的武器设备。例如，军团士兵携带的致命刀剑就是最近新收获的武器，那是仿照汉尼拔指挥的西班牙雇佣军手持的剑制造而成的，他们曾在西班牙看到那种剑。

提高罗马人士气，瓦解敌军信心的还有另一个因素，它后来被称为罗马式野蛮作风。在希腊各国间进化而来的战争，本质上是相当仪式化的。战争的关键是羞辱敌人，让自己在邦国

133

尊卑次序上高过对方，其重要性不亚于消灭敌兵。在面对雇佣军时，主要策略就是尽量瓦解他们的士气，或者给予贿赂，让他们改变立场。战场上的屠戮行为是罕见的，伤亡最惨重的情况往往发生在军队溃逃之后，这时士兵们变得脆弱不堪，而取得胜利的对手则被一种欲望所驱使，去杀害士兵并从尸体上抢走宝贵的武器和盔甲。

罗马人根本不懂得这种礼节。当时有一条并未被始终执行的规定，即罗马将军必须杀死五千名敌人才能获得凯旋待遇，这简直就是蓄意鼓动大屠杀。在库诺斯克法莱，马其顿方阵士兵竖起长矛表示投降，罗马军团士兵却继续杀戮，直到有人向他们解释这种姿势的含义。罗马军队从不投降。投降者将会遭到可怕的惩罚，譬如抽签处决（一个单元里每十人处决一人）以及穿戴一种常常致命的铁手套。罗马士兵必须奋战至死。甚至他们手中所持的剑也让他们以凶猛而闻名。这种剑非常锋利，剑刃光滑，没有凹槽。这种剑刺入人体后，肉体会在刺入处形成封闭，剑往往由此被卡住。因此，罗马军团士兵会在抽剑时用力转动，造成伤口可怕的撕裂。更糟糕的是，这种剑既能砍也能刺，而希腊和马其顿的匕首只能用来刺人。[9]

> 在对抗希腊人和伊利里亚人的战斗中，马其顿人见到过由标枪、箭以及（虽然很少）骑枪造成的伤，可现在他们看到的是尸体被西班牙剑肢解，手臂被从肩膀和整个身体上砍下，人头被从尸体上砍下，脖子被整个切开，内脏暴露在外，其他伤口也惨不忍睹。

对罗马人而言，战争的目的就是要使敌人遭受巨大创伤，

让他们再也没有能力拿起武器对抗罗马。被围困的城镇普遍遭
到洗劫和掠夺，伴随而来的是强奸和暴力，全部人口可能被卖
为奴隶。恐怖战术——大屠杀、奴役、驱逐——是为了摧毁敌
人的精神。基于人力和能力的优势，罗马人的战争是十分残酷
的，没有也不要指望会有任何妥协。

《阿帕梅亚和约》

罗马军团取得马格尼西亚战役胜利以后，安条克、塞琉古
及其王室成员向东逃亡到弗里吉亚的阿帕梅亚（Apamea，又
译阿帕美古城），那里有一处王宫。阿非利加努斯病愈，前往
萨迪斯（Sardis）与弟弟会合，在那里他们接待了安条克派来
请求召开和会的使者。罗马人开出的条件仍然没有改变。安条
克必须将自己的军队撤出托罗斯山脉（Taurus Mountains），放
弃色雷斯和整个小亚细亚，并支付战争的全部费用，其数额现
在又有新的增加，总额为15000塔兰特（按今天的货币计算，
大约为90亿美元），其中500塔兰特必须立即支付。要求安条
克对欧迈尼斯做出赔偿，并交出一些人，其中包括汉尼拔
（已逃至比提尼亚的普鲁西亚斯宫廷）。要求安条克交出二十
个人质，其中包括他的一个儿子。罗马人尽可能用弗拉米努
斯发明的术语表达自己的要求：安条克应该让小亚细亚各个城
市从他的统治下"解放"出来。西庇阿兄弟看到有用的口号，
便能识别其中的用场。

安条克别无选择，只能接受这些条款。双方安排休战，以
便所有相关方面派代表团前往罗马，就最终条约进行谈判。安
条克回到叙利亚，把小亚细亚交给塞琉古。前193年兄长去世
后，塞琉古成为塞琉古王朝的继承人。在前189年初的休战期

间，新执政官格奈乌斯·曼利乌斯·乌尔索（Gnaeus Manlius Vulso）带领新的部队抵达，替换了西庇阿兄弟并补充了军队。卢修斯·西庇阿返回罗马，举行了迄今为止最为盛大的凯旋仪式。[10] 元老院将亚洲列为当年的行省之一（另一个是希腊，那里对埃托利亚人的战争即将结束），说明元老院认为小亚细亚并未得到平定。这不仅因为安条克仍然保留着大量军队可用，还因为元老院想把所有反叛的想法消灭在萌芽状态。同时，他们对小亚细亚的未来还持有一种愿景，需要军事力量予以实现。

于是，乌尔索立即对加拉太人发动了一场野蛮的战争。加拉太人曾派军支持安条克，他们也许以为，作为安条克的盟友，他们已被纳入停战协议，但乌尔索并不这样认为。这是一份十分划算的计划，因为它同时向安条克生动地显示出罗马人的决心，并将他的一个主要盟友踢出局。乌尔索从海岸绕道前往加拉太，目的就是沿途接受塞琉古城镇及要塞的投降。由于不得不向罗马军队提供给养，塞琉古进一步受到羞辱。休战意味着他不能向其盟友提供援助，只能眼睁睁地看着加拉太的三个部落遭到屠杀。一切结束的时候已经到了秋天，塞琉古被孤立在阿帕梅亚。其他所有方面要么通过武力，要么通过外交，都与罗马达成和解。

到前187年底，乌尔索荣获凯旋仪式的迎接。尽管在返回途中被色雷斯土匪抢走了一些战利品，但人们仍能记得这场战争带来的丰厚利润。元老院十分高兴，因为终于可以偿还第二次布匿战争期间从富人那里借来的债务了。乌尔索的游行队伍展示了"212顶金冠，22万磅银子，2103磅金子，12.7万枚4德拉克马银币，25万枚银币，16320枚腓利比克金币"。[11] 至少有 52 名敌方的首领与指挥官戴着镣铐示众。军队中每名士兵都得到 168 塞斯特斯的金钱，每位军官和骑兵获得比例更高的塞斯特斯。这件事情太不可思议了，连李维都用说教的方式，指出它在向罗马引入奢靡时尚方面所具有的意义：[12]

> 正是这些人第一次把青铜沙发、昂贵的床上用品和挂毯等带进了罗马。就在这一时期，弹竖琴、吹笛子的姑娘开始出现在晚宴上……厨师开始成为有价值的财产。

有人对乌尔索的凯旋仪式表示反对，这种反对从本质上讲是政治性的。西庇阿兄弟指责乌尔索一味猎取凯旋仪式，称他对加拉太人的战争未经元老院授权，指责乌尔索试图挑起塞琉古重新开战，在战役中他本人又曾采取过度的野蛮行径。这些指责都显得软弱无力，[13] 因为过度的野蛮行为正是赢得凯旋的体面方式，乌尔索发动的战役也并不违法。每一个罗马战地指挥官都有权当场决定自己管辖省内作战的地点和方式，而乌尔索所为肯定符合罗马在小亚细亚的目标。毕竟，由于乌尔索发动战役，安条克更倾向于认为自己在小亚细亚注定要失败，因此他同意罗马提出的条件，不再制造麻烦。与以往一样，元老院设定了战争的政治条件，而如何最好地履行职责则由将军现场决定。西庇阿兄弟表达反对至少有部分原因是他们知道，乌尔索的凯旋仪式甚至让两年前卢修斯·西庇阿的凯旋仪式相形见绌。

与此同时，由于元老院已经认可西庇阿在战场上提出的条件，只补充了一些细节，比如安条克要交出他所有的战象以及战舰，只留十艘战舰自己保有，前 189 年在罗马举行的谈判很

快就结束了。2500 塔兰特必须在条约批准后立即支付，其余
12000 塔兰特每年支付 1000。从这一刻起罗马的公共财政永远
地改变了，这座城市开始习惯于更多财富。前 188 年在阿帕梅
亚举行的会议上，梳理了最后的细节，乌尔索和安条克宣誓正
式接受和平条约。塞琉古舰队被付之一炬，也就只能这样了。
已知世界上最伟大的国王被罗马打垮，罪名就是挑战罗马人在
希腊的霸权。过去一个多世纪以来塞琉古对小亚细亚断断续续
的统治由此画上句号。

小亚细亚的新布局

在敲定条约条款的同时，元老院还考虑了小亚细亚未来的
解决方案，既然该由他们处置，他们便任命了一个由十人组成
的委员会前往小亚细亚，协助乌尔索工作。就像罗马人在库诺
斯克法莱战役后对希腊进行重组一样，他们现在也对小亚细亚
进行了彻底的改革，永远改变了那里的政治版图。几乎什么也
无法阻止他们做自己想做的事情，他们所要的是一个完全控制
在他们朋友手中的小亚细亚，这样他们就可以通过遥控继续维
持对那里的统治，省去维持军队的费用。

罗马人在小亚细亚的朋友是欧迈尼斯和罗得岛人，战争中
他们一直在帮助罗马人。塞琉古统治的小亚细亚大体上从米安
德河（Meander river）分开，北半部归欧迈尼斯，南半部归罗
得岛。以前向安条克纳贡的所有部落现在要给帕加马或罗得岛
纳贡，再次表明弗拉米尼努斯的自由信条受到削弱。过去一直
给帕加马或罗得岛纳贡的部落则继续维持原状，但所有声称与
罗马保持友好关系的城市（由专员们现场逐一确定）除外，
他们将得到自由，不受帕加马或罗得岛的约束。在比提尼亚，

普鲁西亚斯因最后一刻支持罗马而被允许保留王位。帕加马和罗得岛历史上常常既是敌人又是朋友。具有讽刺意味的是，出于商业利益考虑，双方长期以来一直渴望实现权力平衡，而平衡的实现却让竞争对手变成彼此并不情愿的盟友。

埃托利亚战争结束

担任希腊问题资深专家的弗拉米尼努斯，对前191年格拉布里奥围攻诺帕克特斯感到不满，不仅仅是因为他所声称的浪费时间，[14]还因为格拉布里奥似乎决心削弱埃托利亚人，而这将破坏弗拉米尼努斯在希腊建立权力平衡的努力。因此，前191年末，经弗拉米尼努斯斡旋，埃托利亚人提出了另一次休战请求，以便在罗马探讨实现和平的可能。格拉布里奥表示同意，并解除了围困。前190年初，埃托利亚人抵达罗马，但谈判很快破裂，他们被赶了回去。然而，希望并未完全消失，因为在希腊，新上任的执政官卢修斯·西庇阿很快就批准了为期六个月的休战。尽管埃托利亚人知道，如此长时间休战的目的是让敌人腾出时间对付他们在小亚细亚的盟友，但他们还是接受了休战。

休战协议于前190年春生效，埃托利亚大使们赶到罗马，但在那里等候数月仍得不到觐见元老院成员的机会。被困罗马期间，他们不得不忍受屈辱，参加格拉布里奥的凯旋仪式，仪式上通常展示大量的贵重物品，以及包括埃托利亚人在内的大量囚犯。[15]

直到11月，埃托利亚大使才最终被允许觐见元老院成员。拖延的原因显而易见：在与埃托利亚人打交道之前，元老院必须得到西庇阿兄弟与安条克战役的结果。但消息一直没有传

138

来，此时他们需要采取行动了，因为六个月的休战即将到期。人们期望埃托利亚人卑躬屈节地向元老院乞求和平，而现在他们已经受够了。他们都是邦国首领，感觉受到了侮辱。因此，他们对元老院成员们没有表现出谦卑，而是向他们大声抱怨埃托利亚人过去如何为罗马提供服务，因此现在不该得到这样的待遇。事情很快明朗，他们反对任何可能按照罗马条款实现和平的努力。只要提出这样的议题，他们就保持沉默。和谈彻底破裂，最后埃托利亚特使们被要求在十五天之内离开意大利。

因此，于前190年暂停（在此期间安条克在小亚细亚正遭受毁灭）的希腊战争，在前189年重新开始。前面我们已经了解到，行省抽签结果是乌尔索获得亚洲，而马库斯·富尔维乌斯·诺比利奥尔获得希腊。前一年，一支新的军队已被调到阿波罗尼亚，加上他自己带领的军队，富尔维乌斯现在拥有的兵力达到三万五千人，与格拉布里奥对付埃托利亚人的兵力相当。富尔维乌斯还接收了更多的船舰加入舰队，他奉命指挥这支舰队清剿克法利尼亚岛的海盗。这个岛恰好是埃托利亚同盟的成员。

然而，埃托利亚人已经开始进攻。大使们带着坏消息从罗马返回后，他们立刻发起惊人的冬季战役，为阿密南德收复了阿塔马尼亚的大部地区，并将已经受到削弱的腓力军队从多罗皮亚以及他们最近收复的所有色萨利城市赶了出去。这些城市一年两次换手，几乎没有休战时间。实力得到增强后，埃托利亚人认为现在可以与罗马进行谈判了，于是派出新的使节前往罗马。然而，使节们却在途中被伊庇鲁斯海盗抓获。等到罗马人听到消息，命令海盗放人时，富尔维乌斯已向安布拉基亚挺进，谈判争取和平显然已经毫无意义。

富尔维乌斯对安布拉基亚的围攻成为历史传奇。[16]罗马人动员了大量兵力，在城墙周围部署了至少五座攻城塔，但埃托利亚人找到了对付敌人的巧妙办法，他们在城墙上建造多台起重机，将石块扔向攻城塔，还在夜间出城捣毁罗马人的机器。只要罗马人攻破一段城墙，埃托利亚人就会修建起边墙（counter-walls）设施，并在突破口继续战斗。最后，罗马人试着挖掘城脚，但埃托利亚人挖掘出反制隧道，想方设法将羽毛燃烧的辛辣烟气吹进隧道，把敌人赶走（见图7.1）。

此次围城之所以名扬天下，在很大程度上应归功于罗马诗人昆图斯·恩尼乌斯（Quintus Ennius）。他陪赞助人富尔维乌斯一起参加了这次战役，两度赞颂此次围攻之战。一次是在他最后的巅峰之作（尽管生命的最后阶段他又写了三本书）《编年史》（Annales）中，这是一部记述罗马历史的史诗，另一次是在一部名为《安布拉基亚》的戏剧中。不幸的是，两部作品都未留下重要线索。最终，前不久一直居住于那里的阿密南德得到执政官的批准（他毕竟是罗马的敌人）进入该城，劝说埃托利亚人免遭更多痛苦，在这种情况下，守军才投降。

围城期间，腓力的儿子珀尔修斯从埃托利亚人手里夺回了多罗皮亚。埃托利亚人现在面临三条战线，不仅在安布拉基亚和多罗皮亚作战，还要防守自己的海岸线，抵御普莱庇图斯和阿哈伊亚人。埃托利亚人再次找富尔维乌斯求和时，富尔维乌斯提出了自己的要求，埃托利亚人只好接受。根据后来在罗马谈定的条款，埃托利亚人将在六年内支付500塔兰特的赔款，并"承认罗马的统治与支配地位"，[17]他们的领土缩减到战前状态，因此他们丧失了最重要的安布拉基亚、德尔斐和伊尼亚第。克法利尼亚岛是根据罗马法令单独从埃托利亚人手中夺走

140

图 7.1　罗马图拉真柱上的这幅画（公元 113 年）显示罗马士兵在以"乌龟"队形（盾牌紧扣头部）攻击被围困的城市，城墙上的守卫者清晰可见。

的，但富尔维乌斯占领该岛绝非顺利，前 189 年与前 188 年之交的冬天，经过漫长而血腥的围攻后，他不得不血洗主城。伊尼亚第最终回到阿卡纳尼亚人手中，为了勉强补偿安布拉基亚经受的灾难，它被确定为一座自由且自治的城市。他们的屈服

141

把同盟推向崩溃的边缘，而且我们很快会看到内乱让他们遭受进一步削弱。[18]

跟乌尔索一样，富尔维乌斯回国被授予凯旋待遇时也受到政治上的反对，这是元老院内部竞争的典型表现。前187年首次担任执政官的马库斯·埃米利乌斯·雷必达宣称，由于安布拉基亚并非靠武力夺得，富尔维乌斯不应得到凯旋仪式迎接。支持雷必达的有曾经在富尔维乌斯手下工作的马库斯·波尔基乌斯·加图，加图怂恿安布拉基亚人述说他们遭遇的令人心碎的苦难。最后，富尔维乌斯仍然得到了凯旋仪式，但让元老院成员们感到苦恼的是掠夺来的战利品，其数量与价值让他们感到难堪，尤其是这批战利品几乎与乌尔索从亚洲掠夺的物品几乎同时到达罗马。还有让他们感到难堪的，例如安布拉基亚已经破产，经过长时间的衰落，大约在一百五十年后失去独立实体的地位。[19]

恩尼乌斯与早期拉丁文学

跟随赞助人富尔维乌斯来到安布拉基亚的昆图斯·恩尼乌斯，是罗马早期文学中的杰出人物之一，而所有这些杰出人物都是意大利的"半个希腊人"，他们的第一语言是希腊语或者奥斯坎语（Oscan），或者说至少不是拉丁语。恩尼乌斯出生于卡拉布里亚（Calabria），在所有形式的诗歌中广泛借鉴希腊模式，即使《编年史》和《安布拉基亚》这样以罗马为中心主题的作品也一样。他正视希腊传统，自称荷马的转世者。恩尼乌斯看不起罗马本土的诗歌韵律，认为它粗俗土气，坚持认为他改编的希腊诗歌形式为罗马开启了一个全新的世界。赞颂富尔维乌斯让他得到丰厚的回报，后者不但安排他成为罗马公民，而且从安布拉基亚带回一组缪斯雕像的战利品，这座雕像成为罗马一座新庙宇（坐落在战神广场）的核心展品，被奉献给"赫拉克勒斯神殿"（Hercules of the Muses）。它是罗马第一座文学庙宇，成为诗人和所有文人的圣地。

142　　恩尼乌斯和他的"半个希腊人"同伴完全胜任两种文化交流者的角色。剧作家格涅乌斯·奈维乌斯（Gnaeus Naevius，公元前 3 世纪下半叶）来自坎帕尼亚（Campania），既写喜剧也写悲剧，其大部分作品在韵律和情节上以希腊原作为蓝本。与他同时代的卢修斯·李维乌斯·安德罗尼库斯（Lucius Livius Andronicus）来自塔兰托，写了各种各样适应罗马听众的诗歌，但他的韵律、故事线索以及方法，常常借鉴希腊传统。特别具有讽刺意味的是，拉丁文学的第一部主要作品就是由一位希腊人翻译的希腊名著——李维乌斯翻译的荷马的《奥德赛》。

在早期拉丁文学中，戏剧占有主要地位，前 3 世纪末，新的戏剧表演机会如雨后春笋，直到前 2 世纪中叶，罗马每年几乎有二十天专事戏剧表演，而且还不包括私人的演出。例如，泰伦提乌斯（Terence）[1] 的喜剧杰作《兄弟》（The Brothers）就是在前 160 年卢修斯·埃米利乌斯·保卢斯的葬礼上首次演出的。喜剧特别受欢迎，提图斯·马克基乌斯·普劳图斯（Titus Maccius Plautus）是第一代喜剧新星，接着在前 3 世纪与前 2 世纪之交，又出现泰伦提乌斯。两人都将现存的希腊戏剧和轻喜剧改编成相应的拉丁作品。

普劳图斯和泰伦提乌斯是最早的两位所有作品都被完整保

---

[1]　原名为 Publius Terentius Afer，更为人熟知的英文名字为 Terence。

留下来的拉丁文作家。即使是恩尼乌斯，我们也只能看到大约六百行的《编年史》，其中大部分是不连贯的片段。但是我们可以看到普劳图斯写的二十一部差不多完整的剧本和泰伦提乌斯的六部剧本。这些剧本足以让我们了解，与普劳图斯没完没了的粗俗闹剧相比，泰伦提乌斯的作品占据较高的语域，涉及更为复杂的情节。概括地讲，普劳图斯依然伫立于意大利通俗喜剧的乡土传统之中，而泰伦提乌斯则对更高雅的观众有吸引力。但两位作家都横跨希腊和罗马两个世界：拉丁双关语在希腊城市中无处不在，罗马的道德也被移植进希腊制度中。这些戏剧被称为长袍剧（fabulae palliatae），即"披着希腊外衣的故事"，但两位剧作家，尤其是普劳图斯，自然利用自己的作品来评论同时代的罗马社会。[20]

早期的罗马散文作品也同样受到希腊的影响。前 3 世纪末，昆图斯·费边·皮克托（Quintus Fabius Pictor）和卢修斯·辛西乌斯·阿利曼图斯（Lucius Cincius Alimentus）在写第一部罗马历史（遗憾的是该书已遗失）时选用了希腊文，因为拉丁文中没有这样的写作传统。有趣的是，他们已经预计其同龄人能够读懂这些作品。第一部以拉丁文写成的散文作品是由"监察官"加图在前 2 世纪上半叶创作的。直到前 1 世纪，拉丁文学才有了独特的罗马风格，有了自己的体裁、韵律和习俗。但是，正如前 3 世纪与前 2 世纪其根源显示的那样，拉丁文学的基础是希腊文学。公元前 1 世纪末从事写作的维吉尔（Virgil）代表拉丁文学第一阶段的终结，其诗歌在情感和语言上完全是罗马式的，但它的形成不可能脱离希腊文学先例的影响。马库斯·图留斯·西塞罗（Marcus Tullius Cicero）在其《图斯库兰讨论集》（*Tusculan Disputations*）开篇就武断地宣称，

143

罗马人对他们从希腊人那里学的东西进行了改良，这种观点似乎存在争议。但到维吉尔时代，他们至少已经充分吸收了希腊文化，这时新的罗马文学已经成为两种文化的有机统一体。

罗马一家独大

战争结束时，腓力的处境稍好于战争之初，他本可指望罗马人给予慷慨的待遇来回报自己提供的大量军事及后勤援助。但他也是一个宿敌。弗拉米尼努斯批评格拉布里奥围攻诺帕克特斯的话就很能说明问题：他（格拉布里奥）这样做什么也得不到，腓力却得到大量好处。[21] 同样明显的是前 191 年腓力在拉米亚问题上受到的待遇：格拉布里奥同时在围攻赫拉克利亚，当赫拉克利亚首先陷落时，他迅速同意埃托利亚人临时停战，此举就是为了阻止腓力夺取拉米亚。[22] 另一方面，腓力的儿子德米特里被放了回来，他还要回了德米特里阿斯，战争赔款也被取消了。

与安条克的战争既已结束，罗马人会如何处置腓力？回答是继续冷落。阿塔马尼亚被允许保持独立；[23] 俄瑞斯提斯的独立得到重新确认；赫拉克利亚已被埃托利亚人收复。而腓力最新占据的其他地方则在一种不祥的沉默中被越过，等着罗马人做出决定。[24] 腓力成了权力制衡政策的受害者，这种政策就是不让希腊的任何一个邦国统治其他邦国，这样罗马就可以统治所有邦国。罗马决定将色雷斯的一部分赠给欧迈尼斯，这一举动肯定让腓力感到特别气愤。为什么一位亚洲国王要在欧洲获得领土，而且是与马其顿相邻的领土？然而，罗马人认为，尽管腓力给他们提供过帮助，他们已经给予他回报了，准许他在库诺斯克法莱战役后继续执政，而没有按照埃托利亚人的要求替换掉他，罗马人觉得不再欠他什么了。罗马人用四个强国取代了他们早期来到这里时，希腊和小亚细亚存在的为数众多的所有小国。这四个国家就是希腊的阿哈伊亚同盟和马其顿，以及小亚细亚的帕加马和罗得岛。腓力的王国现在作为四者之一被予以保留。

但在腓力心里，这种冷落越来越难受，他的怨恨显而易见，众人皆知。有一个故事说，他余生的每一天都让人给他宣读前196年签订的和约条款，品尝自己酿成的苦果。[25] 到了前188年秋，也就是战争结束后仅仅几个月，乌尔索从小亚细亚撤出罗马军队，他返回希腊西海岸的路线穿过色雷斯和马其顿。乌尔索遭到一个色雷斯部落联盟攻击，牺牲了许多士兵，损失了一些战利品（如前所述）。有谣言说是腓力唆使色雷斯人发动进攻的，总之，他已经下定了重新发动战争的决心。

铁 拳

罗马人打败安条克，是他们在不到二十年的时间里第三次战胜地中海超级强国，这三个国家分别是迦太基、马其顿以及现在的塞琉古王国。三个国家都无法完全恢复，罗马人控制了局势。地中海的态势已发生永久性改变，认识到这样的事实后，罗马也改变了其统治风格。强加给小亚细亚与希腊的解决方案毫不掩饰地表明希腊人的自由无足重轻。西庇阿兄弟制定的新罗马政策同样是这种基本思路的扩展，这种思路就是建立权力平衡，使所有涉及的主要势力都依附罗马。而弗拉米尼努斯至少摆出信任希腊人可以管理自己事务的假象，并维持这种假象以笼络希腊人。

145

但现在罗马人决定着地中海国际事务的规范和标准，他们感到不再需要弗拉米努斯的伪装了。按照更为直接的西庇阿政策，根本没有必要哄希腊人高兴，只要他们顺从就行。弗拉米努斯所倡导的依赖罗马权威的策略，已被罗马人改为直接依赖武力威胁的政策。罗马人潮涨潮落般的撤出与返回已让希腊人明白，天鹅绒手套将会被很快脱掉。同时，通过权力平衡建立的四个强国认识到，他们的地方权力取决于罗马的善心，而罗马人的善心则取决于他们的规规矩矩。各种预言让喜欢相信预言的罗马人确信，打败安条克是迈向统治世界最后的重要一步，罗马人采取的行动是正当的，在亚述、米底、波斯和马其顿等四个帝国之后，将出现更为辉煌的第五个，也是最后一个横跨"全世界"的帝国。[26]

1997 年，在土耳其中部一个村庄发现的一篇铭文被发表。这篇铭文保存了欧迈尼斯写给泰勒阿依乌姆（Tyriaeum）的三封（或者说两封多一点）信函，该镇是安条克被打败后欧迈尼斯继承塞琉古帝国的许多地方之一。我们并不关心信中的细节，但第一封信中的一句话证实了我们的猜测。欧迈尼斯向泰勒阿依乌姆的市民保证，他给予这座城市的所有恩惠都是可靠的，因为他的权威由罗马人担保。[27]他非常清楚，罗得岛人无疑也清楚，他的权威是罗马人给的，因此也可以被罗马随意剥夺。此外，他给臣民留下的印象就是，他的权力实际上就是承袭的罗马权力。显然，他喜欢做傀儡。帕加马在这一时期当然十分兴旺。

146　　几年之前，亚洲的希腊城市特奥斯（Teos）的民众提出，作为圣地，他们的城市不容侵犯，一位罗马裁判官写信回应了他们的请求。[28]与上封信函一样，我们不关心其中的细节（特奥斯被授予不可侵犯的地位，他们自豪地将这封信作为铭文保存下来），因为最重要的是最后一句话。这位罗马裁判官是这样告诉特奥斯人的，"只要将来你们对我们保持善意"，罗马人会继续善待他们。希腊人将获得自由，条件是他们不能忘记恩人是谁，并且表现得规规矩矩。

所以，撇开铭文不提，我们还发现欧迈尼斯对元老院始终十分谄媚。例如在元老院的一次演讲中，[29] 他承认自己是其最伟大而最忠实的盟友，并提醒他们，他本人一贯竭尽全力为罗马做好事。他的另一次演讲则反映出泰勒阿依乌姆铭文中的观点，他向元老院承认，他王国的"伟大和卓越应该归功于你们"，最后还说他与所有罗马盟友一样，完全依赖于罗马。[30] 当然，在这两种情况下，他都在试图操纵元老院为自己谋利益，但他懂得开启他们施以恩惠的钥匙。

从现在起，这种做法就成为巴结元老院的唯一途径。前189年，埃托利亚人因为找元老院时未能体现足够的谦卑而遭到责备。前172年，一些迦太基派往元老院的使者于元老院成员面前匍匐在地，得到了想要的东西。前167年，比提尼亚的普鲁西亚斯二世，尽管身为国王也匍匐在地，还称成员们为救世之神。傲慢的罗马人认为自己可以为所欲为，与之对应的自然是顺从和谄媚。由于罗马人决心在地中海消灭所有对手，所以时常说他们一定会取得成功便可以取悦他们。[31] 欧迈尼斯非常成功地证明自己是罗马的一条宠物狗，因而为后人所铭记。前1世纪中叶从事写作的历史学家萨卢斯特（Sallust）说，罗马人"让欧迈尼斯成为他们占领的领土的托管人，使用税收和侮辱把他从国王变成最卑躬屈膝的奴隶"。[32]

当时人们认识到，不管撤军与否，罗马人现在就是地中海

147　地区的主宰者。前 189 年，在对元老院的一次讲话中，一个罗得岛人宣称（根据我们的资料来源），众神已将整个已知世界的统治权授予罗马，他说罗马在东方维持控制，依靠的不是常驻军队而是"管辖权"：所有被罗马武力征服的领土，现在应该接受罗马的管辖，前安条克帝国的臣民会非常乐意他们的自由受到罗马武器的保护。[33] 这篇讲话表明，当时人民已经意识到这种新的遥控方式的本质所在，即首先是使用武力，然后以再次入侵的威胁支撑权威。在李维的著作中，其他演说者也显示了同样的认知。前 192 年，一位安条克的发言人描述"整个世界""服从于罗马的意志与支配"。[34] 相对来说，常驻军队与否并不重要。承认罗马高高在上成了一种可接受的代替直接统治的选择。

第八章　远程控制

在叙利亚-埃托利亚战争的过程中，罗马人有预谋地把自己的影响扩大到亚洲，并在希腊进一步巩固这种影响。小亚细亚现在处于更偏远的外围，而希腊则更靠近中心，更容易控制。到前188年战争结束时，波利比乌斯认定的始于前217年的进程，即地中海两部分融合成为罗马统治下的有机整体，已不可逆转。在东地中海，所有人都求助于罗马，从寻求建议到寻求援助无所不求，由此他们把自己定位于以罗马为中心的外围地区。当然，希腊地区各邦国仍然进行互动，他们是邻居、老朋友或对手，他们在会议桌上见面，偶尔（尽管比以前少得多）在战场上相遇。然而，现在罗马是所有重要事务、所有可能对地中海地区产生广泛影响的事务的接受方和仲裁人。与此同时，罗马还继续（如在前195年纳比斯案例上一样）不时地干涉当地事务。这种偶然干预的策略很有效果，它让那种依赖罗马的请求源源不断，因为请愿者永远不知道他们会在什么时候取得成功。

罗马占据典型的帝国主义位置，即一个拥有附属周边地区的统治中心，但这个帝国是以一种不同寻常的方式实现的。使希腊成为一个永久而有利可图的，拥有军队、殖民行政机构并缴纳贡金的行省，罗马人还有很长的路要走。不过，首先得感谢弗拉米尼努斯，罗马人发明了多种替代工具，使他们得以通

过远程控制维持他们尚在萌芽中的东部帝国。但弗拉米努斯
149 仅仅依靠外交理念，以此来长期支配罗马与其他国家的关系。
在这些理念当中，最重要的是友谊。

外交友谊

我们仍然从友好关系的角度来考察国与国之间的关系。由
美国十三个殖民地组成的邦联的最初条款规定，各殖民地之间
彼此友好。我们经常谈论美国与英国之间的"特殊关系"。这
种思维方式在古代世界甚至更为寻常。几个世纪以来，地中海
的许多外交活动都是由贵族进行的，他们与其他国家的贵族有
特殊的关系［希腊人称之为"仪式化友谊"（xenia）］，无论
这些贵族是希腊人还是非希腊人。甚至到了罗马时代，与其说
是"罗马"与"雅典"建立了关系，不如说是"罗马人"与
"雅典人"建立了关系。与其将邦国视为拥有边界的地理实
体，倒不如将其认作不同的人民。从这一点出发，我们更容易
从友好关系的角度来思考问题。

邦国、人民或国王可以通过多种方式成为"罗马的盟
友"。条约规定的完全结盟是一种，但在罗马最初与希腊人打
交道时很少采用。他们与阿哈伊亚人签订的是联盟条约（前
192 年），与腓力（前 196 年）、埃托利亚人（前 189 年）以
及安条克（前 188 年）签订的是和平条约，但他们间其他所
有关系都是非正式的。所有被接纳为罗马盟友的人都有一份记
录［即所谓朋友名单（formula amicorum）］，元老院对盟友们
该如何表现肯定有一种判断，他们在外交政策方面采取的许多
对策正是凭着这种判断，但没有书面规定。这种情况与罗马统
治下的西班牙不同，那里的居民被认为是野蛮人，没有真正的

政治结构，需要罗马更为直接的控制。然而，希腊人是有文化教养的文明人，已经拥有各种机构，罗马人可以指望他们自己管理自己（或者由他们的代理人，如欧迈尼斯或罗得岛人来管理），罗马人则维持一种更为遥远的存在感。

一个国家还可以通过其他方式成为罗马的盟友。军事合作，甚至仅仅外交合作就可以成为盟友；有时自愿或非自愿地向罗马投降也能导致盟友关系建立，因为大家都知道，现在占据统治地位的罗马人不会提出太离谱的要求。在罗马人熟悉的一种个人友谊模式中，人们期待地位较低的伙伴向地位较高的伙伴提供一系列的服务，如资金筹集、法律咨询、住宿、保险，等等——这些服务在共和国中期的罗马几乎是不存在的。从国与国之间的友谊关系中所得到的也与此类似。罗马的盟友们不但需要彬彬有礼，能提供服务，忠心耿耿，而且不能对罗马的安全构成威胁，通过提供士兵、物资、供给、情报以及建议来帮助罗马人进行战争。未能做到这些就可能被视为破坏友好关系。

罗马可能会寻求这样的帮助，但这种帮助最好不请自来。同时，罗马还期待盟友帮助罗马人维持和平，例如在两个威胁和平的国家之间进行调解。罗马的盟友在采取任何极端的行动之前应与罗马进行协商。他们有权在任何时候前往罗马，申述自己的情况，而其他人去罗马则需要征得当地罗马军队指挥官的许可，若在战争期间则还需要获得临时停战同意，让他们有时间出行。因此，对非盟友的一方来说，好的策略是让一位罗马盟友作为第三方前往罗马，代为陈述情况。只有正式盟友才被允许越过城界，即古城墙外紧挨的边界，用以区分"罗马"和"外部世界"。作为一种侮辱，来自非盟友国家的大使可能被拒在城界之外，没完没了地等待。

作为盟友，罗马人也有义务。在这种交易中，罗马一方的义务是，在发生危机时，通过外交手段或别无选择时采取军事干预来保卫盟友的自由。在地方层面，他们会帮助具体城市中那些其诉求似乎可以增强罗马利益的派别或政治组织。然而所有这些都不是铁定的，盟友关系比这个灵活得多。不存在必然的等式，如"发生 A 事件会得到 B 反应"。显然，向罗马请愿的希腊人常常希望罗马武力干预，[1] 但对罗马人而言，做出任何一种反应都是可能的，从无动于衷到入侵，国家之间的友谊和人与人之间的友谊一样灵活。盟友应该表现得像盟友，仅此而已。由于存在义务的基本保障，国际盟友们甚至不需要喜欢对方。

这种制度有优点也有缺点，但大多数缺点都在从属伙伴一方。与不平等的个人友谊一样，这种关系通常由占支配地位的一方确定被支配一方的行为是否得当，确定做出严厉或仁慈的反应。因此，在从希腊撤出前，弗拉米努斯就警告希腊人，必须以负责任的态度行使自己的自由。[2] 罗马使团坚持认为安条克必须从色雷斯撤出，对这一主张的强调表明作为已与罗马人建立友谊的一方，安条克不应在色雷斯进行冒险行动。

罗马人不能太过肆无忌惮，否则就会危及建立在模糊概念上的整个纸牌屋，即整个盟友圈。不过，在通常情况下，被支配一方有比罗马本身小得多的回旋余地，而且常常被迫顾虑重重，不得不事先猜想自己能够侥幸逃脱什么惩罚，罗马会做出什么样的反应。当然，也有一些出格的情况，比如罗马的一个盟友向另一个盟友开战，但总体上存在很大的灵活性。培育恐惧感是一种十分划算的统治方式，一种实施远程控制的有用工具。[3]从这个角度看，希腊人争取独立的努力纯属徒劳，但罗马人仍然没有派驻任何军事机构，所以甚至有些他们不赞成的行为，只要不是太极端，不影响到元老院认为十分重要的其他事情，还是可能逃脱惩罚的。罗马人这种前后矛盾的反应本身就是一种让人屈从的工具，因为它使盟友和敌人都感到不确定性和恐惧。

对于罗马人来说，弗拉米尼努斯希腊外交的最大优势之一，是它加强了他们与希腊各邦国之间关系的不对称性。通过给予"自由"这种礼物，弗拉米尼努斯一举让他们全部成为罗马的从属性盟友。据传拿破仑曾说过，"施舍之手高于受惠之手"。即使弗拉米尼努斯政策的缺点很快显现，但"自由"这种言辞仍然被人使用，正是因为它强化了不对称性。不仅罗马的盟友们被迫认识到自己的从属地位，而且所谓与罗马平等的方面也是如此。尽管我们手头没有前192年的条约文本，但从对这份条约的提及之处可以清楚地看出，这是一份平等国家之间的条约。[4]然而在整个前180年代，罗马明显在欺凌阿哈伊亚人，他们不断试探，强迫阿哈伊亚人按罗马人的意志行事，直到前184年的阿哈伊亚将军十分恼怒地对一位罗马使节高喊："你们说我们签订的条约看起来是平等的！实际上阿哈伊亚的自由十分脆弱，所有的权力都属于罗马！"[5]

罗马与其附属的伙伴之间的关系主要靠外交来维持与发展。安条克战败后，小亚细亚"几乎所有民族和部落"立即向罗马派出使团，[6]这种做法从小亚细亚和希腊延续下来。这样的做法肯定给元老院增加了大量烦琐的事务，但成员们似乎

152

将其视为远程控制策略的必然结果，甚至期望友邦向他们咨询一些小事。[7]这是一种维持控制所需的明显而出于本能的方式，所有拥有职场或家庭人际关系经验的人都熟悉这一点。

这种行事方式还直接植入希腊人的思维模式：希腊各邦国总是依据等级次序来看待自己与其他国家的关系，每次向罗马求助时，都维持罗马的地位高于其他国家。也许希腊人向罗马请愿并非出于自身利益考虑，但这并没有关系。绝大多数外交使团的倡议是希腊人自己而不是罗马人提出的，这同样没有什么关系。外交手段依然是为了维持等级次序。19世纪初的军事理论家卡尔·冯·克劳塞维茨（Carl von Clausewitz）有句著名的俏皮话：战争是以其他方式实现外交目标的继续。对共和国中期的罗马人来说，外交和战争一样，都是征服的工具。他们安排所有事情的目的，就是让希腊各邦国求助于罗马，让他们彼此分裂，并使其内部分裂成亲罗马派和反罗马派。

希腊各邦国是以请愿者的身份前来的，但他们也常常带来自认为足以引起元老院警惕的消息，尤其是当罗马的反应是采取措施镇压或谴责制造麻烦的邻国时，他们可以从中获利。他们巧言令色，称这种消息好像对权力平衡构成威胁。由于权力平衡通常非常脆弱，所以罗马人感到必须至少每年派出一个由元老院成员组成的调查团，对这些请愿做出回应。定期派出调查团成为远程控制的另一种工具。提醒所有重要的希腊邦国以及许多次要的邦国，要注意对罗马的立场；提醒各国注意这些特使明示或暗示的军事干预威胁。各个邦国记得罗马人战时的残暴手段，这种残暴就是为了让敌人顺从，他们还被提醒作为罗马盟友应该承担的义务。当然，发展这种外交关系的唯一途径，就是让罗马盟友们进一步屈服于罗马的权威和力量。权力平衡对罗马之所以重要，根本原因在于它能确保罗马在挥舞权力大棒方面真正地高人一等。

罗马人在意大利扩张之初就发现，只要愿意帮助当地精英保持权力，他们通常就愿意接受罗马人的霸主地位。所有时代、所有地方的帝国主义者都深谙此道，尤其是在实施"间接统治"的英属印度。让权力拥有者发财就能培养他们的忠诚。[8]如同在意大利一样，在希腊和小亚细亚，罗马倾向于让当地精英掌权，让他们管理自己的社区。例如在色萨利，弗拉米尼努斯"依据财产选择委员会和法官"。[9]

但罗马人支持精英阶层并非革命性之举，其他因素也容易让城市越来越多地依赖当地富豪。例如，公民贫困化使当地富人必须承担政府管理的费用以及职责，结果许多希腊城市此时都成为寡头政治或隐蔽的寡头政治。罗马人只是加速了这一进程。然而，声称罗马在东方进行的所有战争都是阶级战争却属于马克思主义式的夸大。普通老百姓，就他们能被倾听的程度而言，可能很难从生活质量方面区分是罗马人统治还是马其顿人统治。在很大程度上是那些精英，即那些拥有权力的人，自行分成支持和反对罗马的两派，并运用他们的说服力来争取普通民众支持他们各自的事业。

154

希腊中部

叙利亚-埃托利亚战争结束后罗马统治的确立，至少对抑制希腊的主要战争具有积极作用，这是对罗马治下的和平（Pax Romana）的第一次尝试。但小亚细亚是另一回事，除了腓力在色雷斯发动的战役以及阿哈伊亚人与麦西尼人之间持续的冲突以外，在前180和前170年代，巴尔干半岛的希腊人重新恢复了正常的生活和活动，力图从几十年来的毁灭性灾难中恢复过来。尽管如此，这里的空气中仍充满火药味，紧张局势逐步升级。原因是罗马收到的大量投诉内容涉及马其顿的活动，元老院显然欢迎这样的请愿，而且仍然倾向于把马其顿统治者往最坏处想。[10]

　　在和平年代，就有许多迹象表明权力平衡并不稳定。撤军尚未完成，元老院就不断收到有关埃托利亚人在德尔斐及其周围活动的投诉。剥夺埃托利亚人对这一神圣中心以及设在该中心享有声望的邻邦同盟会议（Amphictyonic Council）的控制，是罗马人削弱埃托利亚同盟的重要举措。德尔斐被宣布为自由之地，连埃托利亚人私人的土地也被立刻没收。[11] 但和平条款已经使埃托利亚破产，个人和国家都陷入财务困境。几年后，同盟不得不实施全面的债务减免，以减轻个人的痛苦。[12] 自然而然，一些埃托利亚人试图收回先前被遗弃在自己庄园的一些财产，尤其是奴隶和羊群。德尔斐特使向元老院投诉这些抢劫行为，并请求重申他们从埃托利亚中解放出来的自由。然而，这些特使在从罗马回国的路上却遭到暗杀，大概被埃托利亚人所杀。在完成对克法利尼亚岛的征服后，富尔维乌斯接到命令立即赶往德尔斐，监督驱逐埃托利亚人并将偷窃的所有财物归还给德尔斐人。[13]

155　　然后，也是在前188年，麻烦不断的彼奥提亚又出现了新的麻烦。在弗拉米尼努斯的煽动下，元老院致函彼奥提亚当局，命令他们为流放国外的朱克西帕斯和其他亲罗马派别成员平反，在反罗马派领袖布拉奇拉斯被暗杀后，这些人被驱逐出境。亲马其顿的彼奥提亚人做出了回应，他们谴责缺席的朱克西帕斯应对这次暗杀（另外还有一桩抢劫神庙案）负责，然后礼貌地解释说，他们无法允许这样一个可怕的罪犯回到他们的领地。朱克西帕斯亲自来到元老院，元老院要求阿哈伊亚人和埃托利亚人确保他得到平反。埃托利亚人无动于衷，而菲洛皮门则抓住这个机会要求解决阿哈伊亚人在彼奥提亚的许多财产索赔问题。局势一时变得非常紧张，元老院坚持必须履行其有关朱克西帕斯的命令，从而明智地避免了局势恶化。最后，局势自行平静了下来。

以上两个案例中的第一个，也就是德尔斐出现的动荡，波利比乌斯（还有李维）并没有记录，我们只是从各种铭文中了解到有关情况。毫无疑问，如果有更多铭文留存下来，我们会知道更多这样的案例。鉴于自前196年起罗马人一直为希腊地区所做的各种宏大安排，这样的案例可能有数十甚至数百件。然而，这两个案例却明白无误地表明希腊仍不稳定，而且无论有没有军队，罗马人都期望在当地希腊人的事务中拥有话语权。在叙利亚-埃托利亚战争后的数年里，他们继续参与希腊事务，因此越来越不可避免地把希腊视为附属于自己的卫星国。

伯罗奔尼撒

自前188年罗马人撤出后的十年里，最严重的动荡发生在伯罗奔尼撒内部。事实证明，阿哈伊亚同盟对斯巴达的吞并麻烦重重：斯巴达之前就一直处于剧烈动荡之中，数十位领袖人物最终流亡国外。在斯巴达加入同盟后，这些人要求恢复职务并重获他们的家庭财产，因此阿哈伊亚人面对的是极其复杂且耗时已久的索赔，其日期要追溯到三十年甚至更久以前，同时他们还要面对那些要求斯巴达独立和罗马充当担保方的敌对政

156

治派别。并且像往常一样，这里还有麦西尼问题。麦西尼在前191年才重新加入同盟，到前183年却脱离同盟。麦西尼重新加盟的条款使其损失了一些偏远村庄和城镇，也许正是在这个问题上的不满才导致了新的叛乱。

罗马人连续派出资深使者到访——前185年派昆图斯·凯奇利乌斯·梅特路斯（Quintus Caecilius Metellus），前184年派阿庇乌斯·克劳狄乌斯·普尔喀（Appius Claudius Pulcher），前183年派昆图斯·马修斯·菲利普斯（Quintus Marcius Philippus）——尽最大努力来保持他们对局势的控制，并化解不断增长的潜在暴力倾向。但菲洛皮门及其集团在同盟内部依然强大，他们憎恨罗马人的干涉。他们坚持自行解决伯罗奔尼撒问题的立场激怒了罗马使者。这些使者返回罗马后，都提出了该同盟不愿妥协的不利报告。不但同盟与罗马之间的裂痕在扩大，而且罗马人的敌对立场增强了一些阿哈伊亚人尤其是卡利克拉特（Callicrates）的地位，而这些人更愿意与罗马和解，认为同盟现在的生存依赖于对罗马的服从。

在前183年与前182年之交的冬天，与麦西尼开战的一切准备就绪（菲洛皮门生病除外），阿哈伊亚人首先向元老院寻求军事帮助，因为他们之间签订的条约按照传统说法进行了规定，一方的敌人或盟友也是另一方的敌人或盟友。然而在提出这一请求的会议上，恰逢马修斯发表不利于阿哈伊亚同盟的报告，于是元老院给出非同寻常的答复：罗马人不但不会帮助他们冒这种险，而且即使阿哈伊亚同盟的其他成员要脱离同盟，他们也会袖手旁观。元老院狡辩说，同盟的事务与他们无关，但这种说法是完全虚伪的，因为他们只要愿意，随时都能参与同盟事务。他们试图削弱阿哈伊亚同盟，先后鼓动斯巴达和同盟其他成员分裂出来，这样势必让敌对的阿哈伊亚政客争斗不息。亲罗马人士认为，没有罗马的参与，同盟就会解散，而反罗马人士则坚定了单独行动的决心。

菲洛皮门不顾疾病在身和七十岁高龄，从病床上跳下来，率领部队试图夺回麦西尼，却被敌人俘虏并在城内处决。这种屠杀是徒劳的，因为菲洛皮门派现在的领导人吕科塔斯（Lycortas，波利比乌斯之父）很快就将这座城市重新并入同盟。更多领土被从麦西尼瓜分出去，与前188年的斯巴达一样，反阿哈伊亚人士遭到残暴的消灭。随后又发生了更多的土地纠纷，但吕科塔斯的解决方案仍然维持了一段时间。与此同时，斯巴达受到罗马人的暗示，再次退出了同盟，但吕科塔斯在麦西尼获胜后，把斯巴达重新并入同盟。

但斯巴达社会内部仍然存在许多分歧。目前真正的风险在于，罗马人对菲洛皮门派的顽抗越来越没有耐心，将要对同盟采取某种行动。在这种情况下，也许幸运的是，菲洛皮门的死让其政治对手获得了更大的权力，一位阿哈伊亚政治家受到罗马人的青睐。在前180年担任将军以及前179年出使罗马期间，卡利克拉特因麦西尼处置方案和斯巴达问题的最终解决方式获得罗马的赞赏。原因并非这些措施以前没有被试过，而是因为大家知道他得到了罗马的支持。

事实上，按照波利比乌斯的说法，卡利克拉特在罗马对元老院成员大放厥词，告诉他们应该在希腊问题上表现出更多的自信，声称解决斯巴达等地方问题的唯一办法，就是在任何情况下都要让人们明白，罗马人站在哪一边，希望看到什么样的结果。罗马人不应该只提建议，而是要发号施令。由于这些话语隐含武力威胁，希腊政治家很快就明白，他们别无选择，只能按罗马的吩咐去做，所有的希腊邦国很快都成为罗马人的傀儡。

　　波利比乌斯在这里的做法，就是通过他对卡利克拉特的憎恶，给他所正确认定的斯巴达问题结局贴上个人的标签。这个结局就是阿哈伊亚和整个希腊地区的亲罗马派都得到很大增强。元老院成员支持卡利克拉特就是向希腊领导人表明，他们希望看到更多的内奸当权。成员们还给许多希腊邦国致函，要求他们明白罗马人这次为斯巴达制定的规则由阿哈伊亚人来执行。这是一项明智之举，所有相关邦国（伊庇鲁斯、埃托利亚、阿卡纳尼亚和雅典）立刻明白罗马人期望他们未来如何表现。从长远看，无论对阿哈伊亚人，还是对其他所有人来说，平等显然不再是一种选项。问题正是由罗马人与阿哈伊亚人先前签订的平等条约引起的，根据这项条约，菲洛皮门派错误地认为有权推行自己的政策。从法律上讲，他们并没有错，但他们对地中海新的现实缺乏把握，从而给了卡利克拉特推翻他们的杠杆。因此，在接下来的二十年里，卡利克拉特集团掌握了同盟中的绝大部分权力。

马其顿

　　我们前边已经看到，在与安条克的战争结束后，腓力的境况似乎比以前好了一些，他的国家是罗马人为实现全面均衡而刻意保留的四个强国之一。实现全面均衡的四个强国是，希腊地区的阿哈伊亚同盟和马其顿，以及小亚细亚的帕加马和罗得岛。但腓力仍然感觉自己受到冷落。他为罗马人提供了良好的服务，例如在前190年与前189年之交的冬季承受被埃托利亚人打败的苦果，或前189年让长子珀尔修斯率军围攻安布拉基亚。然而，安条克战败后，罗马人无须继续讨好腓力。罗马人没有与他或者他的任何盟友商议，就与埃托利亚人议和，而且没有给予他任何奖赏。为了追求希腊地区的力量平衡，罗马人甚至让埃托利亚人得到一些好处，把腓力垂涎的欧洲领土赠予欧迈尼斯这位亚洲国王。

作为一位希腊化国王，腓力的选择是有限的。如果他什么都不做，就会丢失面子，甚至面临从马其顿内部被驱逐的危险。马其顿历史上有过许多这样的先例。在他统治的最后几年里，某些时刻他确实感到有必要处死一些马其顿贵族。我们无法确信他们阴谋的目的是不是要取代腓力登上王位，但很难看到除此以外的其他可能。因此，腓力准备采取军事手段进行抵抗。现在明显的是，只要安条克还构成威胁，罗马人就把他当盟友对待，同样明显的是，他们也打算打压他。

前187年或前186年，腓力开始行动，占领了埃努斯（Aenus）[①] 和马罗尼亚（Maronea），安条克在此的驻军于战争结束时被清除。欧迈尼斯对此提出措辞严厉的抱怨，因为在解决方案中这两个地方都被奖赏给了他。前185年，凯奇利乌斯·梅特路斯来希腊时，安排了两次会议，听取针对腓力的所有投诉，并给腓力一次为自己辩护的机会。结果，腓力被命令立即撤出他在战争期间以及战后占领的所有领土。与前196年一样，马其顿被缩减到"古代边界"之内。[14] 对腓力来说，这是毁灭性的打击，但也许并不令人感到意外，因为许多这样的属地正是在与埃托利亚签订条约时于不祥的沉默中被略过的。腓力别无选择，只有照办，但他在会议上警告说："马其顿的

① 即今土耳其城市埃内兹（Enez）。

太阳并未落山。"[15]

前184年，在撤离的混乱中，一群色雷斯人冲进了马罗尼亚，屠杀了所有反对马其顿统治的重要人士。这一事件正好发生在克劳狄乌斯·普尔喀作为大使到访之前，而此次访问的主要目的，就是解决前一年色萨利人和帕加马人投诉腓力撤军进度太慢的问题。克劳狄乌斯指责腓力实施屠杀，但腓力否认对此事负有责任，并将其归咎于马罗尼亚人内部的派系斗争。克劳狄乌斯不为所动，坚持要把主事者送到罗马接受审判。众所周知，此人奉腓力之命，煽动了屠杀。腓力同意了——但此人还未到达罗马就被谋杀了。

为应对这些指控，也许也是为了争取时间，腓力派出一个高级别代表团前往罗马，代表团由几位亲密顾问和他的儿子、时年二十四岁的德米特里组成。作为头面人物，德米特里是腓力派往罗马的最佳人选，因为他早年作为人质在罗马逗留期间结交了一些很有影响力的盟友。事实上，元老院成员们同情被置于如此紧张处境中的德米特里。他们打发他返回马其顿，并给他的父亲带信说：只是因为德米特里来了，他们才不再追究这些指控，但另一个使团将很快被派出，确保从今以后腓力等人遵守解决方案的各项规定。

另外一个使团就是前183年由马修斯·菲利普斯率领的调查团。他带回罗马有关腓力极为负面的报告。马修斯告诉元老院，腓力只遵守条约的字面规定，且只以最低标准执行。更重要的是，他还告诉元老院，他坚信腓力正在为战争做准备。例如，他把偏远地区的人口重新安置在马其顿中心地区，而把色雷斯人迁移到废弃的边远地区。这是腓力为补充马其顿人口，进而补充其军队而采取的一系列措施之一。按照马其顿的制度，作为对国王赐予土地的回报，定居者必须在军队中服役。当然，腓力驻扎在埃努斯、马罗尼亚和其他地区的军队正在返回，他还一直暗地里使用雇佣军。与此同时，他尽最大努力使马其顿的农田、森林和矿山全面恢复生产，以最大限度地增加收入。展望未来，他鼓励自己的臣民利用这段和平时期生儿育女。因此，元老院对马修斯的回应是，感谢腓力遵守条约，同时警告腓力，即使是表面上的不服从也是不被容忍的。当然，这并不表明罗马对此漠不关心，腓力也不这样看，他知道罗马人只是在等待时机。

希腊化国王必须进行战争，但腓力没有武力对抗罗马人的资本。因此，在整个前180年代末期，他连续征战北方不属于希腊人的色雷斯人和其他部落，直到在那里建立了比他之前任何一位国王建立的都大的马其顿势力。这是埃努斯和马罗尼亚变得对他十分重要的原因之一：如果没有靠海的这些地方，那些内陆地区就没有多少用处。既然不能拥有埃努斯和马罗尼亚，腓力转而与拜占庭建立良好关系，派军队帮助他们处理一些我们无从知晓细节的事务。

腓力的首要目标是招募士兵。他征服了北方部落，甚至与他们结盟［例如，珀尔修斯娶了一位巴斯塔奈（Bastarnae）公主，腓力还把自己的一个女儿嫁给一位色雷斯君主］，这些部落就有义务在腓力的军队中服役。欧迈尼斯后来宣称，色雷斯成为马其顿永不枯竭的兵源地。[16]腓力的第二个目标就是安全，他要巴斯塔奈人（最近迁移到多瑙河以北的一个日耳曼部落）帮他对抗达达尼亚人。这样做也存在风险，因为至少一些由巴托控制的达达尼亚部落在战争中曾帮助罗马人。但消除长期存在的达达尼亚威胁一直是马其顿人的梦想。

161

所有人都知道，罗马人乐于倾听对腓力的抱怨，所以腓力在色雷斯采取的行动导致大批使者前往罗马。仅在前184年与前183年之交的冬天，元老院就用整整三天的时间来处理对腓力提出的抱怨。[17]上访者竭尽全力将腓力发动的战役描绘成对权力平衡，甚至对罗马的威胁。他们知道罗马害怕什么，全然不顾可能与否，就把腓力与巴斯塔奈人之间的交易编造成前者试图劝说后者入侵意大利。实际上，腓力采取的行动只是为了巩固他的王国以及他的王位。具有讽刺意味的是，通过与北方边界上的部落达成和解，腓力正在把马其顿建成弗拉米尼努斯曾设想的那种抵御北方势力的堡垒。[18]但所有人都知道，罗马人也在密切地监视他的活动。

分裂的宫廷

毫无疑问，在腓力的两个儿子中，罗马人偏爱德米特里。前184年，在这位年轻的王子到访罗马后，弗拉米尼努斯并没有依照职权行事，而是以希腊高级专家的身份接待他，甚至写信给腓力，说随时欢迎德米特里到访罗马。但是，除了这一确凿的事实之外，马其顿历史上这段非常有趣的插曲已被传言、流言、情节剧和宣传严重玷污，因为在马其顿的权力交接时往往容易发生政变或未遂政变。腓力有病在身，且年近六旬，时日不多。在这种情况下，认为罗马人试图培养德米特里接替父亲的统治不无道理。没有什么比这种结果更符合远程控制的政策了，而且在后来的帝国历史中，罗马人大量利用对其友好的国王，尤其在帝国的边境上。德米特里会成为马其顿的卡利克拉特，即罗马人希望看到掌权的那种人——顺从罗马的领导人。

这正是我们从波利比乌斯那里听到的故事。他声称，德米特里访问罗马期间，弗拉米尼努斯和其他人把王子拉到一边，开始诱惑他，说他们能帮他获得马其顿的王位，替代其长兄珀尔修斯。[19] 在希腊化宫廷，长子通常是继任王位的主要候选人，但并非绝对如此。然而，按照传统的马其顿方式，珀尔修斯显然已经被选定为继承人：从他很小开始，腓力就派他指挥重大战役，前183年，腓力还把培奥尼亚的一座要塞镇起名为珀尔塞斯（Perseis），那是马其顿与达达尼亚人之间的敏感地区。[20]

弗拉米尼努斯和德米特里之间任何涉及这类内容的谈话当然都是私密的。尽管如此，在佩拉，人们还是相信这些事情确实发生了，因为腓力后来曾派亲信到罗马，试图通过关系调查事情真相。但这并不能证明这种谈话确实发生过。散布这种谣言可能是诽谤德米特里并在马其顿宫廷制造不和的阴谋的一部分。后来伪造的一封信也出于同样的目的。但我们不应草率地忽略这件事，因为弗拉米尼努斯完全有可能做这种事情。令人费解的是，到访罗马之前，德米特里与长兄之间并没有感情不好的记录，而大量证据表明他们之间的感情后来出现了问题。

最有可能的情况也许是，前184年，德米特里从罗马归来，得到了罗马人的垂爱，自尊心因此大为膨胀，但也仅此而已。然而在回国后，他对罗马的态度与他父亲和长兄的截然不同。对他的父亲和长兄来说，任何关于承认罗马权威的暗示都带有叛国和失败主义的意味，但马其顿与希腊地区各个邦国一样，也有一些人赞成与罗马和解，将此作为一种生存的手段，他们开始聚集在德米特里周围。最后，跟阿哈伊亚同盟一样，

163

马其顿也一分为二，仿佛存在两个宫廷，一个以德米特里为中心，另一个以腓力和珀尔修斯为中心。珀尔修斯甚至开始怀疑自己能否继承王位。这就是我们需要解释的两兄弟之间芥蒂的所有起因：没有必要谈论弗拉米尼努斯毫不隐讳地栽培德米特里，最好的解释来自珀尔修斯阵营的宣传，他们把德米特里描绘成外国入侵者的傀儡。

两个阵营开始了以谣言与含沙射影为内容的宣传战。珀尔修斯和德米特里是同父异母的兄弟，[21] 德米特里阵营开始诽谤珀尔修斯的母亲，说她出身低微，或者只是个小妾，因此珀尔修斯在合法性上不如德米特里。珀尔修斯甚至长得不像父亲，而德米特里却很像。[22] 在马其顿宫廷，这种策略并不罕见，连亚历山大大帝也饱受私生子出身的指责。[23] 但事实上珀尔修斯的母亲是位出身高贵的阿尔戈斯女子，是腓力的第一个妻子。

在前 182 年举行的公开仪式上，所有矛盾达到高潮。作战季节开始时，马其顿人要举行年度节日庆典，纪念英雄克珊托斯 (Xanthus)，[24] 其中的主要活动似乎是军队净化仪式。净化仪式后，部队要分为两队进行模拟战斗。在这次模拟战斗中，珀尔修斯率领一个队，德米特里率领另一个队，战斗比以往更加激烈和严肃，死亡人数差点相当于真实的战斗。事情本来已经平息，但当天晚上，德米特里和他的一些酒肉朋友却闯入珀尔修斯的聚会场所寻衅滋事，而珀尔修斯相信或假装相信，德米特里前来是为了继续在模拟战斗中的未竟之事。

德米特里看到珀尔修斯对父亲的影响，断定自己的日子屈指可数。他犯了一个错误，把自己的担心说给了其父的廷臣迪达斯 (Didas) 听，还说自己打算逃亡到罗马。迪达斯立即报

告腓力，腓力立刻加强了德米特里周围的警戒，同时等待一直
在罗马寻找对德米特里不利证据的间谍返回。间谍带回一封据
称是弗拉米尼努斯写的信，但这封信肯定是伪造的。如果真有
这样一封信，马其顿人尤其是腓力的那些盟友怎么能拿到它的
副本？这封信写得很隐晦，作为对据说是德米特里先前写的一
封信的系列回应。由于这封信提到德米特里"渴望得到王位"
并暗示罗马正在密谋让德米特里继承腓力的王位，这位年轻王
子气数已尽。[25] 根据腓力的指示，在前 181 年与前 180 年之交
的一次冬季宴会上，迪达斯毒死了德米特里，这是马其顿安提
柯王朝约一百三十年的统治期间唯一的宫廷谋杀事件，结果必
然造成罗马与马其顿之间的敌对情绪激增。

164

第九章　珀尔修斯的选择

　　前179年，万事俱备，把达达尼亚人赶出故土，代之以巴斯塔奈人的努力进入最后冲刺阶段。腓力即将实现马其顿人长久以来的梦想。他买通了沿途所有的军阀和部落首领，组织了一支由马其顿人、盟军以及雇佣军组成的庞大军队（其中马其顿军队的规模或许并未超过前196年和平条约设定的限制）。然而，刚打到安菲波利斯，他便被死神拿下。在他有生之年的近六十个春秋，世界发生了翻天覆地的变化，一个"荒蛮"国家让马其顿的权威黯然失色。在东地中海，他最先感受到罗马敌对的全部力量，这股力量被取得地中海统治权这种荣耀的强烈欲望驱动。珀尔修斯（见图9.1）取消了远征，

以对付由阿布鲁波里斯（Abrupolis）率领的另一支色雷斯部落趁机发动的入侵，而自行其是的巴斯塔奈人与色雷斯盟友闹翻，最终被达达尼亚人击退。

　　前179年，在罗马浓厚的怀疑气氛中，珀尔修斯继任马其顿国王。作为即将登基的国王，他立即开始重修旧有关系，建立新的关系，这是所有新任国王都必须做的。在消除了潜在的王位竞争对手后，他派遣特使前往罗马，请求罗马承认他的即位。请求得到批准，其父与罗马签订的条约也得以延续。在圣地德尔斐和提洛（Delos），他宣布对所有马其顿的政治和经济流亡者实行大赦。他协助解决了埃托利亚和

图 9.1　前 170 年代末 4 德拉克马银币上的珀尔修斯，他是马其顿最后一位，也是注定失败的一位国王。银币上的国王十分坚定地目视前方，当时他正被迫与罗马开战。

色萨利之间的麻烦，与彼奥提亚人缔结正式的军事联盟，甚至几乎与阿哈伊亚人建立了良好关系，只是亲罗马的卡利克拉特操纵了投票来反对珀尔修斯。这些都是珀尔修斯采取的大胆举措，他毫不掩饰马其顿对希腊地区表现出的持续兴趣。不久之后，他再次试图与阿哈伊亚人和好，可他的特使们甚至得不到会面许可。

在小亚细亚，珀尔修斯的妹妹嫁给了比提尼亚的普鲁西亚斯二世（于前 182 年继承了父亲的王位）。前 178 年，珀尔修斯本人迎娶了塞琉古（当时为塞琉古四世国王）的女儿拉俄狄刻（Laodice），从而修复了叙利亚-埃托利亚战争期间因马其顿被迫站在罗马一边而造成的紧张关系。由于根据与罗马签订的各种条约，叙利亚和马其顿都没有大的舰队，行动上受到限制，所以罗得岛人十分荣幸地送拉俄狄刻到马其顿，珀尔修斯慷慨地奖赏了他们。年轻的马其顿国王很快就在小亚细亚建立了十分有效的朋友网络。自然，帕加马被排除在外；同样自然的是，欧迈尼斯在珀尔修斯周围扮演的角色与他在腓力周围扮演的角色一样，也就是说，他是罗马的首席监督者和奴颜婢膝的告密者，专门报告涉嫌违法之事。他坚持认为，珀尔修斯开始采取的这些外交行动同样是在为战争做准备。

欧迈尼斯坚称，珀尔修斯本人正致力于恢复马其顿在希腊的霸权地位，而这一地位是如今罗马为自己保留的。罗马人听信欧迈尼斯的说法。珀尔修斯现在根本没有机会消除罗马对马其顿的长期怀疑。前175年，应达达尼亚人的呼请，罗马派出了第一个调查使团，调查珀尔修斯与巴斯塔奈人之间的关系。结果，跟先前对待其父一样，调查团警告珀尔修斯不得有违反他们之间签订的条约条款的任何表现。这是恐吓年轻统治者的粗暴行径，只会让后者耿耿于怀。

前174年，罗马人又回来了，他们担心马其顿与迦太基之间可能无害的外交礼节来往会成为达成协定的第一步，就像前215年腓力与汉尼拔达成的协定一样。但珀尔修斯为了以同样粗暴的态度显示他并未被吓到，他称病拒绝会见罗马来使。第二年，尽管罗马使节还没有离开希腊，珀尔修斯就入侵了多罗皮亚，那里的马其顿总督明显被拷打致死。由于入侵行动并未引起抗议，罗马人肯定将色萨利的多罗皮亚人视为马其顿的臣民，所以珀尔修斯并未违反条约，尽管多罗皮亚向罗马发出了请求。

这场战役成功结束后，珀尔修斯立即率领军队以和平的形式向德尔斐挺进。这是一次被过分渲染的行军，尽管携带武装，却是对希腊人神圣中心的善意访问。在德尔斐，珀尔修斯通过外交努力恢复了马其顿在具有影响力和声望的邻邦同盟会议中的席位。他的军队的闪亮登场发出了这样的信息，即他是希腊人的保护者。他出现在希腊的心脏，而罗马人却不在。希腊人反应积极，但珀尔修斯选择的是一条危险的道路。按照与罗马达成的条款，他不应带兵离开马其顿领土，现在他却带着军队来到希腊，尽管没有明显的敌意。

前173年，使节们回到罗马后就指控珀尔修斯准备与罗马开战。元老院派出另一个调查团到马其顿，而其他使节则被分派了各种各样的外交任务，其中一项经常性的任务就是竭力鼓动希腊各国与珀尔修斯作对。随着战争的临近，罗马人的行动证明他们自己才是真正的入侵者。

《阿帕梅亚和约》之后的帕加马

安条克（见图9.2）战败后陷入困境，很快情况变得更糟。战争期间，他从东部各个总督管辖的地区调出了大量驻军，使他们在帕提亚（Parthia，位于今伊朗东北部）安息（Arsacid）王朝的扩张主义面前不堪一击。[1] 安条克做出反应，但在掠夺位于波斯湾顶端埃利迈斯（Elymais）一座富有的庙宇的过程中丧生。埃利迈斯当时可能在敌人手中，但即便如此，这一事件说明维持王国运行的费用与15000塔兰特的赔款，使安条克走向极端。这种行为代表塞琉古王朝政策的彻底逆转。自从前3世纪获得帝国地位以来，他们一直谨慎地与琐罗亚斯德教（Zoroastrian，俗称拜火教）祭司进行合作，除国王外，祭司的权力最大，占有土地也最多。要保持和平，确保全体民众顺从，最好的办法就是绝对不要冒犯祭司们。安条克一定是陷入了绝望。这位差点实现塞琉古帝国复兴梦想的人，身后只留下原来帝国的一小部分。他的儿子塞琉古四世继承了王位（前187~前175年在位），不过我们对他的统治知之甚少。[2]

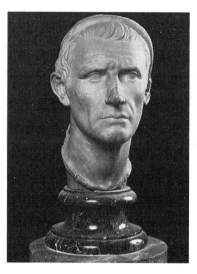

图 9.2　公元前 1 世纪或公元 1 世纪叙利亚安条克三世的头像。尽管他因发动东部战役赢得了"大帝"的称号，但鲁莽地抵抗罗马在希腊的扩张让他失去了半个王国。

169　　　罗马的意图就是实现小亚细亚的稳定，并维持对那里的远程控制，他们采取的方式就是只保留两个强国——罗得岛和帕加马——来维持和平。但是，如果说这一体制起初在只有阿哈伊亚同盟和马其顿两股强大势力的希腊地区取得不错的效果的话，在小亚细亚一开始就是一场灾难。欧迈尼斯得到罗马的支持而信心倍增，他现在视帕加马为大国。他与东面的卡帕多西亚，可能还与亚美尼亚（Armenia）结成联盟，与比提尼亚的普鲁西亚斯一世打了三年战争（前 186~前 183 年）。普鲁西亚斯一世对罗马人牺牲他的利益去奖赏欧迈尼斯领土感到不满，拒绝放弃这些领土，尤其是在他正忙于扩大自己的王国之际。

　　普鲁西亚斯在加拉太人当中找到了愿意合作的盟友，这些人反对乌尔索的解决方案，但罗马人一直对战争未加干涉，直到前 183 年欧迈尼斯报告说普鲁西亚斯得到腓力的帮助。因此弗拉米尼努斯被派去对普鲁西亚斯施加压力，让其接受前 188 年的解决方案。结果，欧迈尼斯在小亚细亚的地位得到进一步加强。在比提尼亚期间，弗拉米尼努斯还找到机会为罗马除掉最大的恶魔：他负责杀了汉尼拔，后者为躲避弗拉米尼努斯间谍的抓捕而自杀。从安条克宫廷出逃到比提尼亚后，汉尼拔一直担任普鲁西亚斯的首席军事顾问。[3] 但这是弗拉米尼努斯作为罗马军官的最后一次知名行动，他于前 174 年退休后去世。与他的劲敌马其顿的腓力一样，弗拉米尼努斯也活到快六十岁，在有生之年看到了世界发生的变化，而他自己则是促成这种变化的重要人士。

这场战争刚一结束，另一场战争就爆发了，甚至吞噬了小亚细亚的更多地区。前 183 年，本都（Pontus）国王法纳西斯一世（Pharnaces I）占领了受罗得岛保护的希腊殖民地锡诺普（Sinope），还企图占领欧迈尼斯的一些领土。在此之前，罗马还没有与本都有过联系，面对罗得岛和帕加马提出的抱怨，法纳西斯派代表去罗马为自己的行为辩护。欧迈尼斯再次策划了罗马的介入，在接下来的几年里，罗马人向这一地区派出了多个使团，对欧迈尼斯表示支持，但收效甚微。[4] 远程控制的问题在于，这种办法很难控制那些远离中心的人。

因此，战争持续，直到前 179 年欧迈尼斯在卡帕多西亚的阿里阿拉特和比提尼亚的普鲁西亚斯二世的强力支持下入侵本都，才使法纳西斯屈服。[5] 这是几十年里小亚细亚北部发生的最后几次大规模战争。帕加马达到权力与繁荣的巅峰。正是在这一时期，欧迈尼斯用不朽的建筑物装点雅典卫城，如著名的帕加马宙斯大祭坛（Great Ahar of Zeus and Athena，目前在柏

170

林的帕加马博物馆），以纪念自己取得的胜利。在打败加拉太的凯尔特人之后，他开始把自己塑造成希腊人抵御野蛮人的保护者。人们一眼就能看出，所有由他新建的纪念碑都是典型的希腊风格，其中一些成为有史以来最完美的希腊化典范（见图 9.3）。[6]

图 9.3　帕加马大祭坛。建造这座神话一般的祭坛，是欧迈尼斯在其经济繁荣的王国推动的工程之一，而这种经济繁荣部分归功于王国与罗马长期的友好关系。

《阿帕梅亚和约》之后的罗得岛

米安德河以南的罗得岛也从来没有像此时这样富裕过，然而，这里仍然有人抵制罗马人的殖民方案。前 187 年，罗马使节们告诉吕西亚人，吕西亚已被"作为礼物"无条件地赠予罗得岛人。[7] 为了向罗得岛人确认这种说法，吕西亚人提议建立联盟，却被明确地告知，他们现在的身份是臣民而不是盟友。这两个国家曾经长期不和，现在有了罗马势力作为后盾，罗得岛人得以实施霸权，所以感到十分高兴。然而，吕西亚人却似乎认为，罗马人无权随意处置小亚细亚。当罗得岛人将军事政府强加给吕西亚人时，吕西亚人奋起反抗，但遭到血腥镇压。

整个战争期间，罗马人最初的主张是站得住脚的，即吕西亚是赠予罗得岛的"礼物"，这也是战争的前提。然而，到了前178年，随着反叛的最后火焰逐渐熄灭，吕西亚人派大使前往罗马，抗议罗得岛政权的残暴行径。元老院的态度彻底扭转。元老院特意找出前187年罗马使节发表的声明，裁决吕西亚**并非**赠予罗得岛的礼物，而是平等的盟友。吕西亚使节返回时，战争已经结束，但不出人们的意料，凭借罗马人立场逆转的力量，战斗几乎立刻爆发。由于没有罗马人的干预，战争时断时续，直到前171年罗得岛人最终赢得胜利。[8]

我们在这里看到的是一系列因素的组合。罗马人表面上的粗心大意所反映的却是这样一个事实：《阿帕梅亚和约》签订后，他们真心希望尽可能减少卷入小亚细亚事务，把一切交给罗得岛和帕加马。粗略地看一下记录，人们就能发现为什么这么做对他们具有重要意义。前189年是截至前171年罗马最后一年委派执政官任东方指挥官。在此期间，每年至少一名执政官，常常是两名，被任命为征讨利古里亚人（Ligurians）的指挥官。利古里亚人是对居住在意大利西北部的诸多部落群体的称呼。换句话说，罗马人卷入了一场大规模战争，这是他们不断努力平定边疆并消灭北部蛮族的一部分。因此，在此期间，唯一派执政官前往的其他行省是伊斯特里亚，因为需要进一步镇压那里的海盗。与此同时，许多裁判官和代职官（promagistrate）被派往西班牙或撒丁岛，继续征服那里的部落。除了希腊与小亚细亚，罗马人还需与许多地方打交道。

172　　然而，前178年的蓄意变脸或撒谎，却需要不同的解释，这种解释不但体现在罗马日益坚定地发号施令而不是给出暗示上（如前179年波利比乌斯笔下的卡利克拉特描述的那样），而且体现在它与罗得岛越来越疏远的关系上。这件事情的起因或借口似乎是罗得岛人与珀尔修斯之间建立了新的友好关系，具体反映在前178年早些时候罗得岛人护送珀尔修斯的新娘拉俄狄刻从安条克城到佩拉这件事上。[9]毫无疑问，这一举动并无恶意。罗得岛人一直乐见东地中海各大国之间关系和好，这样可以为贸易创造稳定的环境。但元老院认为，在《阿帕梅亚和约》中罗马人对罗得岛人非常大方，因而罗得岛人对罗马人应负道德上的义务，而护送珀尔修斯新娘一事违反了这种道德义务。欧迈尼斯不时提醒罗马人，珀尔修斯与罗得岛存在所谓友好关系，以此挑起风波。实际上，为感谢罗得岛人护送拉俄狄刻，珀尔修斯给了罗得岛人一些木材，而罗得岛人用这些木材所建造的舰队规模之大，可能引起了元老院的关注。元老院获得的印象是，罗得岛人将不会像欧迈尼斯那样顺从，这是他们所不喜欢的。我们之前已经看到同样的势态：罗马人的放任态度让希腊各国有了足够的绳子来吊死自己。允许他们自由，直到他们被镇压为止。

　　我们有限的证据也显示了珀尔修斯和罗马人争夺与罗得岛人友谊的迹象。到珀尔修斯与罗马之间的战争成为定局时，罗得岛明显存在一个反罗马，或者至少反对与罗马建立友好关系的派别，如果这种关系意味着被拖入战争的话。因此，在前171年，罗马人和珀尔修斯都对罗得岛摆出友好姿态。罗马使节遍访爱琴海的所有岛屿，为罗马在即将到来的战争中争取支持。他们在罗得岛待的时间特别长，不但因为罗得岛地位十分重要，而且因为其立场摇摆不定。如果罗得岛承诺提供四十艘战舰可信的话，这次访问就取得了成功。珀尔修斯也对罗得岛另眼相看，给予特殊待遇，他写信给其他希腊邦国，却派可信的手下亲自前往罗得岛。他们只要求一旦战争爆发，罗得岛人在珀尔修斯与罗马人之间保持中立，然而罗得岛人太害怕罗马人了，甚至连这一点都不敢保证。

站不住脚的借口

珀尔修斯的早期活动并没有值得让罗马人警惕的地方，但他们仍然开始警觉了。在某种程度上，这是他们过去对腓力恐惧感的残留，而珀尔修斯的敌人则喜欢玩弄这种恐惧。欧迈尼斯派出的关键使团在前172年初就来到罗马。[10] 几周之前，元老院在给执政官分配这一年的行省（尽管最后他们将利古里亚共同分给了两位执政官）时，已经就与珀尔修斯开战的可能性进行过辩论。因此，欧迈尼斯提供的信息赢得了听众。会议是闭门进行的，但李维明确地向我们保证，会议细节已经泄露，而且我们将会看到，我们有充分的理由相信他所言。[11]

欧迈尼斯首先重述了元老院成员们已经知道的一些细节，以便得出这样的结论：腓力肯定一直在为战争做准备，而珀尔修斯从他父亲那里继承了为战争做的准备以及发动战争的决心。他进而宣称，前189年以来相对和平的岁月让马其顿完全恢复了元气，并且指责罗马人的无动于衷让珀尔修斯变得强大。在向元老院提供了珀尔修斯涉嫌犯罪的清单后，欧迈尼斯拿出了自己的撒手锏："我觉得如果在他带领军队赶来意大利之前，我未能来这里向你们发出警告，那将是极其可耻的。"[12] 他在玩弄罗马人所熟悉的对入侵的恐惧，与往常一样，他又取

173

得了成功。仅仅几天后，当元老院接见珀尔修斯派出的使节时，立刻拒绝接受后者的辩解。元老院正迅速接近对马其顿的第三次战争。

在从罗马返回帕加马的途中，出于虔诚的目的，欧迈尼斯在德尔斐停留。珀尔修斯得知欧迈尼斯即将到来，便安排几名士兵对他进行伏击。他们选择了一个国王容易受到伤害的地点，在那里他不得不走一段没有随从保护的路。于是，就在这个地点，伏击人员从山上推下巨石。一块石头砸在欧迈尼斯的头上，另一块砸在肩上，他从斜坡上滚了下去，失去知觉，图谋行刺的人仓皇逃走。事实上，欧迈尼斯并没有死，他被送到埃伊纳岛养伤。康复之后，他回到帕加马，"以最大的精力投入备战"。[13] 这个故事极富喜剧色彩，但兴许是假的。德尔斐过去是，现在仍然是容易发生山体滑坡的地方，而欧迈尼斯宫廷将一个自然事故夸大成为暗杀欧迈尼斯的敌对行动也不是不可能的。尽管如此，元老院仍然对这一事件进行了调查，而在调查过程中却发现了另一桩所谓阴谋的事件：罗马主要将领和政治家们经过布林迪西时，与一位珀尔修斯认为可以收买的人住在一起，此人试图毒死将军及政治家们。

尽管欧迈尼斯与元老院的会议是保密的，但我们可以肯定，李维（追随波利比乌斯）准确地记录了会议细节。幸运的是，德尔斐留下了一段铭文，尽管残缺不全，却留有罗马官方对珀尔修斯的不满事项清单，也就是战争的原因。这个清单据说与欧迈尼斯在元老院秘密会议上以及其他场合里提出的指控高度吻合，也与罗马使节昆图斯·马修斯·菲利普斯在前171年提出的指控高度吻合。[14]

……珀尔修斯背离正道，拥兵进入德尔斐参加皮提亚（Pythian）的节日。允许他参加献祭、比赛或节日庆典，实属错误，因为他邀来多瑙河对岸的野蛮人。这些野蛮人很早以前就怀有奴役希腊人的卑鄙图谋，他们冲着德尔斐神庙行军，欲抢掠并损毁神庙，但遭到神灵给予的应有惩罚。珀尔修斯违反其父签订、自己承诺履行的条约。他征服我方盟友色雷斯人，把阿布鲁波里斯驱除出他的王国，而我方与腓力签订的条约中规定，必须保护阿布鲁波里斯。他策划击沉船只，杀害底比斯人派往罗马寻求建立联盟的使节。实际上，他精神严重错乱，竟觉得不得不违背自己的誓言，将整个希腊置于动荡与政治冲突之中，从而废除我们的将军给予你们的自由。他只会制造麻烦，企图讨好大众、屠杀领导人而制造大乱。他在精神错乱中宣布取消债务并煽动革命，表明他对最优秀人士充满仇恨。结果，灾难降临在佩里比亚人和色萨利人头上，野蛮人的入侵变得更为可怕。他渴望进行一场大的战争，这样你们就孤苦无助，而他则能奴役所有希腊城市。为此，他策划谋杀伊利里亚的阿提塔鲁斯（Arthetaurus），还竟敢伏击我们的朋友与盟友——前来德尔斐履行誓言的欧迈尼斯国王，这表明珀尔修斯毫不关心所有拜访者所遵循的崇拜习惯，根本无视创世以来你们的神庙给希腊人和野蛮人一直带来的安全。

175

当然，整个铭文偏向观众立场，这里的观众就是德尔斐的邻邦同盟会议，所以这位罗马作者认定珀尔修斯的不虔诚损害了德尔斐的神圣性，也造成更为广泛的负面影响。在铭文开头，罗马人还倾向性地把巴斯塔奈人（"多瑙河对岸的野蛮人"）比作一百年前的凯尔特人，后者于前279～前278年入侵并袭击德尔斐，结果被奇迹般地赶走。或者希腊人就是这么认为的。[15]

关于这篇铭文，最引人注目也最令人悲哀的是，这些借口明显是站不住脚的。这些指控大部分由含沙射影或未经证实和无法证实的说法构成，其中有些特别牵强附会。在人类近期的历史中，我们对这种策略熟悉到惊人的地步——从抱有偏见的政治家未经证实的断言中我们被告知，伊拉克的萨达姆·侯赛因拥有"大规模杀伤性武器"并为基地组织提供庇护，因此我们必须开战。再清楚不过的是，元老院已经决定开战，正四处寻找借口，而其真正的原因是，在希腊地区珀尔修斯正在使自己与罗马人平起平坐。最终，就像伊拉克战争一样，罗马人的压力变成了一种自我实现的预言：珀尔修斯明白罗马人一心想打仗，不得不采取措施为之做好准备。这是他真正能够做的唯一选择。

"新诈术"

所有这些来自罗马的战争聒噪之声之所以让人感到奇怪，是因为罗马人在一定程度上并未做好战争准备：前172年的两位执政官都被派往利古里亚；布林迪西只有常规的亚得里亚舰队；罗马没有向伊利里亚派出任何军队。他们决定遵循正常程序，等待下次执政官选举后再派一名将军前往东方，因而已经排除在前172年采取行动。不过，似乎也有可能是罗马人在玩边缘策略，要么等待珀尔修斯退却，要么试图为自己争取足够的准备时间。第一个选项，即期待珀尔修斯退却是不现实的，他是一个希腊化国王，既然罗马人给他的选择不是战争就是被罗马征服，他肯定选择战争。

不过罗马人的确赢得了一些时间。罗马最耿耿于怀的是欧迈尼斯指责珀尔修斯正在把希腊人从罗马人这里拉拢过去。他们对希腊的控制主要依靠各邦国被迫接受其统治。因此，在前172年这个空当，他们把大部分精力放在外交上，虽然战争迫在眉睫，但仍未正式宣战。

一些色雷斯部落承诺对罗马友好，因此珀尔修斯在很大程度上将被敌人包围。元老院接待了来自色萨利和埃托利亚的代表。伊萨岛的使节报告，伊利里亚的根修斯（前180年代末继承普莱拉图斯王位）与珀尔修斯结盟。这并不是对根修斯的首轮指控。前180年，元老院就听说他在幕后支持伊斯特里亚海盗在亚得里亚海再次兴风作浪，前170年代初，罗马人采取诸多行动打击伊斯特里亚和伊利里亚海盗。他们这次派出一组元老院责任成员，警告这位国王要循规蹈矩。他做了什么样的回答，我们不得而知，但无疑比前230年托伊塔面对同样要求时做出的答复更容易让人接受。使团访问东方各位国王后返回，确认欧迈尼斯（出现在这毫不奇怪）、安条克四世（前175年接替其兄塞琉古四世成为国王）、卡帕多西亚的阿里阿拉特以及托勒密六世忠诚于罗马。鉴于普鲁西亚斯是珀尔修斯的妹夫，他能承诺保持中立，已经是为罗马人做出的最大努力。

小亚细亚此时十分坚定地支持罗马，这就使罗得岛人的行为更加令人恼火。尽管他们曾让罗马人相信他们将为战争提供四十艘战舰，但因为势力强大的反罗马派系出于对罗马盟友欧迈尼斯的长期仇恨以及不愿卷入罗马人战争的骄傲，对其加以阻挠，罗得岛人最终只派出了五艘战舰。

177

在阿哈伊亚，由于罗马人严重侮辱同盟，他们一直依赖卡利克拉特的亲罗马集团继续掌权。罗马使者没有安排与联盟委员会和同盟领导人见面，而是走访了各成员国，分别请求各成员国给予支持。和前183年与前182年之交的冬天一样，他们再次特意请求各个部落独立于同盟行动，其目的就是离间各部落与同盟的关系，如果阿哈伊亚同盟对罗马和珀尔修斯的官方政策与该部落的优先政策不同，该部落甚至可以脱离同盟。

与此同时，罗马已招募一支军队，并在年底将其派往布林迪西。五十艘旧战舰很快被擦洗干净并重新整修，还招募了船员。整个先遣部队被运抵阿波罗尼亚，驻扎在伊利里亚和达萨里蒂斯边境城镇控制局势，直到前171年正式任命的执政官抵达。粮食供给将从北非、西西里岛和意大利南部获取。一支国内军队在意大利组建，以备不时之需。

前172年底，一批新的使节被派往希腊，以确保希腊自由为借口（这个借口现已十分陈旧），继续进行试水与煽动反马其顿的工作。他们带来的基本信息就是威胁，即元老院正考虑与珀尔修斯及其任何支持者开战。为显示实质上的威胁，每位使节还非同寻常地携带一名武装随从。在克基拉岛登陆后，他们分头执行各自的任务，一些人去见根修斯订购船只，相信他已经看到与罗马维持良好关系的意义所在；另一些人则去了其他地方。昆图斯·马修斯·菲利普斯和奥卢斯·阿蒂利乌斯·塞尔拉努斯（Aulus Atilius Serranus）与伊庇鲁斯同盟和埃托利亚同盟举行了卓有成效的会议。他们发现伊庇鲁斯在一定程度上出现分裂，以查奥尼亚（Chaonia）的卡罗普斯（Charops）为首的一派支持罗马，而以摩罗西亚的克法洛斯（Cephalus）为首的另一派却主张中立。在埃托利亚，使节们高兴地发现，他们最有力的支持者吕西库斯（Lyciscus）被任命为该年度的将军。

随后，马修斯和阿蒂利乌斯去了色萨利，在那里见到了阿卡纳尼亚的代表和一些彼奥提亚人。他们警告阿卡纳尼亚人，不要像前两次战争一样站在马其顿一边。这些彼奥提亚人并非官方代表，而是流放人士。彼奥提亚同盟已经与珀尔修斯结盟，因此这些人能做的就是制造麻烦，希望把同盟拉到罗马一边，或者至少破坏同盟对珀尔修斯的承诺。色萨利人承诺支持罗马。只要一座希腊城市或一个希腊国家对罗马表示顺从，罗马人就会派驻军队。希腊正在成为罗马的堡垒，而珀尔修斯却极度缺少朋友。这肯定是他继续推动和平的实际原因之一。

在如此纷繁的外交活动中，罗马人明显故意避免与珀尔修斯接触。[16] 由于他们同时在伊利里亚、达萨里蒂斯和伊庇鲁斯北部进行部署，这种战术容易使人联想到1939年希特勒对波兰采取的战术：大兵压境又拒绝外交接触，同时恐吓敌方的盟友保持中立或改变立场。罗马使节一到克基拉岛，珀尔修斯就写信询问他们在希腊城市驻扎军队的目的，罗马人则不屑给予书面答复，只是口头告诉珀尔修斯信使，他们是在保护这些城市。此后，他们再也没有尝试进行联系，珀尔修斯不得不利用家族与马修斯之间的友谊，请他前来会面。

会面在热情友好的气氛中进行，但马修斯仍然强硬地重复了之前提出的所有指控。珀尔修斯回答说，这些指控要么无法被证实，要么与他作为国王必须按照法律努力保护他的人民有关。马修斯给了珀尔修斯避免战争的一线希望，并给他一段休战时间，让他派使节去罗马。这正是珀尔修斯希望得到的，但马修斯背叛了他的"朋友"，他只为罗马效力。在这次会晤中，他只想取得休战机会，为罗马人完成战争准备赢得时间。这段插曲证明罗马积极地想要这场战争，而珀尔修斯则仍然努力避免战争。无论罗马的宣传怎么说，珀尔修斯并未承袭其父对抗罗马的立场，直到别无选择。他想要和平，但不是伴有耻辱的和平。

在珀尔修斯吩咐使节们前往罗马执行使命之际，马修斯继续行程，前往优卑亚岛，他发现那里的所有城市都对罗马表示顺从。彼奥提亚人也来了，声称他们现在站在罗马一边，但同盟很不稳定，亲罗马与反罗马两派严重对立，所以几乎算不上有用的盟友。不管情况如何，三座彼奥提亚城镇——哈利阿图斯（Haliartus）、提斯柏（Thisbe）和科罗尼亚（Coronea）——都始终反对罗马。在安排阿哈伊亚人在已被选为战时罗马军队总部的哈尔基斯驻军之后，马修斯和阿蒂利乌斯返回罗马。在罗马，他们吹嘘自己如何欺骗珀尔修斯，让他相信仍然存在和平机会，从而给罗马人赢得更多时间准备战争。他们还吹嘘如何解散了彼奥提亚同盟，让该同盟对珀尔修斯没有用处。这种"新诈术"（nova sapientia）遭到元老院更为传统的成员的反对，他们依然记得罗马人曾把敌人当作受人尊敬的人来对待。但是这种战术确实奏效了，最后为绝大多数成员所认可。[17]

因此，毫不奇怪，珀尔修斯的特使来罗马向元老院解释珀尔修斯的动机时，元老院并不接受，敷衍了事地打发他们回去。他们和住在意大利的所有马其顿人都被勒令在三十天之内离开。[18] 于是，罗马人向珀尔修斯宣战。普布利乌斯·李锡尼·克拉苏（Publius Licinius Crassus）成为前171年的执政官，马其顿成为他管辖的行省。他将率领一支五万人的大军，其中包括两个特别加强军团，不过此时珀尔修斯拥有的兵力也与之大体相当。李维估计珀尔修斯的军队有四万三千人，认为自亚历山大大帝以来，没有一个马其顿国王能派如此多的士兵打仗。换句话说，这是有史以来为保卫马其顿而派出的人数最多的军队。战争结果远非定局。

马修斯和阿蒂利乌斯作为使节返回希腊，阿蒂利乌斯驻守拉里萨（Larissa），而马修斯则再接再厉，继续从事使节工作。但这时的外交掩饰已让位给行使武力。盖乌斯·卢克莱修·加卢斯（Gaius Lucretius Gallus）接过四十艘翻修过的战舰，并在克法利尼亚岛建立基地，而他的兄弟马库斯则从西海岸的朋友，尤其是根修斯、伊萨人和阿波罗尼亚人那里得到八十多艘船舰，组成一支合格的舰队。李锡尼这时带领陆军从意大利出发。

在佩拉，珀尔修斯使节从罗马归来，顾问们出现了意见分歧，一些人主张和解与让步，另一些人则主张战争。后者更为现实：此时让步将迫使国王进一步屈服于罗马的意志，无论如何最终都会逐渐丧失自己的王国。但是，珀尔修斯当然不会损害马其顿的伟大或他个人的荣誉。罗马人欺人太甚，他投身于战争，更多的是为了生存，而不是为了延续其父在希腊恢复马其顿霸权的企图。根据罗马官方的说法（波利比乌斯和李维基本上沿袭这种说法），这场战争的侵略者是珀尔修斯，他继承了父亲的决心，要把罗马人赶出希腊，甚至还要入侵意大利。但是，正如我们所看到的，这种说法几乎毫无道理。即使在战争爆发前夕，珀尔修斯仍然采取和解行动，而罗马人却没有。他们已经得出结论，要保持在希腊的地位，唯一的办法就是消灭平起平坐的对手，也就是消灭马其顿王朝。这才是他们发动第三次马其顿战争的目的。

180

第十章　马其顿的终结

　　在第三次马其顿战争爆发前的三十年里，罗马人在意大利北部击溃了凯尔特人，削弱了迦太基人、腓力以及安条克势力，使其只剩下昔日的一部分，并把自己的统治强加给西班牙。正如波利比乌斯所看到的，在整个地中海地区实施统治是罗马人长期目标的实现，这个目标是逐渐实现的，甚至是断断续续的，但不乏整体上的坚定决心。[1]这种迅速扩张只能是坚定决心的结果。他们在希腊发动战争的目的，已不再是确立统治，因为他们已经拥有统治权；现在的关键是回应对他们权力和权威的挑战。采取远程控制的政策伴随着压力极限：为了应对足够强大的挑战，例如珀尔修斯这样越来越大的挑战，可以通过更为直接的方式实施控制。既然在希腊领土上拥有一支五万人的大军，那么就没有任何远程控制可言。

　　罗马人决定认真对待欧迈尼斯的夸张和歪曲，他们终于认识到，拥有高傲的独立精神和称霸希腊悠久传统的马其顿国王，永远不会成为罗马的傀儡。唯一的解决办法就是依照前190年代埃托利亚人的主张，最终废除马其顿王朝。罗马人渴望这场战争，这种心态可以从前171年另一位执政官的行动中得到反映。与普布利乌斯·李锡尼·克拉苏同为当年执政官的盖乌斯·卡西乌斯·朗吉努斯（Gaius Cassius Longinus）非常渴望让希腊成为他的行省，他先是试图操纵体制以求对他有利的结果，当后来希腊被抽签分配给李锡尼，而他被派去对抗凯尔特人时，他便带领军队向东出发，穿过意大利北部，打算率兵穿过伊利里亚陆路攻打马其顿。此举让元老院感到震惊，在任何情况下执政官都不得离开他管辖的行省。卡西乌斯被召回，受到严厉斥责，其追求个人荣誉的行为才受到控制。[2]

珀尔修斯第一次流血

前 171 年夏末，李锡尼抵达伊利里亚。欧迈尼斯率领自己的舰队已在哈尔基斯与阿哈伊亚人会合，还带着载运了六千名步兵以及一千名骑兵的运兵船。不久，罗马舰队主力也从克法利尼亚岛航行到哈尔基斯。他们轻而易举地控制爱琴海后，就解散了所有盟军的船舰（包括五艘罗得岛人的船），只留下欧迈尼斯提供援助。在这场战争中，他们只要求忠诚可靠的人站在自己一边。他们尤其不想让罗得岛人以后凭着战争中的表现在和平时期寻求好处。

几乎在同一时间，在巩固了自己的补给路线，并集结由马其顿人、色雷斯人、克里特人、凯尔特雇佣军以及几百名希腊人（存在弱点）组成的大军之后，珀尔修斯向南进入色萨利，在奥萨山（Ossa Mount）南面扎营。李锡尼夺取了西海岸，并穿过阿塔马尼亚进入色萨利。这件事情本身就是罗马人成功的信号，证明前一年他们狡猾的外交非常奏效，因此他们才能非常轻松地进入色萨利西部。他们占据了前沿阵地，防止珀尔修斯采取同样的行动。

李锡尼在拉里萨与阿蒂利乌斯会面。他在城外一座叫作卡里尼科斯（Callinicus）的山丘旁边安营扎寨，与来自帕加马、埃托利亚、阿哈伊亚以及其他希腊增援力量会合。珀尔修斯大

182

胆地直扑罗马营地，主动出击。罗马人先派骑兵和轻装部队（约两万名士兵）应战，留重装步兵在营地内随时待命。但珀尔修斯的骑兵和轻装步兵很快就击溃了罗马军队，他命令其方阵继续前进以图结束战斗。然而，失败让罗马人感到震惊，他们躲进栅栏保命，珀尔修斯则在附近扎营。当晚，根据欧迈尼斯的建议，李锡尼将自己的营地转移到佩纽斯河（Peneus）以北，与珀尔修斯隔河相对。在接下来的几天里，罗马人损失的两千人因增援部队到达而得到补充。仍希望和平的珀尔修斯主动提出赔偿罗马人的战争费用，并根据战前现状达成协议，但遭到李锡尼的断然拒绝，即使珀尔修斯主动提出增加款项也无济于事。

随后又发生了几次小规模冲突，但作战季节实际上已经结束，珀尔修斯回到马其顿的冬季兵营，留下驻军阻止敌军任何追击的企图。然而，罗马人却在整个冬季残酷地惩罚了支持珀尔修斯的三座彼奥提亚城镇。哈利阿图斯在被围攻后遭到彻底摧毁，平民被不分青红皂白地滥杀，两千五百名男子被卖为奴隶，在此后的几十年里该城几乎无人居住。提斯柏和科罗尼亚向罗马投降，我们手头的资料只有两篇不完整的铭文，所以很难知道他们是在什么样的情况下投降的。资料似乎显示，亲马其顿的人被杀害或放逐，财产被没收，而亲罗马派势力得到增强。[3]

罗马人的野蛮行径，加上珀尔修斯在卡里尼科斯取得的胜利，在希腊地区产生了超乎寻常的影响。显然，不管是否已经审慎地决定忠于罗马，许多希腊人实际上一直在屏息观望，他们现在把珀尔修斯看作他们的勇士。但在多数情况下，他们仍然对罗马感到恐惧，尤其在哈利阿图斯遭到惨烈摧残之后，所以无法将对珀尔修斯胜利的喜悦心情转化为实际或长期的支持行动。不过，伊庇鲁斯同盟还是出现分裂，克法洛斯率领摩罗西亚人和几个部落发动了反叛，同盟其他部分则在卡罗普斯的领导下，依然忠诚于罗马人。珀尔修斯也几乎获得阿哈伊亚人的支持，但到后来阿哈伊亚人决定等待观望，以求获得最大利益。这是吕科塔斯提出的建议，他得到儿子波利比乌斯的支持，后者首次出现在公共生活当中。

珀尔修斯恢复平等

前170年的执政官奥卢斯·霍斯提利乌斯·曼奇努斯（Aulus Hostilius Mancinus）似乎又来迟了，在作战季节快要结束之际才到达，也许是他在罗马的民事职责耽搁了时间。摩罗西亚反叛后，霍斯提利乌斯的首要任务就是巩固西海岸，同时罗马向阿卡纳尼亚、埃托利亚、伯罗奔尼撒和彼奥提亚派出了使节。

从表面上看，使节们的任务十分简单，即宣布元老院一项新法令：除非得到元老院指示，希腊地区的任何人都不得援助罗马军队。不过这项法令的目的是消除前一年罗马人给希腊领导人留下的不良印象。李锡尼的一项行动特别让人感到不满，卡里尼科斯战役失败后，他把失败责任推给了与他一起作战的埃托利亚领导人。埃托利亚的头号内奸、亲罗马的吕西库斯向李锡尼暗示，埃托利亚领导人在战斗中故意拖延，李锡尼信以为真，就逮捕了他们并送往意大利关押起来。这种高压统治手段在整个希腊地区掀起轩然大波，它发出了明确的信号，即罗马人愿意听信其支持者散布的谎言，并根据他们的谎言采取行动。随着珀尔修斯取得胜利，正是这件事情促使克法洛斯率领摩罗西亚人举行反叛。

摩罗西亚人的反叛迫使罗马人留下军队保卫伊利里亚南部，与此同时，在伊萨岛的驻军得到增援（伊萨岛在某个时间背叛根修斯投向罗马人一边）。尽管根修斯曾向罗马人提供船舰，但他们对他的忠诚仍然表示怀疑。这些部署到位后，霍斯提利乌斯转向战场，但他从色萨利入侵马其顿的企图失败了。珀尔修斯发起反攻，轻松地攻陷了佩里比亚和色萨利的许多城市，之后他又撤回北方，击溃了一直与罗马人合作的达达尼亚人。与此同时，基地设在利赫尼都斯［Lychnidus，今北马其顿共和国境内的奥赫里德（Ohrid）］负责伊利里亚事务的使节卢修斯·科利乌斯（Lucius Coelius），企图占领乌斯卡纳（Vscanas，今基切沃），却遭到重创。

在海上，罗马人厄运连连。珀尔修斯成功袭击了俄瑞乌斯的罗马舰队，在袭击过程中，他运走或损毁了大量粮食。卢修斯·霍滕修斯（Lucius Hortensius）指挥的舰队被迫到爱琴海北部海岸寻找补给。他们在盟友欧迈尼斯新近占领的阿布德拉（Abdera）逗留，其间横征暴敛，导致民怨鼎沸，后来城中居民竟派使者前往罗马表示抗议。在欧迈尼斯的帮助下，霍滕修斯的士兵对该地发动突袭，杀死了抗议活动的头目，把其他许多人卖为奴隶。附近的所有其他港口，尽管名义上与罗马人为友，但都对他们关闭了港口码头。连罗马军队司令部所在地哈尔基斯也没有安全可言，舰队返回时，船上士兵对当地居民发泄不满，抢劫神庙，强占民宅，卖民为奴。元老院本试图减少前171年李锡尼造成的破坏，现在这种努力彻底失败，他们当然感到无比愤怒。元老院严厉谴责了霍滕修斯，并勒令他去寻找并赎回所有被卖为奴隶的人。罗马人在此次战争中的巨大优势之一，就是他们成功地在珀尔修斯和希腊各国之间制造了隔阂；他们不敢冒险疏远自己的朋友，也不敢冒险将左右摇摆者推向马其顿阵营。

挫折接踵而来，前169年元老院投票决定派出大量增援部队前往希腊。使节被派往希腊各国支持亲罗马派，但只是成功地挑起了麻烦。也许埃托利亚人的分裂最为严重：他们理论上是罗马的盟友，实际却存在一个强大的反罗马派系。因此，罗马使节要求埃托利亚人提供人质以确保对罗马保持忠诚。这种做法必然引起支持与反对罗马的双方互相指责，陷入不和。罗马人把埃托利亚人推入"相互猜疑的动荡"。[4] 阿哈伊亚和阿卡纳尼亚也出现几乎同样的情况。

乌斯卡纳依然十分诱人，它控制着多条十分艰险但可以通行的山路，这些山路可通向伊利里亚北部的根修斯领地，可通向达达尼亚，也可通向阿克西乌斯山谷。前170年末初冬的某个时候，这里的居民驱逐了马其顿驻军，请来了罗马人。罗马人在这里建立了自己的兵营，部署了四千名罗马士兵和五百名伊利里亚人。但珀尔修斯趁冬季该城陷入孤立之际，迅速将其包围。毫无准备的居民被迫投降，条件是允许罗马军队撤出，但伊利里亚人留下来被卖为奴隶。在战争后期，整个地区都由马其顿控制，使罗马在利赫尼都斯的驻军处于极大危险之中。

该冬晚些时候，或者前169年初春，珀尔修斯出其不意地越过被积雪覆盖的平都斯山脉发动突袭，企图将埃托利亚人从重要的边境城镇斯特拉图斯（Stratus）赶出去，并把该城连同一个马其顿兵营一起归还给阿卡纳尼亚人。对他来说，这将是一个重大的收获，一个深入敌后的前沿阵地。他险些取得成功，但由于不得不在已经涨水的河上架桥，拖延了那天的行

186

动，结果罗马人乘机在城中驻扎了自己的军队。在取得惊人的冬季战果基础上，珀尔修斯致函根修斯，要求结盟，但这位伊利里亚国王却仍然犹豫不定，他的要价超出了珀尔修斯的出价。

对珀尔修斯来说，这些都是巨大的成功，但他还远未取得发号施令的地步。他所做的一切只是抵消罗马人在休战期间取得的成果，而休战是在前 172 年底罗马人采用狡猾手段安排的。珀尔修斯恢复了一定程度上的平等，并进一步阻止希腊各邦国支持罗马，但仅此而已。古代战争取胜常常靠一场决定性的战斗，这正是珀尔修斯想要的。前 170 年在卡里尼科斯，他要求决战，遭到拒绝。很快，他会得到另一次机会。

由于罗马人在第三次马其顿战争初期遭遇失败，不出所料，前 169 年霍斯提利乌斯的指挥权未能得到延续，他的许多同僚也被召回。被分派马其顿行省的新执政官是经验丰富的昆图斯·马修斯·菲利普斯，时年六十岁，第二次担任执政官。马修斯打算打败珀尔修斯，以此来渲染前 172 年他的外交革命。他的堂表兄弟盖乌斯·马修斯·菲古卢斯（Gaius Marcius Figulus）将掌管舰队。马修斯的计划是率领陆军穿插到色萨利海岸，与其堂表兄弟的舰队会合，联合入侵马其顿。

珀尔修斯预料敌人会采取这样的行动，他把自己的基地设在第乌姆（Dium），在马修斯可能经过的山口设防，同时他的骑兵和轻装步兵在海岸线巡逻，抵御来自海上的袭击。果然，三万人的罗马军队来到阿西里斯湖（Lake Ascyris）北边的山口，与一支一万两千人的马其顿特遣队正面遭遇。马修斯试图强行通过，但持续两天都没有取得成功。士兵没有抵御恶劣天气的装备，在这些山区也没有办法得到补给，马修斯不得不撤离。他象征性地留下小部队，命令他们先分散敌人的注意力再随后赶上，自己则大胆地带领士兵穿过灌木林，走下陡峭的山坡，来到通达色萨利北部沿海平原的山谷。这里并没有设防，因为没有人会预料到能有军队从内陆抵达这里。下山时的确非常艰难，尤其对于战象来说。它们是用一系列设计精巧、轻轻滑下的平台运载下山的。在下山过程中，马修斯的人和牲畜一定有过多次不堪一击的时刻，但显然马其顿人没有料到会有这样的机会。李维认为，经过两天的小规模战斗，他们已经筋疲力尽。

李维对这次冒险的下山行动的描述基于波利比乌斯已经遗失的段落，波利比乌斯本人与罗马军队在一起，所以描写得特别生动。阿哈伊亚人决定向罗马人提供军队——实际上是他们征召的全部人员——以赢取罗马人的好感，他们的信使波利比乌斯追上当时准备突入色萨利的马修斯。马修斯谢绝了这一提议，他觉得自己拥有足够的兵力，足以完成任务。不过，他意识到这一提议的意图，即为防止罗马人报复做最后努力。接下来的几周里，他们灵活机动地占领有利位置，采取小规模冲突以及武力恫吓，在这一过程中，罗马人成功地在色萨利站稳脚跟，并在那里建立了自己的冬季营地，而珀尔修斯则退回马其顿。

珀尔修斯又成功地抵抗了罗马人一年时间，最终赢得了根修斯的效忠。根修斯加盟至关重要：珀尔修斯可以把西海岸交给由二百多艘"列姆波斯"船组成的伊利里亚舰队，破坏来自意大利的补给线，而他则可以集中兵力保卫马其顿本土。两位国王在第乌姆举行盛大仪式，宣布建立神圣的联盟。

皮德纳战役

前 169 年末，罗马人在希腊的处境岌岌可危，但前 168 年新执政官卢修斯·埃米利乌斯·保卢斯的到来，连同新进的充
188 足税收（埃米利乌斯本人组织调查使团得来的成果）给罗马军队注入了新的活力。埃米利乌斯六十岁，第二次担任执政官，在西班牙战争中赢得杰出而诚实的将军的美名。

根修斯最先行动。冬天，他在利苏斯集结了一支一万五千人的强大军队。作战季节开始，他向南推进，对抗接替科利乌斯担任伊利里亚指挥官的裁判官卢修斯·阿尼修斯·加卢斯（Lucius Anicius Gallus）。阿尼修斯带来大量增援部队，罗马联合部队人数超过伊利里亚人数一倍。前 168 年 6 月，根修斯先在海上，后在陆地上受到痛击，但他又在斯科德拉（见图10.1）集结军队。阿尼修斯率部逼近时，伊利里亚人愚蠢地冲出坚固的防御工事与敌人交战。他们遭到沉重打击，只好祈求和平。整个战役持续了大约三十天，李维自豪地报告说："这场战争的独特之处在于，战争爆发的消息还没有传到罗马
189 它就结束了。"[5] 根修斯及王室其他成员被逮捕并送往罗马，而阿尼修斯则使用武力（如在法罗斯岛）或通过谈判（如在瑞衷）扫荡了根修斯王国的其他地方。法罗斯岛遭到彻底摧毁，几乎从历史记载中消失了一个世纪，直到作为罗马城镇法里亚（Pharia）重新出现。

6 月初，埃米利乌斯带领五万人大军抵达色萨利，发现珀尔修斯在第乌姆北面不远处设置了守卫森严的壁垒。埃米利乌斯认为自己的首要任务就是让马其顿人离开这个位置，他派普布利乌斯·科尔内利乌斯·西庇阿·纳西卡（Publius

图 10.1 斯科德拉，根修斯被最后击败的地方，伊利里亚王朝自此终结。

Cornelius Scipio Nasica）率一支精锐部队绕过山岭来到珀尔修斯阵地后面，而他自己则吸引珀尔修斯全力正面攻击他的营地。这种战术向珀尔修斯表明，如果他被以这种方式包围，他的阵地就没有预先设想的那样坚固。珀尔修斯将军队转移到皮德纳（Pydna）南面的新阵地。新阵地在平缓起伏的平原上，面朝南方，左边是大海，右边是高地。

埃米利乌斯与纳西卡会合，一道推进，直到进入敌军营地视野。罗马人行军扬起的飞尘很快就让珀尔修斯警觉到敌军正在逼近，他有足够的时间集合士兵投入战斗。埃米利乌斯迅速让部分士兵组成防护屏障，其他士兵则开始修建营地，然后将所有军队撤入栅栏之内。他的营地附近有水源，可除此之外什么供给都没有，珀尔修斯可以从自己阵地阻止埃米利乌斯从海上得到供应。因此，容易从皮德纳得到给养的珀尔修斯心满意足地耐心等待机会，相信饥饿会让埃米利乌斯采取莽撞的行动。

6月21日晚发生了月食，马其顿人认为这一现象预示着国王将黯然失色。[6]第二天，埃米利乌斯仍不愿投入战斗，但与库诺斯克法莱战役一样，敌对双方小规模的冲突逐渐演变成全面战斗。马其顿人部署的速度比罗马人快，一边组成方阵一边向罗马人阵地猛冲。厮杀的场面十分可怕，但由于向前推进的地面崎岖不平，马其顿方阵出现破裂。埃米利乌斯发现并抓住了机会。他命令士兵组成小分队，插入方阵空隙，大肆杀伤方阵士兵，后者的近身武器远逊于罗马人的武器。

就在珀尔修斯方阵在中心区域遭到砍杀的同时，埃米利乌斯用战象击退了珀尔修斯左翼的骑兵和轻装步兵。他现在也可以从这一翼攻击马其顿的方阵了。埃米利乌斯不收俘虏，任部下随意屠杀。到了傍晚，至少有两万名马其顿士兵被杀，第二天早上，当地多个溪流仍被鲜血染红。在接下来的几天里，又有一万一千人被俘，一旦这些俘虏被卖为奴隶，埃米利乌斯的金库就会满满当当。马其顿方面只有几千名骑兵和轻步兵逃脱，其中骑兵同珀尔修斯一道逃往佩拉避难。之后，珀尔修斯带着家人、朋友和贵重物品从佩拉逃到了萨莫色雷斯岛（island of Samothrace），一位善于撒谎的船长骗他，声称要帮他逃跑，结果却骗走了他的财宝。罗马舰队封锁了该岛，珀尔修斯只好投降。

马其顿王朝由此终结，马其顿历史也几乎由此终结。罗马在希腊地区实施霸权的军事挑战已不复存在。波利比乌斯选择第二年即签订皮德纳战后安排协定的前167年作为罗马扩张进程的结束："从那时起，所有人都认为不可避免的事实是，他们必须屈服于罗马人并由罗马人支配未来。"[7]这句话的关键在

190

于"所有人"。虽然许多人已经接受被支配的地位，但从现在起所有人都必须接受。第三次马其顿战争后，罗马成了地中海地区唯一的超级大国。

马其顿的解决方案

埃米利乌斯的凶残行为并没有因这场战役结束而有所收敛。战争一直进行得十分艰难，头两年罗马人一直被珀尔修斯打败。复仇已成定局，埃米利乌斯唆使其士兵对数千名死者肆意抢掠，对皮德纳实施抢劫，并蹂躏周围的乡村。在接下来的几个月里，更多城镇也被攻占并遭到洗劫，理由是它们持续进行抵抗，而根据当时的情况看，这种抵抗肯定是徒有虚名的，或者只是因为它们在战争中曾经帮助珀尔修斯。例如，前 167年，莱斯博斯岛安提萨（Antissa）小镇的大批民众被杀，其领导人被处决，原因是他们曾为珀尔修斯的舰队提供庇护。随着马其顿部落一个个向征服者投降，甚至佩拉也遭到抢掠（尽管在其他方面幸免于难）。

皮德纳战役结束后三个月，埃米利乌斯带少数随从开始希腊巡游。从表面上看，这是一次观光与亲善之旅，中间还穿插着虔诚的祭祀活动，实际上却是帝王派头十足。例如，在德尔斐，保卢斯下令将原来用作马其顿国王群雕的底座改为用于他自己的雕像，再次取得对珀尔修斯的象征性胜利。[8] 然而，如果埃米利乌斯打算以这种姿势和这座雕塑（雕塑展示的是罗马人在屠杀马其顿人）表现罗马人把希腊人从马其顿统治下解放出来，他肯定会一败涂地。这种安排更能清楚地表明，与埃托利亚人多年前曾经预见的一样，对希腊人来说，他们只是更换了主子而已（见图 10.2）。像一位现代游客一样，埃米利乌斯观赏

191

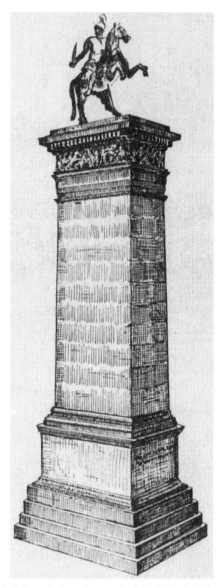

图 10.2　卢修斯·埃米利乌斯·保卢斯曾在希腊神圣中心德尔斐建造的纪念碑，纪念他战胜马其顿的珀尔修斯。图中的纪念碑为海因茨·克勒（Heinz Kähler）重建的。

了所有标准的景点——雅典、科林斯、奥林匹亚，却增添了辛辣的讽刺：过去几世纪一直辉煌的纪念碑一定与新的战争创伤形成十分惨烈的对比。

但这次旅行的意义远不止旅游观光，此行目的应该是按照与弗拉米尼努斯一样的方式，确保尽可能多的城市由罗马盟友统治，以此来巩固罗马的统治。不过，这次采用的办法比弗拉米尼努斯的更为严厉。罗马的对手将受到谴责，并被消灭，从此不再构成威胁。埃米利乌斯到达德米特里阿斯时，得悉埃托利亚的恐怖消息：吕西库斯及其支持者在罗马军队的支持下，包围了委员会会议厅，屠杀了五百五十名反对派人士。保卢斯告诉他们，回到安菲波利斯后他会对这一案件做出裁决，但这种说法仅仅是一种粉饰。杀人者被无罪释放，埃米利乌斯只训斥了那位放任自己的士兵参与大屠杀的罗马军官。不久后，吕西库斯又被允许列出一份政敌名单，即大屠杀幸存者名单，他们要将这些人驱逐出境。此后，整个希腊的亲罗马派都清楚，他们可以为所欲为。

埃米利乌斯选择在安菲波利斯宣布他与元老院派出的十位使者共同设计的马其顿解决方案。这是弗拉米尼努斯前196年《伊斯特米亚宣言》的马其顿版本，埃米利乌斯命令马其顿的所有主要部落各派十名政要参加。尽管通晓希腊语，但为了显示罗马人的优越感，他选用拉丁语发言，并请人做翻译。他宣布肢解马其顿：废除君主制，所有年长的马其顿人和所有曾经亲近珀尔修斯的人（及其超过十五岁的孩子）都被驱逐到意大利，马其顿王国被分为独立的四个共和国，简单而别有用心地称为第一分部、第二分部、第三分部和第四分部。采用纯数字是为了遏制人们的情感依恋。第三次马其顿战争十分符合罗

193

马人的心意，他们的惩罚措施将是决定性的。在之前两百年的大部分时间，马其顿控制着希腊地区的事务。从此以后，这种事情绝不会发生了。

四个地区的主要城镇为安菲波利斯、帖撒罗尼迦（Thessalonica）、佩拉和佩拉格尼亚（Pelagonia）（它们也获得了一些伊庇鲁斯的领土），在埃米利乌斯支配的寡头体制下，每个城镇都由一个市政委员会来管理。为防止任何朝向统一的行动，几个共和国分部之间不允许通婚，不允许跨境拥有土地或财产，禁止相互之间进行盐的贸易。在地理上，各共和国都被边界河流和山脉阻隔。以前，国家所有的收入，如矿产、森林等都归马其顿王室所有，而现在一半归罗马政府所有，另一半归各共和国自己所有。铜矿和铁矿仍然开放，但金矿和银矿临时关闭（或者至少被禁止有任何产出），也许是在这期间正对其管理层进行重组，也许是为了阻止短期经济复苏。但几乎可以肯定的是，罗马本土当时并不急需贵金属。[9]四个共和国都不得拥有正规的陆军或舰队，但被允许在容易出麻烦的边界地区驻扎守卫军。这样做的企图就是要粉碎马其顿骄傲的传统，肢解马其顿王国。

罗得岛和帕加马受到欺辱

194　　皮德纳战役爆发前不久，珀尔修斯与根修斯结盟时，就派一个使团去见罗得岛人，邀请罗得岛人参加他们组成的反罗马联盟。这种尝试肯定是值得的。到底是支持罗马或珀尔修斯，还是试图保持独立最符合他们的利益，罗得岛人在这个问题上出现了分裂。不过，他们一致认为，他们的商业利益需要和平，因此他们告诉珀尔修斯的特使，他们将派使团去罗马，试图结束战争。

在罗得岛人看来，他们似乎已经巧妙地解决了十分棘手的问题，但他们大错而特错了。他们的和平使者直到保卢斯即将获胜时才在战场上见到他，或者直到皮德纳大捷的消息传到罗马后才得到元老院的接见。罗得岛人未能向罗马人提供他们承诺的全部四十艘战船，罗马人对此已经十分恼火，现在罗马人看到更多不诚实的迹象。他们指责罗得岛人并不真心寻求和平，只是希望拯救珀尔修斯。如果真的希望和平，他们完全可以在珀尔修斯得势时商谈和平，而不是在他已经失势的现在。不过，事实上，罗得岛人正是在珀尔修斯走运时才做出的决定，只是他失败的速度太快了。

在联系罗得岛的同时，珀尔修斯和根修斯还派使团去见安条克四世和欧迈尼斯。使节们指出，罗马人一贯挑动君主间相斗，如果马其顿倒台，小亚细亚各位国王就会沦为罗马下一个目标。因此，无论是通过调解结束战争还是与他们一起对抗罗马人，都符合他们的利益。但出于各自原因，欧迈尼斯和安条克四世对使者的建议均予以拒绝。安条克正卷入对托勒密六世的第六次叙利亚战争，希望趁着罗马人与珀尔修斯战争而分散注意力之际完成对埃及的征服。在本书"序曲"中我们看到，安条克将遭受挫折，罗马人并未分心，他们派盖乌斯·波皮利乌斯·拉埃纳斯以罗马实施报复相威胁，在前168年结束了战争。

欧迈尼斯说不，只是因为他长期与马其顿为敌，与罗马为友。他仍感觉自己受罗马人青睐，如日中天，但事实上他的地位并不如自己想象的那么稳固，在罗马他的敌人抓住机会对他进行诽谤。据说他并没有拒绝珀尔修斯的请求，而是支支吾吾

195

地说，他将放弃罗马的事业，并根据珀尔修斯给钱多少来选择维持中立（费用 1000 塔兰特）或尝试谈和（费用 1500 塔兰特）。在皮德纳战役之后几个月里，欧迈尼斯渐渐失去元老院的支持。

听到这种风声后，欧迈尼斯于前 167 年与前 166 年之交的冬天亲自前往罗马表示抗议，但遭到拒绝，借口就是元老院将不再在罗马接待国王。欧迈尼斯到底做错了什么？他似乎一直忠诚于罗马。事实上，他尽管以前一直是罗马权力平衡政策的主要受益者之一，现在却成为这一政策的受害者。罗马人已经决定削弱罗得岛，因此他们不会让欧迈尼斯强大。另外，欧迈尼斯近期也表现出独立的迹象。例如，前 175 年，他曾帮助安条克四世登上叙利亚王位。然而，除了自己以外，罗马人并不想在东方看到其他任何人成为国王拥立者。[10]

欧迈尼斯的末日由此开始。罗马人再次启用曾经对珀尔修斯和德米特里使用的策略，公开支持欧迈尼斯的弟弟阿塔罗斯。阿塔罗斯首先受到诱惑，要求让埃努斯和马罗尼亚成为自己的个人领地，元老院表示同意。但后来当阿塔罗斯转而反对这一方案时，元老院宣布这些城市为自由与自治城市，并对这种直接干预帕加马事务的做法失去兴趣，原因是欧迈尼斯的行为还算规矩。[11] 比提尼亚的普鲁西亚斯也要求获得额外领土，但遭到拒绝，尽管身为国王，他却在元老院成员面前卑躬屈膝。

罗得岛也受到同样严厉的对待。在罗马甚至有人主张，趁东方还有一支罗马军队，应向这个岛国宣战。这些人是无足轻重的少数派，"监察官"加图曾以道德以及实用主义为依据反对他们，[12] 并以此而闻名，不过这一点仍然说明事情已经变得有多么糟糕。战争一结束，盖乌斯·波皮利乌斯·拉埃纳斯立即前往亚历山大城结束第六次叙利亚战争，途中在罗得岛停留。为减轻罗马人的敌意，罗得岛人竟然采取令人毛骨悚然的措施，他们投票决定将亲马其顿派领袖处死，以表示他们对罗马的忠诚。于是他们真的那样做了，杀了那些最初没有自杀的人。

196

与希腊世界的其他国家一样，罗得岛人也派使者前往罗马祝贺皮德纳战役取得胜利，而元老院却拒绝接见他们，甚至还侮辱性地拒绝招待他们，理由是他们并不是罗马的盟友。罗得岛使者学着普鲁西亚斯的样子，屈膝跪倒在元老院面前，但仍然没有用。他们受到的惩罚是把叙利亚-埃托利亚战争结束时获得的全部领土交出来。

罗马人将提洛岛变成在雅典人监管下的自由港，由此对罗得岛造成进一步的经济伤害。此举的首要原因在于商业而不是政治，其目的与其说是损害罗得岛，不如说是促进整个地中海的贸易，尤其是奴隶贸易（提洛岛迅速成为奴隶贸易的中心）。尽管如此，根据一位罗得岛发言人公布的令人难以置信的数字，此举严重削弱了罗得岛的收入，使其锐减 87%。[13] 由于提洛岛没有足够好的港口码头容纳大型运输船，罗得岛保住了其主要收入来源——作为东地中海谷物贸易的中间商。但许多贸易商此时仍会绕过罗得岛，前往条件更为宽松的提洛政权。罗马的敌意损害了罗得岛人在更为广阔世界上的地位。

雅典人还获得利姆诺斯岛（island of Lemnos），被摧毁的哈利阿图斯的农田成了雅典人在彼奥提亚内的一块飞地。雅典受到奖赏并不只是因为雅典在战争期间对罗马的善意（提供军队，供应粮食），也因为增强雅典的实力是安全的，雅典的强大不足以威胁权力平衡，现在的权力平衡是在众多同样弱小的国家之间形成的，而非叙利亚－埃托利亚战争结束时少数强国之间的平衡。

　　对罗得岛和帕加马的羞辱，是为了做个样子出来，表明罗马的权力现在不容挑战。罗马用不着发动战争，就可让强大的国家卑躬屈膝。在皮德纳战役之后，为了与罗马实现关系正常化并了解罗马人的真实立场，罗得岛人一再要求签订正式的联盟条约，却总是遭到拒绝，原因是罗马人现在不承认任何一方拥有与之平等的地位。在罗得岛人再次接受这一教训之后，也许是前 164 年，罗马人才恩准缔结联盟条约。因此，这是一项不平等条约，包含有关如何维护罗马的伟大地位，允许罗马继续干涉罗得岛事务等臭名昭著的条款。[14] 与此同时，欧迈尼斯更快地吸取了教训。他受到粗暴拒绝，足以让他明白罗马人现在指望他做些什么，而且他显然觉得顺从罗马并不困难。与其自作主张而遭到削弱，还不如让帕加马逆来顺受地活着。

第十一章 罗马帝国

前196年，在希腊听众几乎歇斯底里的欢呼声中，提图斯·昆克提乌斯·弗拉米尼努斯宣布，希腊人不仅摆脱了被他最近征服的马其顿人的统治，而且摆脱了罗马人的统治——可以自由地管理自己，自主地决定自己的政策和未来。我们将会看到，仅仅三十年后，卢修斯·埃米利乌斯·保卢斯就在伊庇鲁斯实施了罗马历史上最严重的暴行之一。在这三十年里，罗马人的政策从美好（如果带有讽刺意味的话）的善心转变为事实上的族群清洗，从间接的干预转变为直接在希腊、马其顿和伊利里亚实施政权更迭。天鹅绒手套已被脱掉，露出所有帝国主义冒险行为背后的盛气凌人架势。

一事功成百事顺。在西地中海和东地中海取得胜利之后，罗马人开始认为自己锐不可当。他们似乎只会继续取胜并扩大自己的统治范围，拉丁文"imperium"（帝国）也随之演化。它最初的意思只指罗马官员通过当选而获得的履行职责的权力，但逐渐地拥有地理上的意义，即"罗马控制下的地方"。简而言之，"罗马人民的 imperium"逐渐演化为一个帝国。罗马人相对轻松与迅捷地获得帝国，使他们认为这些征服一定属于天意。绝大多数罗马人坚信，他们注定要拥有一个地中海帝国。

希腊和伊利里亚被阉割

199　　埃托利亚大屠杀被粉饰之后，希腊所有的谄媚者都在安菲波利斯现身，向埃米利乌斯指出一个又一个曾经与珀尔修斯亲近的人的名字。埃米利乌斯鼓励这种做法，并根据这些指控列出名单，命令将所有这些人——来自埃托利亚、阿卡纳尼亚、伊庇鲁斯、色萨利、佩里比亚和彼奥提亚的男子——统统拘留在意大利。

　　这一庞大计划显然是为了削弱希腊的政治反对派。数千名被拘押者中的绝大多数从此再也没有回去。我们注意到，阿哈伊亚同盟后来试图重新得到罗马人的善意，但仍有一千名阿哈伊亚人被驱除出境，关押在意大利，包括波利比乌斯在内。他曾经注定成为阿哈伊亚同盟的领袖，但在意大利的十五年旅居让他收获颇丰。他结交了多位有权势的朋友，尤其是埃米利乌斯·保卢斯的儿子小西庇阿·阿非利加努斯（Scipio Africanus the Younger）①，还担任罗马而不是阿哈伊亚的顾问，最后又担任巡回大使前往希腊各个城市，帮助他们按前146年后的新秩序进行调整，同时，他还找到另一种生活方式——成为一名历史学家。

　　当然，被问罪的阿哈伊亚人名单是由内奸卡利克拉特向罗马人提供的，这些人纯粹是他的政治对手。波利比乌斯的名字将会很早出现。十七年后的前151年，其中三百名幸存者被允许返回，这在一定程度上归功于"监察官"加图的干预。与

---

　　① 即前面提到的普布利乌斯·科尔内利乌斯·西庇阿·埃米利安努斯，更为著名的名字为小西庇阿·阿非利加努斯或西庇阿·埃米利安努斯。

此同时，同盟不断向元老院请愿，但决定流亡者返回的不是他们的申诉，也不是波利比乌斯在罗马的影响，而是不断变化的罗马政策，前150年代初查奥尼亚的卡罗普斯在罗马失宠就是证据。[1]

在制定这些苛刻的规定的同时，埃米利乌斯为整个世界推出各种娱乐活动，向各个城市及个人分发礼物并接待请愿者，俨然以国王自居。他在安菲波利斯展示了马其顿的所有财富，然后将其运回罗马。他把自己抬到天上，却看不到这样的事实，即在地面上，他正在助长一种最邪恶的社会操纵风气，鼓励邻居向当局相互检举。其最后结局就是，在希腊地区，罗马只剩下"无数谄媚者，却几乎没有朋友"。[2]

在迅速战胜根修斯后，阿尼修斯占领了伊庇鲁斯北部，这里是摩罗西亚人和其他伊庇鲁斯叛军的所在地。他把基地设在帕萨隆。埃米利乌斯和阿尼修斯的指挥权都被延长了一年，以便与元老院派来监督安排方案实施的高级专员（派往马其顿十名，派往伊利里亚五名）进行合作。前168年与前167年之交的冬天，伊利里亚的所有领导人被阿尼修斯召集到斯科德拉，听取对他们未来做出的安排。像弗拉米努斯一样，阿尼修斯发布公告，宣布伊利里亚自由，并宣布他将在最短时间内撤走驻军。最后一刻向罗马投降的部落将不再缴纳贡金，而其他所有人则照旧继续缴纳贡金，但现在是一半交给罗马，另一半留给自己。所有被卡罗普斯宣布为反罗马分子的人都遭到处决或被押送意大利。与在马其顿一样，君主制被终结，伊利里亚北部将被划分成三个不同的共和国：一个沿着海岸往南直到利苏斯；一个合并拉比坦领土，包括利苏斯和斯科德拉；另一

200

个在北部内陆。在贸易和通婚方面，三个新成立的伊利里亚共和国受到的限制与马其顿各国所受到的相同。伊利里亚南部的人继续作为罗马的盟友，享受前 228 年以来一直拥有的地位，根修斯的舰队被克基拉、阿波罗尼亚和埃比达姆诺斯瓜分。现在由他们维持亚德里亚海的治安。

因此，罗马人仍然避免把希腊大片土地变成罗马军队驻守的帝国直辖行省（如西西里岛、西班牙、撒丁岛和科西嘉岛）。至少加图声称反对将马其顿变为一个永久的行省，支持让其"自由"。[3] 他认为，罗马缺乏控制和保卫马其顿的资源，因此应该让其自行其是。弗拉米尼努斯以前提出的理由至关重要：如果希腊人让野蛮人部落从北方进入希腊，就不符合希腊人的"自由"。因此，作为抵抗这些部落的堡垒，马其顿必须保持足够的实力。

但是，虽然说罗马人避免建立行省，他们却大大地增强了伊利里亚和马其顿对罗马的依赖，其手段首先是让它们成为罗马国的进贡国（替代收取战争赔款的重要手段）。尽管马其顿和伊利里亚各共和国被宣布自由，这些国家享有的却是一种奇特的"自由"：没有积蓄财产的能力；几乎没有任何具有管理经验的人才；或多或少地被消除了军事能力。自由本来意味着自主，但两个地方的君主体制均被用武力推翻，取而代之的是寡头共和政体。谈论自由是虚假的，这种解决方案的意义就在于严重削弱马其顿和伊利里亚。七个新的共和国将由自己的人民治理，但必须在以外交使团、商人报告和武力威胁作为后盾的严格的罗马监督之下。罗马人赐予他们自由，但马其顿人和伊利里亚人都不得忘记，罗马人也可以夺走这种自由。

摩罗西亚被削弱

如果说没有拿起武器反抗罗马的阿哈伊亚人、帕加马人和罗得岛人依旧受到了惩罚，那么曾经与珀尔修斯并肩作战的摩罗西亚人该受到什么样的待遇？前 167 年秋，他们的土地已被阿尼修斯的军队占领了数月，一个接一个的邦国都明白了自己的将来，只有整个摩罗西亚或伊庇鲁斯不知道将来如何。无论会发生什么，前景显然都会令人不快。

埃米利乌斯在发表安菲波利斯宣言之后不久，就动身前往伊庇鲁斯。一支罗马军队接到指令，对阿丁坦尼领地以及曾经支持珀尔修斯的所有伊利里亚人实施抢掠，以此来获取财富，然后与埃米利乌斯在奥里库姆会合，乘船返回意大利。阿丁坦尼的主要城镇安提戈尼亚遭到彻底摧毁，之后七百年都无人居住（见图 11.1）。埃米利乌斯本人前往帕萨隆，告诉驻扎在附近的阿尼修斯，不要对即将发生的事情采取任何措施，因为埃米利乌斯从元老院得到明确的命令，允许他的部队从摩罗西亚以及曾经支持珀尔修斯的其他所有伊庇鲁斯部落掠夺财富。

埃米利乌斯派官员前往伊庇鲁斯的所有城镇，宣布罗马驻军即将撤离，他们即将获得自由——以哄骗他们，让他们产生虚假的安全感。然后，他命令收缴所有私人及公共财物和贵重物品，将其保存在伊庇鲁斯主要城镇，大概是作为伊庇鲁斯人被赦免应付的代价。然后，他派自己的士兵带着武器，明目张胆地去收缴所有珍贵物品。但占据这些财物之后，他们立刻放纵罗马军队在各个城镇大肆烧杀抢掠，所有城镇都遭到洗劫（强奸、谋杀、抢劫、拆除防御工事、焚烧公共建筑物等恐怖手段，无所不用其极），十五万男女老少全部被抓来卖作奴

202

图 11.1 安提戈尼亚，这座门楼的落石依然静静地躺在前 167 年罗马人对伊庇鲁斯实施恐怖洗劫时落下的地方。

隶，本身就是奴隶的则被转卖。伊庇鲁斯人口一下子减少了近一半。伊庇鲁斯同盟短时间地破产了，在接下来的几年，伊庇鲁斯实际上不再铸币，说明已经极度贫穷。一个多世纪之后，
203　地理学家斯特拉波（Strabo）来到伊庇鲁斯。他说，过去曾经人口稠密的地方现在却一片荒芜，其间散落着破败的村庄。[4]

　　考古证据揭示出这场疯狂破坏活动的一些细节，人们从伊庇鲁斯的塞斯普罗提亚（Thesprotia）地区的情况就可做出判断。该地区的三个主要城镇——法努特（Phanote）[即今多利亚尼（Doliani）]、吉塔那（Gitana）和埃利亚（Elea）——都得到考古发掘。在战争中，塞斯普罗提亚人似乎出现过分裂。据说他们曾为罗马人而战，但处于塞斯普罗提亚与摩罗西亚边界的法努特抵抗过罗马人，并因此受到惩罚。法努特遭到

灭顶之灾，剩下的所有居民只需该城的卫城那么大的地方就够住了，其防御工事到拜占庭时期才得以重建。吉塔那所有公共建筑及防御工事均遭损毁，只有城镇的一小部分后来又有人居住。埃利亚则遭到更为彻底的摧毁，从此无人居住。[5]

我们拥有明确的历史证据，证明至少有一些塞斯普罗提亚人曾为罗马人而战；明确的考古证据证明，塞斯普罗提亚的所有城镇都遭到部分或整体的损毁，很难反驳这样的结论：埃米利乌斯放纵自己的士兵不分敌友地损毁一切，也或许他失去了对士兵的控制。此外，也许卡罗普斯的影响常常起决定性作用。据我们所知，他的家乡查奥尼亚就得以幸免。如果我们更多了解他的个人好恶，我们也许就会明白为什么其他地方也一样，有的被赦免，有的则遭到惩罚。无论怎么说，波利比乌斯形容他是"这个世界上出现过的最残忍、最肆无忌惮的怪兽"，并补充说，在第三次马其顿战争后的一段时间，他实际上是伊庇鲁斯的独裁者。[6]

据说有七十座城镇遭到洗劫，这就是问题所在，因为在摩罗西亚及其盟国，有点规模的社区的总数远低于七十个。从这个角度我们也可以看到，埃米利乌斯和卡罗普斯的目的并不是有区别的破坏，而是实施残暴让伊庇鲁斯人自己屈服于卡罗普斯政权，并防止其他人将来策划叛乱。文艺复兴时期的思想家尼科洛·马基雅维利（Niccolò Machiavelli）对罗马人征服希腊有明确的评论。他说："罗马人认为把自由留给希腊并允许其按照自己的法律治理，通过这种方式可以控制希腊，结果他们失败了，他们必须摧毁那个行省的许多城市，才能确保它的安全。事实上，除了毁灭，没有其他可靠的控制方式。"[7]

这是迄今为止罗马历史上规模最大的一次猎奴行动，而且是由元老院下特令进行的，而不是按惯例由现场指挥官做出的决定。这让人推测出另一种更有可能的情况。[8]一种新型农业正在意大利加速发展。直到前3世纪中叶，将军与其军队中的富人之间没有太大的差距，他们都是农场主，其农场规模没有太大的区别。然而，随着上层家庭财富的增加以及大量来自西班牙、非洲和希腊的更为廉价的奴隶的到来，更为富裕的人得以购买更大的庄园，并将自己农场的模式从自给自足的耕种业转变为畜牧业或者其他形式的专业化的劳动密集型农业。这种情况，再加上前170年代中期的瘟疫，也许是元老院对埃米利乌斯发出指令的另一个原因。当时的瘟疫十分严重，李维写道，成堆未及时掩埋的奴隶的尸体堵塞了许多道路。[9]一百年后，我们仍然能够从拉丁文学中找到这场捕杀伊庇鲁斯奴隶的血腥描述。当时一位研究农业问题的罗马作家提到，由于伊庇鲁斯奴隶是以家庭为单位来的，利于稳定，所以备受青睐。在某些情况下，被迫背井离乡的家庭几代人都住在一起，他们没有了根基，被卖身为奴，但其他方面仍保持原样。[10]

凯旋仪式

于是，罗马人十分荣光地回到罗马。在阿尼修斯的凯旋仪式上，他向公共财政缴纳大约2000万塞斯特斯的金钱，伊利里亚国王根修斯和所有王室成员被戴着枷锁游街示众。后来，根修斯被关在伊古维乌姆（Iguvium，今翁布里亚的古比奥），在那里仍然可以看到被确认为根修斯墓地的遗迹（见图11.2）。

不过，阿尼修斯的凯旋仪式与几周前埃米利乌斯的凯旋仪式相比，简直是小巫见大巫，后者也成为多年街谈巷议的话

图 11.2 意大利古比奥，伊利里亚国王根修斯墓遗迹，战败后，根修斯被罗马人关押在这里。

题。鉴于埃米利乌斯给国库捐献的金钱数额巨大，同时考虑到 205
罗马此时还有固定的进贡收入，元老院竟忘乎所以地摆出戏剧
性姿态，无限期地取消罗马公民的普通直接税。埃米利乌斯向
国库捐献了 1.2 亿塞斯特斯，他手下的部队则抱怨收入太低，
但这种抱怨明显是受到卑鄙的贪婪所驱使（事实上给他们的
奖赏非常慷慨）。后来，他们了解到埃米利乌斯本人并未发
财，而是把所有财富都分给士兵或捐献国家了，这才被迫收回
抱怨。埃米利乌斯仅靠名声就能发财，有关埃米利乌斯的传奇
如是说。

与弗拉米尼努斯的凯旋仪式一样，埃米利乌斯凯旋仪式持

续了三天。他抢走了马其顿的艺术瑰宝，还掠夺了希腊的部分
地区，所以有大量东西可展示。在三天时间里，观众们目睹了
绘画和雕塑、无数金银物品、精美的纺织品、装饰华丽的家具
以及数不胜数的金条和钱币。马其顿曾是个富裕的国家，其国
王长期资助希腊最优秀的艺术家。第一天，两百五十辆马车展
示了大大小小的艺术品。埃米利乌斯似乎对艺术作品拥有敏锐
的鉴赏力，在他带回的许多艺术品当中，有一尊雅典娜雕像，
出自古典主义巅峰时期最伟大的雕塑家、雅典的菲迪亚斯
（Pheidias）之手。第二天展示被缴获的所有武器与盔甲，这
些东西被巧妙地展示在彩车上，看上去好像刚刚散落在战场上
一样，还展示了银质艺术品、金条和钱币。东西太多，光搬运
就动用了三千人。第二天游行的最后一部分是珀尔修斯个人的
礼仪战车，它满载着国王的武器及盔甲，他那顶简朴的王冠被
置于车子顶部，让人不禁感到心酸。

第三天，埃米利乌斯本人乘坐自己的凯旋战车出现在凯旋
仪式上，前面是一百二十头牛，牛角镀金，用作奢侈的祭献
物。第三天用来展示最珍贵的金质物品，包括一个镶满宝石的
金碗，重达 250 千克。但最主要的当然是珀尔修斯国王，他的
身边围拢着他的孩子们，后者天真的表情让旁观者深感怜悯。
这是罗马人霸权欲望演变过程中的一个真正标志，以前的国王
只要投降就成了罗马的朋友，现在却戴着枷锁被牵着步行在获
胜将军的前面。珀尔修斯随后被软禁在阿尔巴富森斯（Alba
Fucens），那是意大利中部一个与世隔绝的小镇，经常被用于
关押重要囚犯。凯旋仪式的整个经历对他来说就是奇耻大辱，
不到两年后他就绝食而死。最初促使珀尔修斯抵制罗马人欺凌
的是他的骄傲，现在夺走他性命的也是这种骄傲。[11]

206

文化与身份

如果说埃米利乌斯的凯旋仪式以其辉煌与财富而称著，那么阿尼修斯凯旋仪式的亮点则在于奇特的戏剧化表演。尽管我们很难拿到证据（此外，这一仪式可能发生在几年之后），但阿尼修斯似乎刻意从希腊引进了最优秀的音乐家和戏剧艺术家，结果却让他们上演了一出混乱的即兴音乐剧，而观众则报以嘲笑与辱骂。[12] 整个事件似乎就是有意为羞辱希腊人而设计的，让他们执行一个罗马人的命令，在罗马观众面前出丑。这是罗马优越感的展示，且不是一次单独的行动或偶然的态度，它把我们直接带入一场深刻辩论的核心。随着与希腊文化更为持续的接触，这场辩论在罗马风行一时。

按照事物发展的自然进程，早在罗马向东方派兵之前，罗马人和希腊人就经常接触。已发掘出土的陶器碎片可以证明，自公元前 1500 年起，希腊和意大利之间就一直在进行贸易。与其他人一样，罗马人也去德尔斐请教神谕。早在前 5 世纪，希腊外来词汇就出现在拉丁文中。据说前 5 世纪罗马人首次起草自己的法典时，就参考了希腊模式。前 4 世纪与前 3 世纪初，双方也有过外交接触，或许罗马人甚至与亚历山大大帝联系过，哪怕没有，也肯定与马其顿、埃及和叙利亚的其他国王有过接触，可能还与罗得岛人有过联系。[13]

宗教一直是文化交流渗透的沃野，考虑到两种宗教在构思主要神灵方式上的相似性更是如此。对希腊神阿波罗的崇拜早在前 5 世纪就得到确立。罗马人收集的有关自己历史的基本神谕就是用希腊文书写的《西卜林书》（*Sibylline Books*）。前 3 世纪中叶，随着希腊女祭司从南方的引入，希腊人崇拜得墨忒

207

耳（对罗马人来说是刻瑞斯）的形式被成功植入罗马版本。人们对《西卜林书》的研读导致前 3 世纪初引进希腊医治者之神阿斯克勒庇俄斯（Asclepius）崇拜（当时正值瘟疫爆发），前 217 年引进西西里厄律克斯（Eryx）的阿佛洛狄忒（Aphrodite）崇拜，以及前 205 年引进弗里吉亚的大母神［Magna Mater，又称库柏勒（Cybele）］崇拜。[14]

然而，在早期的这些接触中，并不存在任何挑战。传说中说《十二铜表法》是根据雅典法律制定的，但罗马人并没有觉得自己罗马人身份的纯粹性被降低，就像法国影响美国建国，但没有让美国公民觉得自己不那么美国一样。前 3 世纪意大利各个城市的公共建筑深受各式各样的希腊文化影响，这一点首先可以表明，在一定程度上，文化交融是为人们所接受的。[15] 很久以前就有希腊艺术家与工匠在罗马和意大利其他地方工作了。

然而，当代获得的证据表明，希腊文化的影响使罗马人陷入某种危机，希腊文化并非一直为人们所接受，也不是一直被视为某种地中海共同文化内在而无可非议的一部分。我们很快会考虑加图对希腊文化的反对，但我们可以说，加图坚决反对"希腊文化"这一事实表明，至少他和他的盟友认为，希腊文化是可以分离的一块，是一种独特的新东西。马库斯·克劳狄乌斯·马塞勒斯吹嘘说，他前 211 年洗劫锡拉库萨后带回的战利品教会罗马人欣赏希腊艺术，也许这样说并没有错，[16] 原因不仅仅是从那时起，以前的涓涓细流变成了一股洪流，而且更为特别、更为微妙的是，面对这股洪流，罗马人终于自我意识到外部文化的影响，开始对自己的价值观提出质疑。

罗马贵族们现在不但亲眼看到希腊不得不提供的东西，而且获得可以带回的巨额财富，还把对希腊艺术品的占有作为一种手段，彰显自己的精英地位。鉴于贵族之间存在竞争，一位同伴获得希腊艺术鉴赏家的美誉，其他人就想赶上。声望是这场游戏要追逐的目标：希腊艺术家描绘赞助人打胜仗的场景；希腊雕塑家让罗马的公共空间充满对出资人的美化；[17] 希腊建筑设计师以赞助人的名字设计建筑物，并在上面刻上他们的事迹；恩尼乌斯撰写的《编年史》突出表现赞助人富尔维乌斯·诺比利奥尔及其家族取得的成就；马库斯·帕库维乌斯（Marcus Pacuvius，前 220 ~ 前 130 年）创作了一部戏剧，庆祝埃米利乌斯打败珀尔修斯；埃米利乌斯还从雅典带回哲学家兼画家梅特罗多勒斯（Metrodorus），让其用绘画纪念他的事迹，以此教育他的几个儿子。[18]

后来，为了在同伴当中高人一等，罗马贵族们开始赞助希腊哲学家，每位大人物都有希腊人随从。希腊人的修辞技巧可以帮助一个人脱颖而出，在元老院及法庭战胜对手。希腊作家和艺术家以前接受希腊化国王们的资助，现在找到了新的收入来源。于是，他们大量涌入罗马，有的作为难民，有的作为政治犯，还有一些人自愿前来。到前 2 世纪末，罗马全部的教育行业几乎都被掌握在希腊人手中。公元前 1 世纪晚期罗马诗人贺拉斯（Horace）说的话令人难忘："被俘的希腊俘虏了野蛮的征服者，把艺术带到粗野的拉丁姆①。"[19] 与希腊的持续接触就像一种催化剂，促成罗马文化生活的巨大转变。

因此，自觉借用希腊文化的第一阶段的特征就是要么通过最早期拉丁语作家的翻译，要么通过获胜将军们带回的战利

209

---

① Latium，罗马城在那里建立。

品，人们对希腊艺术作品越来越熟悉。然而，从一开始，对希腊文化的崇拜——这种崇拜让某些罗马人自命不凡地将自己的血统追溯到希腊英雄和希腊诸神——就带有比较阴暗的情感。共和国中期的一些罗马人似乎觉得，与希腊人相比，他们是文化上的农民，他们对希腊文化的反应不仅出于尊敬，而且带有因自卑感产生的企图占据高地的欲望。这就是阿尼修斯安排这场闹剧的背景，也是这样一种事实的背景：尽管希腊式戏剧娱乐活动明显很受欢迎，但罗马最早到前1世纪中叶才有了永久性剧院。临时搭建的舞台使作为罗马道德守护者的元老院得以保留对戏剧作品的控制。

因此，罗马人在欣赏希腊文化的同时，也在贬低希腊人。毫无疑问，在前1世纪博学的罗马人当中，西塞罗并不是第一个找到一种相对容易的方法来解决赞美和轻蔑之间矛盾的人。他们可以把对古代希腊伟人的尊敬和对当代希腊人的鄙视结合起来，或者说他们认可希腊学问的优越，却对希腊学问未能帮助希腊人培养出一种健康的道德品质而感到惋惜。[20]与此相关，另一些人在私人生活中珍视希腊哲学，在公共生活中却对希腊人不屑一顾，在元老院发言时如此，在海外与希腊人作战时亦如此。卢修斯·埃米利乌斯·保卢斯真心喜爱希腊（例如，他让儿子们接受希腊文化教育），但对希腊文化的崇拜并没有阻止他去摧毁它，或者至少把希腊文物带到罗马。即便是在私人场合或公共场所展示希腊艺术品，其目的也是以微妙的形式宣布统治权，即从现在开始，罗马将成为希腊文化遗产的保护者。西塞罗对同时代希腊人的蔑视无疑助长了罗马人的掠夺，其隐含的情结是，希腊人如今没有能力照管自己的伟大遗产。

讽刺的是，罗马人把希腊人东方化了。更具讽刺的是，正是因为希腊人自己在前 5 世纪"发明了野蛮人",[21] 并勾勒出了东方主义的基本概念:东方人柔弱、爱冲动、非理性、喜欢奢侈、奴性十足,等等。现在罗马人实际上也用同样的画笔来描绘他们。罗马上层阶级生活的传统焦点是政治、战争、法庭和他们的庄园;对许多人来说,哲学、文学和其他形式的希腊休闲活动似乎都是轻浮而无聊的。

东方化的进程开始的时间很早。前 3 世纪末,普洛提斯戏剧(这些戏剧都以希腊原作为模型)中的希腊人都倾向于气质柔弱,精神错乱。普洛提斯使用字面意思是"to Play the Greek"(像希腊人一样玩)的词语暗示希腊人的性偏离或整体的道德弱点。"别停,"他说,"没日没夜地喝吧,就像希腊人一样。"[22] 希腊体操成为一些罗马人攻击的特定目标,他们对裸体运动感到厌恶,认为那是纵容同性恋。[23] 所有这些指责隐含着一种基本的感觉:希腊人缺乏罗马人的庄重沉稳。对于罗马人来说,尽管希腊拥有崇高的文化和悠久的历史,但罗马人比他们高贵,因为罗马人有道德底线。也许值得人们记住的是,罗马人最了解的希腊人都是家庭奴隶、受雇的工匠以及外交人员。对这些阶层的所有人来说,顺从和奉承只不过是一种保护措施,并且撒谎有时是必需的。

"监察官"加图定期发表措辞激烈的长篇演讲,所以罗马人抵制希腊文化首先与他有关。然而事实上,加图只是集中展现了西塞罗等人企图破解的同一种两难困境,即敬慕与轻蔑之间的冲突。一方面,他是一个博学的人,精通希腊的语言、历史与文化。另一方面,他承认对希腊人存在蔑视,在给儿子写的一封信中称他们为"一个完全卑鄙和不守规矩的种族",并警告儿子要远离希腊的所有东西。[24] 这样说来,他的真正目标　211

也许并不是希腊文化本身，而是那些炫耀外国举止与品味的罗马人，他觉得这些人自命不凡，令人厌恶，颠覆了罗马的传统道德。[25]加图发动的运动——他为自己设定并严肃地为之四处奔波的任务——就是捍卫罗马传统的生活方式，或者至少一个相当异想天开且理想化的早期罗马社会，那时的罗马社会由身体健壮的农民组成，过着严肃而简朴的生活。作为拉丁散文文学的实际奠基者，他在蔑视其希腊前辈方面有时走得太远。

与希腊文化的接触使罗马迫切感到，需要在地中海更广阔的文化生活中找到自己的位置，且在这一过程中不造成对自己统治感的伤害。罗马人相信，正是他们道德上的优越才让他们得到众神的支持，并确保他们在战争中取胜。根据一个古老的帝国主义信条，他们认为按照自然法则，上等人必须统治下等人。罗马人毫无逻辑地认定这种结果，认为他们统治希腊的事实本身足以证明他们高于希腊人。[26]当然，希腊人一经征服，必然会表现得更像臣民，从这个方面来说，罗马人的说法是一种自我实现的预言。

有时，罗马人采取一种更直接但也更偏执的形式来确定这种优越感。前186年，元老院决定禁止对酒与狂欢之神狄俄尼索斯（对罗马人来说是巴克斯）的崇拜。这项决定以极为残酷的方式执行，许多信徒都遭到处决，接下来几年对信徒实施的迫害变本加厉。但是，对狄俄尼索斯的崇拜由来已久，其古怪和不道德程度肯定不及对库柏勒崇拜之类，而后者被广泛认为包含仪式性自我阉割。[27]根本的问题是，这种形式的酒神崇拜是逐渐潜入罗马的，没有得到元老院批准（即不像引入对库柏勒的崇拜那样），人们感觉存在一种危险，即信徒们会更加认同这种宗教，减少对补充市民宗教，支撑罗马公民关系的公共礼仪的认同。罗马给出的镇压理由是酒神崇拜已经堕落成为性放纵，甚至宗教谋杀，但这种说法听上去更像是宣传，或者是为由恐慌与偏见引发的行为的辩护。前 181 年焚烧毕达哥拉斯（Pythagoras）的书籍就是出于对非正统宗教和外国教育腐蚀罗马道德的担忧，据说这些书籍是在一位早期罗马国王的箱子里被发现的。前 161 年和前 154 年公开驱逐希腊哲学家和修辞学教师，也是出于同样的担忧。然而，元老院成员个人却在继续培养希腊哲学家，并为自己的儿子找希腊教师。[28]

　　罗马人在借鉴希腊艺术的同时，又试图对所学的东西加以改进，一个很好的例子就是被称为"真实主义"（即栩栩如生）的雕塑形式。罗马没有称职的雕塑家和艺术家，事实上，人们对艺术类的职业存在一种蔑视，认为它不适合罗马人。[29]因此，参与这场运动的全部是希腊人，但他们都是为了取得罗马人的佣金而工作的。本书图 5.2 钱币上的弗拉米努斯画像就是一个很早且很好的真实主义例子。它没有试图把弗拉米努斯描绘成任何理想化的样子，大概是试图把他描绘成真实的样子，尽管其中使用的手法还很粗糙。当真实主义流行达到高潮时，我们发现罗马达官贵人的雕像都十分真实，毫不掩饰瑕疵。这些作品描绘的都是中年或老年男子，突出甚至夸大了他们所有的皱纹与缺陷。他们似乎在热切地注视着前方，神情往往十分紧张。图 6.1 大西庇阿·阿非利加努斯的半身像就是一座相对低调的真实主义雕塑。[30]

　　尽管在描绘奴隶、儿童、外国人和动物等不太重要的题材时，当时的希腊雕塑艺术也表现出类似程度的现实主义，但仍倾向于理想化地塑造国王和其他伟人，绝大多数罗马雕塑也是

212

如此。不过很显然，为罗马人佣金而工作的真实主义风格雕塑家所接受的指示遵循"不添花哨，表现真实"的路线。这些雕塑作品传递的印象应该是那些身经百战、成熟而负责的男子，他们为国家服务，百折不回，现在却满脸皱纹。所要表达的信息是，希腊艺术是为罗马服务的。因此，罗马人不仅模仿希腊艺术，而且学习并超越它。他们不仅接过希腊艺术，而且让它变成自己的东西。罗马的希腊化同时伴随着罗马的罗马化，即在希腊基础上发展属于罗马的各种形式。罗马诗人奥维德（Ovid）通过颠倒贺拉斯的口头禅，非常巧妙地指出了这一点。他在提及早期罗马时写道："希腊还没有向征服者交出其被征服了的艺术。"[31] 按照他的说法，罗马人接过希腊文化，使之成为自己的文化。

　　与希腊文化的持续接触，使罗马人意识到自己文化传统方面的匮乏。他们没有多少东西可以教给希腊人，却可以向他们学习很多东西。原有的拉丁文学数量很少，没有史诗，没有爱情诗，也几乎没有悲剧或喜剧。甚至在其他领域，如建筑领域，也正是与希腊的接触才推动罗马人首次发展属于自己的建筑形式。当然，在与希腊接触之前，罗马人也有文化，拥有自己的歌曲、诗歌、低俗的戏剧和诗歌比赛，但大多是口头流传的。变化体现在语体风格方面，其向上发展走向高雅。因此，强调朴素的罗马美德的加图会诋毁这种变化。有几十年时间，医学、地理、科学、哲学等许多学科，只能在希腊文献中找到。

　　希腊文化的涌入迫使罗马人思考罗马未来意味着什么：加图以一种方式表达罗马性（Roman-ness），用另一种方式表达元老院的排斥。因此，罗马的希腊化迫使罗马人寻找自己的身份并创造自己的艺术形式。在不断演化的过程中，希腊化和罗马化相生相伴。罗马人正在学习掌握"双语"，不但是字面上学习，而且是在隐含意义上（精通两种语言，掌握两种文化）学习。但双语化只是一种有限的比喻，因为它意味着两种文化并存，就像掌握两种语言的人从一种语言切换到另一种一样。除了语言以外，文化上的表现并非如此，大部分文化会被吸收，而不是被学习，因此人不能简单地从一种文化模式切换到另一种文化模式。18世纪和19世纪，俄国上流社会追求法国文化走向了极端，结果大量法国习惯便混入后来的俄国文化，成为其不可分割的一部分。罗马的经历也是如此。用嫁接来比喻比双语化更为贴切。但是，罗马并未因此丧失多少罗马风气，只是拥有了更多希腊风格而已。

第十二章 皮德纳战役之后的
希腊世界

　　皮德纳战役之后，罗马人再次撤回自己的军队。然而，考虑到罗马东方统治的性质，长期驻军与否并不是特别重要的因素。兼并并非帝国主义的唯一形式："帝国……是一种关系，其中一个国家采取正式或非正式的方式控制另一个政治社会的实际主权。帝国可以通过武力、政治合作，以及经济、社会或文化上的依赖实现。帝国主义就是建立或维持一个帝国的过程或政策。"[1]

　　罗马人削弱了巴尔干半岛和小亚细亚的所有国家，直到没有一个国家能够单独构成有效的威胁。罗马人密切关注形势发展，确定是否正在形成某种形式的联盟。他们不但定期派出使节，而且在每个城市、同盟和邦国都安插了内线，即唯罗马人之命是从的内奸，其势力是罗马人以异常残酷的方式培育的。马其顿和伊利里亚共七个共和国都是罗马的附属国，而希腊和小亚细亚地区的所有国家现在都由亲罗马派统治，公开抵抗在一定程度上已被完全消除。珀尔修斯在皮德纳被彻底击败的同一年，波皮利乌斯·拉埃纳斯仅凭威胁就控制了安条克四世。[2]对罗马的抵抗可以也将会通过军事或外交手段终结，尤其是因为所有与罗马外交官打过交道的人都知道，这些外交官的身上承载着潜在的武力威胁。

　　因此，希腊各邦国在阿谀奉承方面学到了更多的经验教训，以谨慎而谦卑的态度对待罗马，偶尔还会卑躬屈膝。第三次马其顿战争结束后，希腊地区的许多邦国就急忙向罗马的获胜者表示敬意：阿哈伊亚同盟在奥林匹亚为马修斯·菲利普斯竖立了一座塑像；提洛岛甚至向纪律散漫的霍滕修斯授予了一顶金冠。[3] 长期以来，回顾辉煌历史以图复兴一直是希腊各国的惯例，但这种情感现在只能让人感到难堪。地中海的控制权已经被转交他人。

效忠罗马

　　就连国王们也指望罗马帮助他们巩固政权，并对这位新来者采取一种谨慎的顺从。波皮利乌斯制止安条克四世占领埃及后，安条克派出使节前往罗马，谄媚地说，"对安条克来说，令元老院愉快的和平比任何胜利都更为可取"，安条克服从波皮利乌斯的命令"就像服从众神的命令一样"。前 163 年取得王位后不久，卡帕多西亚国王阿里阿拉特五世不但说服罗马人，承认他的统治可以有效抵御叙利亚德米特里一世的敌对行动，而且十分谄媚地通过贿赂，换取罗马人对他的持续恩惠。前 161 年，他甚至抛弃自己的新娘，因为她是德米特里的姊妹、珀尔修斯的遗孀。前 162 年从意大利脱离囚禁后，德米特里本人也发现，顺从在某种程度上就能重新得到罗马人的好感。比提尼亚的普鲁西亚斯二世送自己的儿子去罗马成长并接受罗马式教育。前 156 年，在考虑针对加拉太人的行动时，帕加马的阿塔罗斯二世认为事先获得元老院的批准是明智之举。前 155 年，即使相距遥远、与罗马人几乎没有打过交道的本都的法纳西斯一世也敦促自己和一位条约伙伴，"与罗马人保持

215

友谊，不做任何违背罗马人意愿的事"。[4]

国王和国家必须做出正确的判断，他们需要罗马的支持来获得对邻国的权力，但如果变得过于强大，就有招致罗马愤怒的危险。他们目睹了腓力、珀尔修斯和欧迈尼斯的遭遇。前155年，托勒密八世将自己的卫星王国昔兰尼加（Cyrenaica）赠予罗马，成了国王顺从罗马的终极体现。前133年，阿塔罗斯三世步托勒密八世后尘，将整个帕加马王国赠给了罗马。[5]

尽管如此，有段时间，因距离小亚细亚及亚洲其他地区仍然路途遥远，罗马的政策时断时续。有段时间，国王们为所欲为，却并未触怒罗马。因此，前168年到前166年欧迈尼斯与加拉太人开战，罗马人未加干涉，直到战争结束，他们才命令欧迈尼斯尊重加拉太人的自治权，从加拉太领土撤出军队。又如前156年，尽管元老院已明确表示不满，比提尼亚的普鲁西亚斯二世仍然坚持与帕加马作战。一两年之后，罗马人废除与普鲁西亚斯二世签订的条约，威胁将实施武力干涉，最终才说服他结束了战争。

罗马人的统治，不仅靠战争、废除条约和外交威胁等大姿态来维持，而且靠对当地事务的干涉，我们可以看到，这是他们从一开始就采取的策略。小亚细亚和希腊地区的单个城市和市镇都被赋予联盟地位。我们根本不知道个中缘由，但这种做法的效果之一，就是使这些地方得以实现或维持在当地的主导地位。小亚细亚基本上被交由他们自行管理，但希腊更靠近中心，已经拥有更长的罗马管理历史。因此，罗马介入雅典与提洛岛之间、斯巴达与麦加洛波利斯之间以及斯巴达与阿尔戈斯之间的争端。[6]小亚细亚的国王们也许还保留着一定的行动自由，但在希腊地区的同盟和国家中这种情况少之又少。

冷漠还是遥控？

制服欧迈尼斯与罗得岛人之后，罗马满足于相信权力平衡，把小亚细亚及亚洲其他地区大部分留给他们自行管理。罗马人偶尔也会派出使节，通常采取专门事务特使与一般特使相结合的办法去解决特殊的问题，监视事态发展，支撑所谓自我维持的和平。例如，前 165 年，提图斯·森普罗尼乌斯·格拉古（Titus Sempronius Gracchus）率领使团访问帕加马、卡帕多西亚、叙利亚和罗得岛。前 163 年，格奈乌斯·奥克塔维厄斯（Gnaeus Octavius）率领另一个使团，肩负多项重要工作任务：马其顿人难以适应新的形势，那儿的争端需要解决；卡帕多西亚与加拉太人打得难解难分；在埃及，大打出手的托勒密兄弟需要被调和。

最重要的是，奥克塔维厄斯和他的同事要"根据元老院的意愿"解决叙利亚问题。前 165 年森普罗尼乌斯被派往叙利亚，原因之一是前一年安条克四世举行了一次规模巨大的阅兵式，罗马人担心他有可能正在扩充军备，超过《阿帕梅亚和约》规定的限度。安条克四世的确在扩充军备，而元老院却在一段时间里假装熟视无睹，实际上是在帮助安条克四世的敌人。他们首先支持由犹大·马加比（Judas Maccabeus）领导的犹太人叛乱（前 167~前 160 年），这场叛乱的起因是安条克愚蠢地试图让犹太人崇拜希腊神。但现在元老院决定解除叙利亚国王的武装。前几年他在埃及近乎取胜表明，他已强大到威胁权力平衡的地步，罗马使者将目睹安条克四世的海军力量被损毁，战象被致残。[7]

这场大规模干预的结局是，前 162 年，在成功削弱叙利亚

217

的军事实力后，奥克塔维厄斯在那里遭到暗杀。前230年，一位罗马大使被杀后，伊利里亚遭到入侵。这次奥克塔维厄斯死了，罗马人该如何做？前164年继承其父叙利亚王位的少年国王安条克五世派特使前往罗马，试图让元老院相信，国王与这件事情毫无关系。元老院虽然对此持怀疑态度，但仍然选择让叙利亚自行解决自己的问题。暗杀奥克塔维厄斯使安条克城陷入大动荡，希望在叙利亚获得影响力的元老院——确切地说是一群权力熏天的元老院成员——于前162年设计让德米特里从意大利"秘密"逃出。[8]德米特里返回安条克城后受到欢迎，他杀死了年轻的堂弟，夺走了王位。正义得到伸张，谋杀奥克塔维厄斯的罪名最终落在安条克身上。德米特里还遣送凶杀案的几位主谋去罗马接受审判，元老院却再耍手段。他们只是将凶手交还给德米特里处置，而把自己的愤怒情绪留作一根棍子，敲打后续的叙利亚国王屈服，例如在他们迟迟不缴纳叙利亚-埃托利亚战后规定的赔款问题上。整个事件表明，元老院从远方操纵着叙利亚发生的各个事件，除了继续保持家长式统治外，不用费吹灰之力，也无须罗马做出任何承诺。

当然，这些都是实行远程控制的范例，它们清楚地表明，只要不危及元老院的统治，元老院将继续坚定维护尽可能少参与的策略。元老院在希腊地区也采用了同样的政策，在那里越来越倾向于主张采用强制性调解的方式来解决冲突，要么由罗马人出面调解，要么通过某个合适的第三方来调解。[9]罗马人已经将希腊牢牢地捆在一起，从而大大减少了直接干涉。例如，前159年埃托利亚亲罗马派的领袖吕西库斯被杀，罗马人就未采取任何行动。他们没有必要采取行动，因为吕西库斯的死并没有危害到什么。事实上，亲罗马派的倒台还结束了埃托利亚的内部纷争，在彼奥提亚、阿卡纳尼亚和伊庇鲁斯也发生了同样的事情。在所有这些情况下，罗马人都没有采取任何行动，这并非他们对正在发生的事情漠不关心，而是因为没有什么可做。他们再也不需要吕西库斯和卡罗普斯之流了。

第四次马其顿战争

毫不奇怪，由于罗马人为马其顿人制定的解决方案十分严苛，最大的麻烦就来自马其顿各共和国（或称各分部）。前158年，金矿和银矿得到重新开放（罗马再次需要贵金属），但皮德纳战役后这个国家已经遭到严重摧残和掠夺，到处都十分贫穷。无论如何，重新开放金银矿主要对矿山所在的第一和第二分部有所帮助。宏大的王家庄园已经被罗马占有，必须派人或从马其顿内部任命人员来进行管理，但有很长一段时间，农业和林业的产量可能远远不如以前。有能力的管理人员全部被送往意大利拘留，还有无数人逃到国外，各共和国在头十年里必然是缺乏经验，效率低下。

雪上加霜的是，埃米利乌斯独吞了所有剩余的粮食和食用油，然后作为回报赠给个人和邦国。[10] 价格将上涨。在马其顿山区，民众生活的主要支柱是转场放牧，但转场放牧可能已被新的边界打断。很长一段时间内，在罗马人的金钱通过贸易流回东方之前，一些人出于绝望或者忠诚，渴望他们的国家在一个国王领导下重新统一。从皮德纳战役结束到第四次马其顿战争爆发，至少发生了两次动乱。[11]

前152年，一位受雇于叙利亚的德米特里、名叫安德里斯库斯（Andriscus）的年轻马其顿雇佣军军官，公开声称其父是珀尔修斯，他自己则一直在韬光养晦，等待时机。安德里斯库斯从侨居叙利亚的马其顿人中吸引了越来越多的追随者，最终请求德米特里帮助他登上马其顿王位。但德米特里一如既往地需要想方设法让罗马人高兴，于是逮捕了这个冒充者，将他押送罗马。

安德里斯库斯有可能就是珀尔修斯的儿子（他长相明显酷似珀尔修斯），但他的母亲很可能是个小妾。[12] 没过多久，他就逃出罗马，回到了东方。他去了其他几个马其顿移民据点，尤其是拜占庭和米利都，在那里继续吸引追随者并建立了一支小型军队。最后，他去了珀尔修斯曾将妹妹嫁给其国王的色雷斯。王妃及其丈夫不但承认他是帕尔修斯的儿子，而且鼓励他继续追求实现自己的抱负，不过，他们却没有给他多少军队。

当年罗马只允许马其顿各分部保留小型民兵武装，不过很快，安德里斯库斯就控制了佩拉，并被称作国王，他还给自己冠上了腓力六世的王家称号。他在边界上遭遇抵抗，其统治远未受到人们的普遍欢迎，尤其是因为许多跟随他的移民者回国后企图索回至少十年不在自己手中的旧有土地。但由于反罗马情绪高涨以及人们对君主抱有同情，他暂时得以苟且偷生。

罗马派普布利乌斯·科尔内利乌斯·西庇阿·纳西卡率领一组使者进行调查，如有可能则通过谈判解决问题。但事实证明，谈判解决已不可能。纳西卡以危言耸听的措辞给元老院回信。与此同时，安德里斯库斯履行马其顿国王所负的职责，发动了收复色萨利的战役。色萨利人向能迅速给他们提供军队的阿哈伊亚同盟求援，纳西卡利用皮德纳战役的经验组织阿哈伊亚人保卫了色萨利。

作为对纳西卡报告的回应，元老院派裁判官普布利乌斯·尤温提乌斯·塔尔纳（Publius Juventius Thalna）率领一个军团前往现场。但在前148年抵达后不久，他就在战斗中被安德里斯库斯消灭，塔尔纳本人和几乎所有士兵都命归黄泉。这是马其顿取得的一次辉煌胜利，也是罗马人在东方遭受的最惨烈的失败，肯定极大地提高了安德里斯库斯在马其顿的地位，但也必然招来罗马的灭顶压力。

尤温提乌斯被打败后，元老院迅速派出另一位裁判官昆图斯·凯奇利乌斯·梅特路斯，率领一支更为庞大的军队，并得到帕加马舰队的支持。很快，安德里斯库斯就被打败，逃到了色雷斯。这次他在色雷斯更为成功地组建了一支军队，重新回到战场，结果再次被凯奇利乌斯打败。最终，他成为凯奇利乌斯凯旋仪式上最臭名昭著的俘虏，而凯奇利乌斯则骄傲地获得"马其顿征服者"（Macedonicus）的称号。于是，第四次马其顿战争——马其顿争取独立的最后一次努力——宣告结束。这场战争给罗马人带来了真正的冲击。随后在前147年和前143年，又出现了两个冒名者，尽管他们的努力终归失败，却再次凸显罗马人的解决方案不得人心，而马其顿的尊严经久不衰。

马其顿的新体制

前面我们看到，伊利里亚的大部分地区也被分成不同的分部，但当北方的伊利里亚人开始袭击伊萨岛等罗马的盟友时，唯一的麻烦出现在达尔马提亚沿海更北的地方。前158年，罗马派出使者，但他们受到羞辱，罗马人不得不采取军事行动来惩罚冒犯者。一般来说，我们对皮德纳战役之后的这段时期的细节知之甚少，但第三次伊利里亚战争持续了前156年（在盖乌斯·马修斯·菲古卢斯指挥下）和前155年（在普布利乌斯·科尔内利乌斯·西庇阿·纳西卡指挥下）两个作战季

221

节，与前两次战争的短暂形成鲜明对照。但与在马其顿对付安德里斯库斯一样，罗马人似乎遭到比预期更为顽强的抵抗。不过，战争结束后，伊利里亚出现了多年的和平。

然而，马其顿似乎不太可能适应新的形势，那里仍有太多太多的持不同政见者，甚至还有觊觎王位的冒充者。马其顿复兴会对更南面的希腊人产生什么样的影响，这一点没有明确的答案，但马其顿反叛则可能成为大雪崩的第一声轰鸣。罗马人现在要么重新统一马其顿，让马其顿拥有实力抗击安德里斯库斯之流对其本土发动的入侵；要么对马其顿实施直接控制。当时罗马人正在进行第三次布匿战争，以彻底消灭迦太基，现实让他们倾向于采取后一种解决办法，也是最迅速最简单的办法。因此，罗马第一次放弃了对希腊地区的远程控制，转而驻扎一支占领军，派遣一位军事总督。自前146年凯奇利乌斯离开以后，罗马每年都向马其顿派出一名指挥官和军队（可能不超过一个军团）。[13] 罗马驻军现在的任务是维持北部边境的治安，同时能够对更南面任何被视为紧急的事件做出快速反应。

这开始了将马其顿转变为罗马帝国一个永久行省的进程，马其顿加入西西里岛、科西嘉岛及撒丁岛、山南高卢（Cisalpine Gaul）和西班牙的行列，行省化在那些地区早已实行。不过，除驻扎军队、派驻总督外，罗马几乎没有采取其他任何措施。例如，四个分部继续保留；尽管意大利土地短缺，罗马也没有殖民马其顿。但新的历法已经被引入，标志着新时代的到来。尽管总督的主要职责在军事方面，但他也负责监督贡金的缴纳，并对现在提交他门下而不是罗马元老院的当地请愿做出答复。因此，多年下来，总督的行政职责变得与军事职责一样重要，一样耗费时间。渐渐地，马其顿所有的重大政策决定开始由罗马人单独做出，或者最多是与资深的马其顿人进行协商后做出。渐渐地，罗马总督开始把马其顿视为一个统领四个共和国的整体。也许是在前 2 世纪末，逐渐演化来的行政结构使马其顿完全成为帝国的一个行省。

阿哈伊亚战争

前 160 年代和前 150 年代，阿哈伊亚政治生活中的重大事件就是该国一千名重要人物遭到拘留，这是皮德纳战役后罗马制定的希腊解决方案的一部分。如前所述，这些人的请愿最终取得成功，前 151 年，幸存的流亡者中愿意回国的都返回国内。[14] 但是，如果说这是罗马人支持同盟的信号的话，那么这种情况很快将会改变；如果罗马人认为不再需要把人质当作工具胁迫阿哈伊亚人屈服的话，他们将很快被证明是错误的。潜在的问题或许很简单，自从卡利克拉特审慎地认识到必须顺从罗马后，二十年已经过去了，新一代阿哈伊亚强硬派在同盟内部拥有影响力，大概得到至少部分从意大利回国的流亡者的支持。

因此，当斯巴达再次脱离同盟时，这一事件注定让阿哈伊亚敌对政治组织之间出现严重对立。前 149 年，前往罗马与元老院磋商斯巴达问题的阿哈伊亚使节们（他们当中有年迈的卡利克拉特，但他在出使期间去世）带着不同的信息返回国内。一些人继承菲洛皮门独立派的立场，坚持认为罗马人应让同盟自行解决内部事务，而另一些人则坚持认为，斯巴达人如果愿意，现在就可以离开同盟，并且得到罗马人的祝福。

斯巴达人最终还是脱离了同盟，尽管凯奇利乌斯从马其顿派出的罗马使节警告说要等罗马高级专员前来解决问题，但阿哈伊亚人最终还是对反叛的城市发动了进攻。战争一直持续到前147年，当卢修斯·奥雷利乌斯·俄瑞斯忒斯（Lucius Aurelius Orestes）最后赶来宣布罗马做出的决定时，人们的情绪极为激烈。他宣布，不仅是斯巴达，还有科林斯、阿尔戈斯、温泉关附近的赫拉克利亚和另外一个或两个地方都可以自由地脱离同盟，实行自治。他宣布的内容使会议陷入狂热与混乱。

223 　　早在前182年，罗马人就已经表明意图，要利用碎片化的方法来削弱阿哈伊亚同盟。前172年和前164年，他们又做过更多这样的努力，支持埃托利亚的普勒隆（Pleuron）脱离同盟。借口总是一成不变，即所谓这些城市的"自由地位"与他们在同盟中的成员身份不符。[15] 卡利克拉特死后复兴的阿哈伊亚独立运动现在重新启动了元老院的这项政策，但除斯巴达外，罗马人挑选这些具体地方的理由让人捉摸不透。也许这只不过是一种虚张声势而已，至于是什么地方并不重要，因为目的只有一个——使阿哈伊亚人屈服于罗马的权威，让他们明白其实他们并无自由可言。

　　但罗马人一定知道，奥雷利乌斯宣布的决定纯粹是挑衅，尤其是考虑到在前一年阿哈伊亚人准备帮助罗马人对抗安德里斯库斯。奥雷利乌斯是在纵容阿哈伊亚人实施政治自杀！科林斯代表昂首阔步地走了出去，他们蔑视奥雷利乌斯的建议，奥雷利乌斯本人也险些丧命（至少他返回罗马时是这么说的）。罗马人已经严重误判形势，这一年晚些时候派遣的下一任使者塞克斯图斯·尤利乌斯·恺撒（Sextus Julius Caesar）[16] 调子却更为温和，他只谈斯巴达的事情，但隐含的信息并没有变化，即罗马有权决定阿哈伊亚同盟的未来——恺撒出使实际上只是权宜之计。这年罗马人派遣军队为时已晚，所以他们代之以外交手段。

这些笨拙的行动激起了反罗马的声浪，阿哈伊亚时任将军克里托劳斯（Critolaus）正是在这种浪潮中上台的。恺撒十分厌恶地返回罗马，克里托劳斯立即向斯巴达宣战，他知道这无异于对罗马本身宣战。也许他认为罗马人忙于围攻迦太基以及西班牙战事，不会采取行动，直到他让重新吞并斯巴达成为既定事实，可以向罗马人呈现一个和平统一的伯罗奔尼撒。或许这只是面对必然面临的厄运时摆出的一种宏大姿势而已。

前147年与前146年之交的冬季，克里托劳斯试图召集盟友，但只得到残余的彼奥提亚同盟、优卑亚的哈尔基斯以及希腊中部其他几个城镇的支持。他们根本就没有机会。前146年，罗马人宣战并命令凯奇利乌斯从马其顿南下。凯奇利乌斯在温泉关附近打败了叛军（他们一直试图收复赫拉克利亚，此前赫拉克利亚抓住时机，退出了同盟），然后在喀罗尼亚（Chaeronea）再次打败叛军。凯奇利乌斯向阿哈伊亚人提议和谈，但阿哈伊亚人现在已经没什么可顾忌的，因为和平也罢，战争也罢，同盟肯定会破裂。

于是，前146年执政官卢修斯·穆米乌斯赶来，在地峡打了一仗，从而完成了这项任务。阿哈伊亚强硬派要么死在战场，要么自杀。战斗结束后，穆米乌斯将科林斯及其居民作为祭品献给冥府的众神，整个城市遭到洗劫，居民被杀或卖为奴隶，古董遭到获胜的罗马与帕加马军队的抢掠，防御工事及主要公共建筑物遭到损毁，领土成为罗马的公共财产而被出租给西锡安。在亚历山大大帝把底比斯夷为平地以后，希腊地区近两百年从未发生过如此规模的暴行。过去罗马在希腊地区发动

224

的战争以条约结束，那个时代真的已经结束。

底比斯和哈尔基斯的防御工事全被拆除，主要的反罗马人士都遭到处决，但其他反叛者没有遭到如此严厉的惩罚。科林斯之所以被挑选出来，不仅因为阿哈伊亚同盟是这场战争的元凶，还因为拥有科林斯一直是同盟实力的象征。科林斯以富裕而闻名，穆米乌斯期望得到大量战利品，事实上，我们了解到，"科林斯大多数公共纪念碑，肯定也是最好的公共纪念碑"都遭到掠夺。[17]

必须给阿哈伊亚人以教训，不过这个教训也是希腊其他所有人都要汲取的，即"我们不会容忍对我们霸权提出挑战"。我们看到以前罗马人就是这样做的，但有两个因素让这场阿哈伊亚战争意义特别重大。首先，阿哈伊亚人是最后一批拥有抵抗罗马人机会——尽管获胜机会微乎其微——的希腊人，因此，这场战争是很长一段时间内希腊独立运动的最后一线希望。其次，元老院已经表明，他们希望驻扎在马其顿的罗马军队能够挥师去更远的南方地区，因此希腊政治家当中更为现实的人士现在期望加大直接统治的力度。例如，当这场战争结束不久，阿哈伊亚的狄米出现麻烦时，马其顿的罗马总督立即介入。[18] 随着阿哈伊亚同盟的终结，希腊人的自豪感也就消失了。没有人能够阻止罗马人做他们想做的事情。

对希腊的处置

与往常一样，罗马派出十名高级专员协助穆米乌斯解决希腊的战后安排问题。事实上，罗马人对取得战争胜利非常自信，在穆米乌斯取得最后胜利之前就派出了专员。与处理马其顿问题一样，元老院没有让希腊成为帝国正式的行省。在这两个地方，行省化是逐步实现的，并非专员们的一挥而就，但是他们的职责就是开启这一进程。专员们把注意力集中在那些敢于拿起武器反抗罗马的地区。例如，上面刚提到的狄米的铭文揭示，罗马人给这座市镇强加了一部新的宪法。前 146 年与前 145 年之交的冬季，专员们只制定了宽泛的原则，让波利比乌斯和其他罗马盟友"走访各个城市，裁决所有争端，直到人们习惯新的政治制度和法规"。[19]

阿哈伊亚和其他同盟又分解为各个城市。阿哈伊亚和彼奥提亚"转而接受罗马人民的统治"。实际上，这可能意味着他们被更为直接地置于马其顿总督的监督之下。[20] 新"获得自由的"城市均由寡头政府统治，向罗马缴纳贡金，少数城市还要缴纳战争赔款。任何人都不得在其出生地或居住地以外拥有财产。大片土地被没收，成为罗马的公共财产，然后被出租。[21] 这预示着希腊行省化的发展。

重构手头有限的资料后我们可以看到，这些变化剧烈而内容广泛的安排就是为了立即解决希腊问题，其核心思想是，在罗马的坚定指导下，希腊人应该拥有有限的自治权，拥有甚至更为有限的军事力量。这一方案并不成功。在十年左右的时间里，有些条款不得不被取消：同盟被部分重组（或许是通过允许跨境拥有财产而增加创造财富的机会），赔款被取消。解决方案带来的困难似乎已经非常严重，元老院不得不改变主意。或许希腊还经历了一两年的歉收。在后来的几十年里，取消纳贡成了罗马人向一座城市示好的最佳方式，这一事实也说明希腊地区普遍贫穷。[22] 然而，马其顿实际上有罗马军队驻扎，即使只是一支规模不大的军队，除此之外，马其顿总督拥有干涉南部希腊地区的权力，这两件事情所暗示的种种限制依然原

226

封不动。幸运的是，前 146 年后紧接着的几十年里，几乎不需要这样的干预。[23] 几十年后，希腊人的自豪感才恢复到对罗马构成某种抵抗的程度。

罗马在希腊

阿哈伊亚战争和第四次马其顿战争是希腊人争取独立的最后拼搏，它们更像叛乱，而不是一个独立国家对另一个独立国家的战争。后来，凯奇利乌斯和穆米乌斯受到希腊各国阿谀奉承。[24] 两人在罗马都受到了凯旋仪式迎接，但现存资料没有有关两次凯旋仪式的描述。在前 145 年一年里，不但举行了凯奇利乌斯和穆米乌斯（后者获得阿哈伊亚征服者的称号）的凯旋仪式，而且为普布利乌斯·科尔内利乌斯·西庇阿·埃米利安努斯战胜迦太基举行了凯旋仪式，据说三场仪式都在罗马人见过的最壮观的凯旋仪式之列。[25] 我们也许能通过以下事实了解这两场希腊凯旋仪式带来的巨大财富：凯奇利乌斯掠夺的部分财富被用来为罗马的两座神庙装饰门廊，并为其添置了大量精美的雕塑作品，包括从第乌姆掠夺来的利西普斯作品，即为庆祝前 334 年亚历山大大帝在格拉尼库斯河（Granicus river）战胜波斯人而制作的著名的二十五件铜质雕像群。同样，在意大利上下，穆米乌斯到处修建和翻新公共建筑物，如庞贝的阿波罗神庙，甚至在希腊和小亚细亚也修建工程。对希腊的征服既已完成，他没有必要到处建造宣示罗马霸权的纪念碑，而可以自由地将自己塑造成一个更温和、更善解人意的征服者。[26]

对希腊的征服确实已经完成，而本书的主要目的之一就是揭示这种征服是如何实现的。征服希腊靠的并不是各种条约、殖民主义、行省化、永久性地征税及军队占领。这是一种简约而廉价的帝国主义形式，只依赖于元老院和罗马人民使各国国王和各个国家承认罗马人的权力并遵从其意愿的能力。但认为这是一种软弱的帝国形式是十分错误的，只要已经臣服的国家保持顺从，只要他们始终意识到罗马有能力派出凶残而具毁灭性的军队，这种形式的效果就非常好。尽管在每次军事干预后罗马人都撤出了军队，但这并没有关系，他们从来没有撤出过霸权。

认为罗马人在这方面漫不经心且毫无诚意，也是错误的。当然，我们无法确切地了解，到底是什么时候这种控制希腊世界的政策在罗马被视为理所应当，但一定是在他们第一次踏上希腊土地之后不久。甚至在第一次马其顿战争之前，一些元老院成员肯定明白，必须对马其顿加以遏制。毫无疑问，第二次马其顿战争（仅仅是第一次战争中断后的延续）结束时，罗马人致力于不但在希腊地区称霸，而且在小亚细亚称霸。实现帝国主义霸权是在希腊地区对腓力五世、安条克三世、埃托利亚人、珀尔修斯以及阿哈伊亚人发动战争的本质，也同样是在小亚细亚地区操纵帕加马和罗得岛并使他们屈服的目的所在。

前146年后，这一体制并没有立即发生太大的变化：罗马仍然没有要求普遍缴纳贡金，没有永久性的殖民行政机构，除了在马其顿驻扎几千名士兵外，依然没有派出占领军。希腊各城市仍拥有一定的独立性，它们并不仅仅是庞大帝国机器内部的小齿轮，其行政机构只是为维持帝国而缴纳贡品和提供人力。压迫仍然是间接的，继续通过设立对罗马友好的行政机构以及运用外交手段来实现。

当然，这种相对温和的帝国主义形式是不可能持续的。公元前89年，本都的米特拉达梯六世奋起反抗罗马，这是到目前为止摆脱罗马统治最成功的一次努力，雅典和其他一些希腊国家也加入了米特拉达梯六世的行列。罗马用了二十五年才打败了米特拉达梯，但用于摧毁雅典和希腊其他地区花费的时间少得多。直到这时，希腊和小亚细亚才开始建立永久性的行省机构，而且这一进程也算不上唐突鲁莽。纳贡制逐渐扩大，与此同时，建立了有总督、军队和罗马化文官制度的行省。直到前27年之后，罗马人才定期派出总督管理希腊行省，并称之为"阿哈伊亚行省"。

经济剥削

从前229年起，罗马从希腊掠夺了大量财物；而从前146年开始，罗马和意大利其他地区的商人开始对希腊进行商业剥削。对希腊和小亚细亚资源的开发（掠夺除外）起步较慢。罗马商人一如既往地发战争之财——他们组织军粮供应[27]——但此时是和平时期，剥削成了前景诱人的事业。希腊和马其顿的大量土地现在成了罗马的国家财产，需要管理者和农场主。贡金和战争赔款需要征收，公共工程需要筹集资金与承建，商品需要交易。前158年，马其顿的金矿和银矿被重新开放，而从前190年代起，西班牙的金矿与银矿就是罗马和意大利其他地区的商人良好的利润来源。前130年代，厄纳齐雅大道开始修建，这是一条横穿希腊北部的主干道，全长1100多公里，从伊利里亚海岸一直延伸到拜占庭，不但可用作商业运输，而且可以用于军队（也是罗马统治的有力象征）调动。元老院成员都是手握资金并能以此赚钱的人，他们肯定开始在东方寻找商业机会，但为了维护自己的

229

尊严，避免被不义之财玷污双手，他们选用了代理人。于是商人登场，过去一贯如此，将来也一定会如此。

不幸的是，追溯这一过程几乎是不可能的。这种体制运行得十分顺利，所以几乎没有人谈到过商人与金融家。只有当案件成为头条新闻时，我们才会有所闻。前141年，德奇姆斯·尤尼乌斯·西拉努斯（Decimus Junius Silanus）是负责马其顿事务的裁判官，他被判在任职期间犯有受贿罪和掠夺资源罪（我们只知道这些），而后自杀。[28] 但这只是个别官员行为不端，帝国主义在东方大肆掠夺的辉煌时代还没有到来（尽管在西班牙已经到来，前149年，罗马成立了一个特别法庭来处理罗马官员非法掠夺各行省财产的案件）。

至于商人，前88年本都的米特拉达梯六世实施大屠杀时，小亚细亚就有数以万计的意大利居民、商人以及从事其他工作的人。[29] 他们在前150年代已经抵达希腊，但我们很少听说他们或他们的活动。根据偶然发现的铭文或文献记载，从前3世纪中叶起，希腊地区就存在罗马人或意大利其他地区的人。更多铭文来自提洛岛，尤其是在该岛前166年成为自由港之后。[30] 但我们只能说，商人们已经来到，而且在塑造希腊人对罗马征服者的印象方面，他们起着与将军和军队同样重要的作用。由于他们很少在历史记录中留下印记，我们可以假设，他们对希腊人不错，希腊人反过来对他们也不错。在某些情况下，他们甚至被视为恢复已遭摧毁的经济方面的帮手而不是剥削者。在栽植与巩固罗马在东方的势力方面，他们以自己的方式，发挥着与军团一样的重要作用。

被征服后的希腊

文献资料给我们描绘出一幅无情的惨淡图画，那是被罗马
230 征服后几十年间希腊的情景。波利比乌斯是同时代的目击者，
在一篇批评企图将人类的行为归咎于众神的文章中，他所举的
例子就是当时（"在我的有生之年"，即前 2 世纪的大部分时
间）希腊地区人口的减少以及随之而来的田地荒芜。他将此
归咎于贫穷：人们再也养活不起大家庭，所以只能生一两个孩
子，而其中一个或两个有可能因疾病或战争而夭折。再者，公
元前 45 年，西塞罗的一位通信记者在雅典写下于最近一次航行
中目睹的景象："我身后是埃伊纳岛，前面是麦加拉（Megara），
右边是比雷埃夫斯（Piraeus），左边是科林斯，这些都是曾经
最繁荣的城镇，如今却被夷为平地，化为废墟。"李维碰巧也
提到埃皮达鲁斯（Epidaurus）因遭受掠夺而形成的贫困。

我们已经看到地理学家斯特拉波前 1 世纪末对伊庇鲁斯荒
芜状况的描述，他描写的阿卡迪亚（Arcadia）状况真让人感
到恐惧，那是另一个饱受战争摧残的希腊地区，惨景堪比荒
漠，拉科尼亚也好不了多少。一个世纪后，狄奥·克里索斯托
姆（Dio Chrysostom）证实了伊庇鲁斯的荒芜，他还加上了色
萨利。普鲁塔克认为，人们请教希腊神谕活动的减少应归咎于
这样的事实：前来拜访的人数不多，不足以维持神龛开放。几
乎就在同一时间，帕萨尼亚斯（Pausanias）形容希腊地区超
过六十座城镇遭到遗弃或处于被毁状态。[31]

但这种证据也存在诸多问题——当然，伊庇鲁斯的情况除
外，因为其证明后来的罗马历史学家塔西佗的名言，即"罗
马人制造了一片荒芜，却称之为和平"是真实的。[32]首先，这

种证据常常被"希腊辉煌的过去"这一伤感主题所玷污。其次，这些证词大多可以追溯到希腊在米特拉达梯战争期间遭洗劫之后，以及/或者罗马内战（前40年代及前30年代）之后，其中许多战役就是在希腊土地上进行的。我们难以确定这种破坏究竟在多大程度上是由后来的这些事件，而不是在罗马征服初期的五六十年造成的。因此，考古是可靠信息的较好来源，可以给我们提供一幅更精微的画面，尽管确定这些结果的精确年代参数并非易事。[33]

在许多地区，尤其是在彼奥提亚、优卑亚岛、阿提卡、阿卡迪亚、阿尔戈利斯、色萨利和基克拉迪群岛，从前3世纪后期（本书所描述的时期开头）到公元后早期（本书所描述的时期结束后一百五十年左右）之间，农村劳动力出现大幅下降。小型农场被抛弃（大农场的生存情况较好），人们更多地聚集在城镇。在同一时期，福基斯与洛克里斯农村劳动力下降较为缓慢。另外，埃托利亚先是繁荣，后来也走向衰变，也许是在叙利亚-埃托利亚战争中遭受削弱之后。更多这样的变化是由发生在这段时期的战争和苦难引起的：随着农民士兵在战斗中被杀、致残，或被卖为奴隶，他们的土地被遗弃或被罗马没收。除了麻烦不断的彼奥提亚之外，其他地区人口并未出现大幅减少，只是大部分农村人口流离失所，背井离乡。当罗马人开始将希腊视作帝国的一个行省并对它征税时，这一进程立即加速：由于农民不堪承受额外的经济压力，以及罗马治下的和平带来了政治稳定，自给自足的经济体制最终被市场生产替代，农业专业化与城市化提高成为必然。[34]

显然，罗马人的到来带来了巨大的混乱与变化。这种变化的整体影响，即经济资源的重新分配，在一段时间内并没有出现。但在我们叙述的这一时期，农村中贫富差距越来越大的趋势已经开始。随着时间的推移，拥有土地越来越多的所有者（希腊人或罗马人）占据了大片农业土地。由于伊庇鲁斯被彻底损毁，这种趋势出现得比希腊其他地区更早，西塞罗的朋友提图斯·庞波尼乌斯·阿提库斯正是趁机攫取土地者之一。与此同时，城镇资源集中程度的增加给精英阶层带来好处，他们往往会垄断这些资源，从而进一步拉大贫富差距。失去传统小农职业的穷人，大量时间从事临时性农业劳动与其他工作，因此他们的工作习惯也发生了变化。

在评估罗马征服对希腊的最初影响方面，我们实际只能给出这些。当希腊成为帝国的一个行省时，将会出现进一步的、更大的变化：大规模的人口重新安置与领土整合。例如，奥古斯都大帝建立尼科波利斯（Nicopolis）之后，安布拉基亚和阿卡纳尼亚其他城镇及乡村人口被迁移到尼科波利斯；除了尼科波利斯，奥古斯都大帝还在此地建立了新的殖民地（如盖乌斯·尤利乌斯·恺撒，即恺撒大帝在前44年被暗杀前不久，为振兴科林斯就在该城建立了一个殖民地）。在罗马帝国统治下，地方边界的意义下降，更大的行政单位得到创建。"马其顿行省"由整个希腊北部地区组成，并兼并了色萨利和伊庇鲁斯，其余地方则为"阿哈伊亚行省"。这些都是帝国的希腊行省［其西北部为"伊利里库姆"（Illyricum，即"伊利里亚行省"）］。行省制度改变希腊人生活的主要方式之一，就是让数世纪以来作为希腊历史特征的邦国间对抗基本上成为多余而无用的东西。希腊比以往任何时候都更接近一个民族国家。如果说这是一件好事，那么具有讽刺意味的是，它却始于罗马征服期间的战争与掠夺对当地许多基础设施造成的破坏，这些设施涉及乡村、城市、行政以及宗教等方方面面。

但从某种意义上说，最大的变化也最难以描述。简言之，希腊人学会了做臣民。普鲁塔克本人就是希腊人，他认为菲洛皮门是"最后一个希腊人"，而且认为前243年阿拉图斯夺取科林斯是希腊人采取的最后一次重大行动。[35]自此，希腊地区步入衰落，直到希腊历史结束。屈服的教训延续了很长一段历史时期，希腊先后成为罗马帝国、拜占庭帝国和奥斯曼帝国的一部分，直到1832年才获得自由。它仍然是个年轻的国家。

罗马的反省

我们已经看到，罗马元老院成员之间激烈竞争，争夺通过战争赢得的那种荣耀。然而为了维持自身权威，元老院显然也关注保持总体平衡。对于前180年代西庇阿兄弟的倒台，就应该结合这样的背景看待。尤其是阿非利加努斯，他既取得了打败汉尼拔的胜利，又参与了打败安条克三世的进程。他受到罗马和意大利其他地区普通民众的爱戴，而且在多个场合炫耀自己可以藐视制度规定。前211年那次最为出名，当时他只有二十五岁，却要求前往西班牙指挥对抗迦太基人的战争。[36]元老院不能容忍任何人将自己凌驾于法律之上，不能容忍任何人设置障碍，阻挡其他成员争取锦绣前程。[37]

到了前180年代和前170年代，防止一人或几人在共和国获得额外权力的任务已变得非常紧迫，原因就是从西西里岛、希腊本土、马其顿以及亚洲各个王国流入大量希腊金钱。对于前182年的罗马，李维仍然可以说它从表面看上去有点寒碜，但不久就完全两样。[38]大量财富涌进罗马，从神庙到陵墓等宏

233

大新式建筑，从桥梁、道路、渡槽到罗马下水道重大升级改造等大型工程，让首都以及整个意大利的许多城镇面貌焕然一新。从东方归来的将军们在同僚中鹤立鸡群，手中掌握着巨额资金，组织公共工程，创造就业机会，提供娱乐服务，将金钱投入流通领域，这些花费给了他们破坏共和体制正常运作的潜在力量。

在马库斯·波尔基乌斯·加图率领下，元老院对奢侈行为和铺张浪费发动了一场协调一致且组织良好的反击，其基本前提是，太多的财富损害了实现罗马伟大的传统价值观。这是当时最为紧迫的问题之一，我们注意到，人们对前188年乌尔索和前187年富尔维乌斯·诺比利奥尔的凯旋仪式表现出的忧虑一点都不出格。[39] 波利比乌斯明确提到罗马，他指出：[40]

> 人们容易看到，一个国家在成功避免诸多严重威胁，并获得了无可争议的霸权与主权后，经过长期的安定与繁荣，其生活方式会变得更奢靡，对政治地位及其他类似目标的争夺会变得异常激烈。

由于个人奢靡与政治野心紧密相连，遏制过度竞争和个人荣耀的斗争就可披上一件反对铺张浪费的斗争的外衣。乌尔索和富尔维乌斯在争取获得凯旋仪式过程中遇到的种种困难可以算作这场反奢靡战争的首轮炮火。尽管两人最后都如愿以偿，但他们二人和其他人都明白，不能趾高气扬，不能过分榨取各行省的利益，导致罗马臣民不满情绪高涨。之后便是一系列基本上徒劳的法律，试图遏制人们在家中炫耀财富，征收奢侈品税，打击过度分发现金及礼物影响选举的行为。前197年，由于海外官员需求增加，裁判官从四人增加到六人（前 227 年才从两人增加到四人），到前 181 年，人数又减少到一年四人，次年六人。这种措施并不能解决实际问题（海外仍然需要官员），也没有延续多长时间，但采取这种措施的原因就是所有裁判官都希望晋升为执政官，他们之间的竞争成为奢侈的竞选活动以及资助竞选必需的腐败行为的主要动力。前 190 年代和前 180 年代实施的规范化以及个人晋升进程减缓，都是同一种愿望的重要组成部分，这种愿望就是反对个人主义，追求克制和服从集体。

因此，征服东方的主要影响之一，就是在罗马引发了一段时期的自我反省，即寻找罗马性的初心。这不禁让人回想到有关罗马身份的探索，我们注意到，这种探索是接触希腊文化后产生的结果。贺拉斯那句被掳的希腊俘获了野蛮的征服者的名言，用先进的希腊和原始的罗马之间的强烈对比，准确地描述了这一背景。加图及其盟友认为，原始罗马更显自己的本色，而精巧的奢华不但损伤罗马人在别人眼里的可信度，甚至还破坏了罗马征服和管理帝国的能力。

但加图及其盟友挑起的战争注定失败。希腊文化已经传入罗马，即使驱赶哲学家、压制狄俄尼索斯崇拜这样的绝望行动也无法将之清除。[41] 这些行动都是非常公开的，也许其目的在于：让罗马公民明白，不管元老院成员个人如何喜爱希腊风格，在官方层面上，元老院并不支持希腊化。其传递的信息就是元老院控制着局面，希腊文化永远次于罗马的传统文化。这种做法奏效了，罗马没有成为一座希腊城市。不久之后，罗马作家和艺术家开始在希腊文化基础上，发展罗马特有的表现方式。因此，希腊荣耀已经成为过去，而凭着征服地中海地区过

235

程中夺得的物质及非物质战利品，罗马已经变得丰满与自信。

自我反省还有另一种形式。在各种文本中，我们都发现了一场关于帝国是非利弊的辩论的痕迹，这场辩论在前146年后肯定就已经开始，也许还更早。波利比乌斯指出，尽管有些罗马人认为毁灭马其顿和迦太基属于正当行为，但另一些人则认为那是野蛮的帝国主义行径。前1世纪，这场争论在西塞罗关于罗马仅靠保护弱者而获得帝国地位的主张中得到片面的呼应，也反应在维吉尔《埃涅阿斯纪》（*Aeneid*）骄傲的诗句中：

> 罗马人，你有特殊本领，让和平成为常态，
>
> 让战败者得到宽恕，对傲慢者发动无情的战争。

这里的"傲慢者"指的也许就是所有反对罗马统治的人。在另一处，诗人再次用预言的方式写道（朱庇特说）：

> 我对他们的统治领域不设定空间和时间上的限制，
>
> 我的恩赐就是无边的统治。

这是命中注定的神授的帝国，一个值得骄傲的帝国。西塞罗列举的证据尤其能说明问题。在《反腓力辞》（*Philippics*）中，有一处他说到罗马人，称他们为"凭着永生诸神的旨意，应该统治万民的人"。在《论国家》（*On the State*）一书中，他提出了帝国主义符合自然法则，对臣民有好处的理论。他主张的"自然将统治权交给了上等人，这对下等人具有好处"的观点成为送给后来欧洲帝国主义者的礼物。但罗马人也明白，凡事都有另一面，这里不仅仅有家长式的仁慈。例如，李

维就安排一个角色告诉一位罗马官员："你们罗马人总是以权利和正义为借口，掩盖自己的虚伪。"萨卢斯特笔下的米特拉达梯六世将帝国主义简单地归结于对统治与财富根深蒂固的欲望。波利比乌斯认识到，过了某个限度，这种一切都出于利他主义的借口就变得极为不可信。[42]西塞罗笔下的牧羊人照管羊群，只不过是为了增加自己的利润。

　　如果我们接受西塞罗这种牵强附会的理论，就可以得出这样的结论，即只要被征服后的国家的状况好于被征服之前，帝国主义就符合自然正义。但是，被罗马征服后希腊的状况是不是好于被征服之前？如何衡量这种"好"？按照希腊人的标准，自主自决是美好生活的关键。按西塞罗理论推论得出的另一个结论是，如果把帝国主义强加给那些实际上有能力管理自己的人——那些非"自然臣民"的人，那么帝国主义就不符合正义。尽管在罗马征服期间希腊各邦国一如既往地难以驾驭，但这一点是否就证明他们没有独立的能力，或者在某种程度上就应该接受外部的统治？在我看来，罗马人采用这些观点以及其他自视高人一等的观点，目的在于混淆视听，为他们对希腊人和其他族群实施的骇人听闻的虐待行为辩护。追求帝国并拥有帝国，是因为帝国有利于帝国主义者而不是帝国统治下的臣民。尽管远程控制是一种不同寻常的帝国主义形式，但我们不能说罗马人所为是利他主义的善举。否则，就是屈从于他们自己的宣传。

关键日期

一定程度上实现统一的伊利里亚统治者

阿尔迪安王朝

阿格隆（？~前 231 年在位）

托伊塔，平纳的摄政女王（前 231~前 228 年在位）

法罗斯的德米特里，平纳的摄政大臣（前 228~前 219 年在位）

拉比坦王朝

斯凯尔狄莱达斯，平纳的摄政大臣（前 216~前 207 年在位）

普莱拉图斯（前 207~前 182 年在位）

根修斯（前 182~前 168 年在位）

马其顿统治者（安提柯王朝）

德米特里二世（前 239~前 229 年在位）

安提柯三世（安提柯·多森，前 229~前 221 年在位）

腓力五世（前 221~前 179 年在位）

珀尔修斯（前 179~前 168 年在位）

腓力六世安德里斯库斯（前 149~前 148 年在位）

叙利亚统治者（塞琉古王朝）

塞琉古二世（前 246~前 225 年在位）

塞琉古三世（前 225~前 223 年在位）

安条克三世大帝（前 223~前 187 年在位）

塞琉古四世（前 187~前 175 年在位）

安条克四世（前 175~前 164 年在位）

安条克五世（前 164~前 162 年在位）

德米特里一世（前 162~前 150 年在位）

帕加马统治者（阿塔罗斯王朝）

阿塔罗斯一世（前 241~前 197 年在位）

欧迈尼斯二世（前 197~前 159 年在位）

阿塔罗斯二世（前 159~前 138 年在位）

阿塔罗斯三世（前 138~前 133 年在位）

埃及统治者

托勒密三世"行善者"（Euergetes，前 246 ~ 前 221 年在位）

托勒密四世"爱父者"（Philopator，前 221~前 204/前 203 年在位）

托勒密五世"神显者"（Epiphanes，前 204/前 203~前 180 年在位）

托勒密六世"爱母者"（Philometer，前 180~前 145 年在位）

比提尼亚统治者

普鲁西亚斯一世（前 228~前 182 年）

普鲁西亚斯二世（前 182~前 149 年）

历史纪年表

前 753 年，传统上认为罗马城建立

前 323 年，亚历山大大帝逝世

前 281~前 275 年，摩罗西亚的皮洛士在意大利和西西里

前 272 年，皮洛士逝世

前 264~前 241 年，第一次布匿战争

前 250~前 230 年代，埃托利亚同盟和阿哈伊亚同盟稳固

前 241~前 197 年，帕加马的阿塔罗斯一世统治时期

前 240 年，李维乌斯·安德罗尼库斯首批拉丁文学作品
诞生

前 230 年代，阿格隆统一伊利里亚大部分地区

前 239~前 229 年，马其顿的德米特里二世统治时期

前 235~前 222 年，斯巴达的克莱奥梅尼三世统治时期

前 232 年，伊庇鲁斯推翻埃阿喀得斯王朝（Aeacid monarch）

前 220 年代，埃托利亚同盟进一步扩张

前 229~前 221 年，马其顿的安提柯三世统治时期

前 229~前 222 年，克莱奥梅尼战争

前 229 年，第一次伊利里亚战争

前 227 年，创建罗马撒丁岛/科西嘉行省和西西里行省

前 226~前 222 年，罗马对抗凯尔特人

前 224 年，安提柯三世建立希腊同盟之共同联盟

前 223～前 187 年，叙利亚的安条克三世大帝统治时期

前 221～前 204/前 203 年，埃及的托勒密四世"爱父者"统治时期

前 221～前 179 年，马其顿的腓力五世统治时期

前 220～前 217 年，希腊同盟者战争

前 219 年，第二次伊利里亚战争

前 219～前 217 年，第四次叙利亚战争

前 219～前 202 年，第二次布匿战争

前 217 年，特拉西梅诺战役；诺帕克特斯和谈

前 216 年，坎尼战役

前 215 年，腓力五世与汉尼拔达成协议

前 214～前 212 年，围攻锡拉库萨

前 214～前 205 年，第一次马其顿战争

前 211 年，罗马与埃托利亚同盟结盟

前 206 年，埃托利亚与马其顿达成和平协定

前 205 年，《腓尼基和约》结束第一次马其顿战争

前 204/前 203～前 180 年，埃及的托勒密五世"神显者"统治时期

前 204 年，安条克三世抵达小亚细亚

前 202 年，腓力五世与安条克三世达成"秘密"协定，扎马战役结束了第二次布匿战争

前 202～前 200 年，腓力五世在色雷斯、赫勒斯滂海峡和爱琴海

前 201～前 199 年，第五次叙利亚战争

前 200～前 118 年，波利比乌斯在世时间

前 200 年，围攻阿卑多斯

前 200~前 197 年，第二次马其顿战争

前 198 年，提图斯·昆克提乌斯·弗拉米努斯指挥战争，与阿哈伊亚人结盟

前 197 年，库诺斯克法莱战役，坦佩和平协定结束第二次马其顿战争，两个西班牙行省建立

前 196 年，弗拉米努斯公布《伊斯特米亚宣言》，希腊及马其顿问题解决

前 195 年，对斯巴达纳比斯的战争

前 194 年，罗马人从希腊撤出

前 192 年，纳比斯被暗杀，安条克在希腊登陆

前 192~前 188 年，叙利亚-埃托利亚战争

前 191 年，温泉关战役

前 190 年，迈昂尼苏斯战役与马格尼西亚战役

前 189 年，乌尔索对加拉太人

前 188 年，与埃托利亚实现和平，《阿帕梅亚和约》结束叙利亚战争，小亚细亚被帕加马与罗得岛瓜分，斯巴达被迫加入阿哈伊亚同盟

前 187~前 171 年，吕西亚人反叛罗得岛的战争

前 186~前 183 年，帕加马与比提尼亚的战争

前 183~前 179 年，帕加马与本都的战争

前 183 年，腓力五世从埃努斯和马罗尼亚撤出，汉尼拔去世

前 182 年，菲洛皮门去世

前 180 年，卡利克拉特出使罗马，腓力五世杀死儿子德米特里

前 179~前 168 年，马其顿的珀尔修斯统治时期

前 172 年，帕加马的欧迈尼斯二世抵达罗马和德尔斐，马修斯·菲利普斯出使希腊，彼奥提亚同盟解散

前 171~前 168 年，第三次马其顿战争

前 170~前 168 年，第六次叙利亚战争

前 169 年，摩罗西亚人与北部伊利里亚人加入珀尔修斯，恩尼乌斯逝世

前 168 年，皮德纳战役结束第三次马其顿战争，根修斯被打败，波皮利乌斯·拉埃纳斯羞辱安条克四世

前 167 年，马其顿与伊利里亚被分成若干共和国，希腊政治犯被遣返到罗马，伊庇鲁斯遭到大规模掠夺与奴役

前 162 年，格奈乌斯·奥克塔维厄斯在叙利亚被暗杀

前 156~前 155 年，第三次伊利里亚战争

前 151 年，阿哈伊亚政治犯被从意大利释放

前 149~前 148 年，马其顿的腓力六世安德里斯库斯统治时期

前 149~前 146 年，第三次布匿战争

前 148 年，第四次马其顿战争

前 147 年，马其顿军事总督制开始，奥雷利乌斯·俄瑞斯忒斯授权多个城市脱离阿哈伊亚同盟

前 146 年，阿哈伊亚战争，科林斯和迦太基被毁

斯巴达与阿哈伊亚同盟

斯巴达于前 192 年加入阿哈伊亚同盟；前 192 年末或前 191 年初脱离；前 191 年再加入；前 189 年再脱离；前 188 年再加入；前 182 年再脱离；前 182 年再加入；前 148 年最后脱离，结果引发阿哈伊亚战争。

术语表

市政官：每年选举四名市政官，专门负责公共建筑物的维修，维护公共秩序，监管公共节日的开展。罗马晋升体系的官阶从下到上依次为：保民官、财务官、市政官、裁判官和执政官。

德尔斐的邻邦同盟会议：为保护德尔斐和温泉关圣地的利益而建立的古代国家委员会，其成员须具有很好声誉，因此在某种程度上随着希腊政治潮流的变化而变化。

监察官：罗马最有声望的职位，但不是最有权势的。每五年选出两名监察官，其任期为十八个月，负责组织一次人口普查，对外承包公共工程，并作为罗马道德的守护者，决定元老院成员的入选与开除。"监察官"加图实际上只是前184～前183年的监察官，但因他在道德上的强硬立场而被保留"监察官"的绰号。

执政官：罗马共和国时期每年选举的两名军事/政治领袖，职位最高，是贵族之间激烈竞争的目标。

重装步兵：重装步兵通常配有一顶头盔、一件带短保护裙的胸甲、小腿青铜护胫（如果他能买得起的话），最重要的还有直径约90厘米的圆形凹面盾牌，它由青铜覆盖的木头制成，边缘为青铜。手持一柄铁头长刺标枪，佩带一把铁剑。

同盟：允许先前独立的各个城邦根据一个共同宪法而联

合起来的一种机构，目的在于增加他们的整体实力，特别是在对外关系方面。罗马人来到时，希腊地区的几乎所有城市都加入了这样的联盟。最成功的同盟是埃托利亚同盟和阿哈伊亚同盟，这两个同盟都超越了原来的地理和民族边界。

使节：根据将军本人的要求（而不是选举的结果），附属于将军参谋队伍的罗马官员，通常担任顾问及公使；元老院派出从事一项特殊使命或一组使命的官员。

军团：字面意思是"征兵"，实则为罗马军队主要军事单位，由公民组成。一个正规的共和国军团由三千名重装步兵（尽管人数常常更多）、一千二百名轻装步兵和三百名骑兵组成。执政官通常被分配两个军团。更多信息请见正文第145~146页。

"列姆波斯"：一种小型、快速战船，设有一排桨，能运送五十名步兵（或囚犯和其他掠夺物）和船员。

中队：军团的战术小分队，由六十名或通常一百二十名士兵组成。见正文第145页。

方阵：希腊世界的一支重装步兵队伍，其装备要么是马其顿式的（见正文第144~145页），要么与重装步兵相同。

亲希腊主义：敬慕希腊事物，并/或拥有同时代希腊语言、政治、法律以及习俗方面的专业知识。

城界：环绕一座像罗马这样的城市的带状圣地，作为城内与外部世界的象征性边界。据说罗马城界是由该城传奇式的缔造者罗慕路斯本人最先开挖的。

裁判官：罗马仅次于执政官的第二高军事/政治职位。从前197年开始，每年选举六人（以前是四人），其中两人负责民事司法，其余则被任命负责军事。

代执政官、代裁判官：指挥权——通常出于军事目的——被延续一年的执政官或裁判官。

行省：元老院分配给一位执政官或裁判官的任务或军事行动区域，后来成为帝国的一个行政单位。

财务官：每年选举十人，是主要负责财政的低级职位。

元老院：见正文第 15~17 页。

保民官：罗马军队中级军官，每个军团设六名。它是传统上有政治抱负的贵族青年晋升的第一个台阶。

平民保民官：每年选举十人，其职责是保护普通人而不是元老院的权益，有权否决其他民选官员的提案，甚至元老院的法令。

凯旋仪式：见正文第 37~41 页。

罗马及希腊的货币

希腊货币：36000 欧宝（obol）= 6000 德拉克马 = 60 明那（mna）= 1 塔兰特。在古代，铸造的货币并不用作信用，但在内在价值上等同重量。1 塔兰特重约 26 千克。一个人拥有 5 塔兰特便被视为非常富有。

罗马货币（在共和国时期）：10 阿斯（as，铜或青铜币）= 4 塞斯特斯（银币）= 1 第纳尔（银币）。1 第纳尔的重量大约等于希腊的 1 德拉克马的重量，所以 6000 第纳尔等于 1 塔兰特。

对这一时期罗马货币的价值做出有意义的估算几乎是不可能的。唯一明智的方法是找出某些主食的花费，与当今的花费加以比较。但有关这一时期花费与工资的资料非常稀少。这里只有零零散散几个条目，也许可以提供一些信息：一名步兵一年的年薪大约是 120 第纳尔，骑兵为 360 第纳尔。食用 10 天小麦的花费大约为 4 阿斯。前 184 年修复罗马下水道系统花费为 600 万第纳尔。

注　释

缩略语

Ager　　　　　　Ager 1996（见参考文献的"铭文"部分）。

Austin　　　　　Austin 2006（见参考文献的"铭文"部分）。

BD　　　　　　　Bagnall and Derow 2004（见参考文献的"铭文"部分）。

Briscoe C 1, 2, 3, 4　Briscoe, J., *A Commentary on Livy Books XXXI-XXXIII, Books XXXIV-XXXVII, Books 38-40, Books 41-45*（Oxford：Oxford University Press, 1973, 1981, 2008, 2012）.

Burstein　　　　Burstein 1985（见参考文献的"铭文"部分）。

CIL　　　　　　　T. Mommsen et al.（eds.）, *Corpus Inscriptionum Latinarum*（1853– ; updated by the Berlin-Brandenburgische Akademie der Wissenschaften）.

ORF　　　　　　　H. Meyer（ed.）, *Oratorum Romanorum Fragmenta*（3rd ed., Turin, 1953）.

RDGE　　　　　　Sherk 1969（见参考文献的"铭文"部分）。

Sherk　　　　　　Sherk 1984（见参考文献的"铭文"部分）。

Syll.[3]　　　　Dittenberger, W., *Sylloge Inscriptionum Graecarum*（3rd ed., Leipzig, 1915–1924）.

Walbank C 1, 2, 3　Walbank, F., *A Historical Commentary on Polybius*, 3 vols.（London：Oxford University Press, 1957, 1967, 1979）.

Welles　　　　　Welles 1934（见参考文献的"铭文"部分）。

前言

1. Polybius 1.1.5.

2. Quoted by Julian Go, http://www.upf.edu/iuhjvv/_pdf/jgo-empires.pdf .

序曲 西边的乌云

1. 关于中心罗马：Polybius 1.3.4-5。关于肇始时刻：5.105.4。

2. Polybius 5.104. 关于波利比乌斯著作中的演讲，见 Champion 1997。关于一般问题，见 J. Marincola, "Speeches in Classical Historiography," in id.（ed.）, *A Companion to Greek and Roman Historiography*（Oxford: Blackwell, 2007）, 118–132。

3. "西边的乌云" 这一比喻在 9.37.10 的另一篇演讲中被再次提到，明确用于罗马人。　　　　　　　　　　　　　　　　　　　　　　　　　　　　248

4. Polybius 29.27; Livy 45.12.1-6; Diodorus of Sicily 31.2; Velleius Paterculus 1.10.1-2; Appian, *The Syrian Wars* 66; Justin 34.3.1-4; Plutarch, *Essays* 202f. Ager 122 supplies context.

第一章 罗马转向东方

1. 亚得里亚海盛行的北风博拉（Bora）迫使古代船只沿着东海岸线（此处拥有更多的天然海湾和岛屿可提供庇护）而不是意大利一侧航行，从而让船只成为容易袭击的目标：J. Morton, *The Role of the Physical Environment in Ancient Greek Seafaring*（Leiden: Brill, 2001）, 49–50。达尔马提亚海岸线上的海盗泛滥至少延续了一百二十年（Diodorus of Sicily 16.5.3）。

2. 在这一事件上我们获得的资料有很大出入，主要参见 Polybius 2.8 和 Appian, *The Illyrian Wars* 7（Pliny 在 *Natural History* 34.24 中暗示，两位大使都被杀害，因为他们都得到建造雕像的待遇。而使节因公而死通常会得到这样的待遇）。我们有理由选择其中任一种，不过我尽可能地将两种叙述结合在一起。阿庇安（Appian）认为罗马派出使节起因于伊萨岛的求助，而波利比乌斯则认为是出于意大利商人的诉求，这两方面可以被结合在一起。波利比乌斯认为，托伊塔女王与来自罗马的两兄弟的会面是关键点，而阿庇安认为根本不存在这样的事情，因为谋杀发生在会面之前，这两种矛盾的说法无法合并在一起。

3. 波利比乌斯对托伊塔的描述（2.8）因其对妇女以及伊利里亚人存在偏见而

出现扭曲。作为伊利里亚独立的象征，她被描绘在现代阿尔巴尼亚 100 列克（leke）硬币上。平纳实际上为阿格隆与另一位妻子特里图塔（Triteuta）所生，作为法定继承人的母亲，她明显应该年长一些。将她排除在（继承人）外，肯定存在某种具有说服力的原因。

4. "帕萨隆" 通常是指约阿尼纳西北的一座大型山上堡垒，但约阿尼纳博物馆的 Georgia Pliakou 最近的考古研究表明，帕萨隆可能就是约阿尼纳本身。

5. 主要是鱼和酒。据 Agatharchides of Cnidus（公元前 2 世纪），伊萨岛出产的葡萄酒是世界上品质最佳的：fr. 18 Jacoby。年份较好时，这个岛可以生产 200 万升这种酒（Kirigin and Vickers, 27）。关于法罗斯岛独特的沿海平原（2008 年被联合国教科文组织列为世界文化遗产），见 B. Kirigin, *Pharos: An Archaeological Guide*（Stari Grad: Centre for Culture, 2003）。

6. 航行季节通常从 3 月开始，到 11 月结束，这不仅是因为暴风雨的风险增加，还因为能见度下降和白昼变短。

7. 关于这一阶段罗马扩张的侵略性和帝国主义性质，见 Cornell, Oakley, and Rowland。

8. Rosenstein 2012, 73.

9. Dionysius of Halicarnassus, *Roman Antiquities* 19.5.

10. 关于我们所能了解的有关摩罗西亚的政治结构的单薄知识，参见 Davies。

11. 这是罗马与迦太基签订的一系列条约中的第三份：Polybius 3.22-27 with Walbank C 1.349。

12. 正是在前 232 年其后代被推翻，才引起上文提及的伊庇鲁斯混乱。

13. 我们不时地会发现这种恐惧的痕迹。过度反应的三个明显案例分别见 Livy 35.23.3（采取措施对抗安条克三世对西西里岛的可能入侵），Livy 42.13.11 [担心珀尔修斯（Perseus）入侵] 以及 Appian, *The Mithridatic Wars* 102 [担心米特拉达梯六世 (Mithridates VI) 入侵]。是皮洛士的成功引发了这种恐惧，前 342~ 前 328 年斯巴达的阿基达穆斯三世（Archidamus III）或者前 334 年摩罗西亚的亚历山大一世，都曾受到塔兰托的召唤，但他俩的存在并没有产生如此大的冲击波。

14. 塞纳加利卡（Sena Gallica，今塞尼加利亚）、哈德里亚（Hadria）和新卡斯特罗姆（Castrum Novum）建于前 280 年代，然后是阿里米努姆（前 268 年）、菲尔穆姆皮塞努姆（Firmum Picenum，前 264 年）和布林迪西（前 244 年）。关于这段时间亚得里亚海的贸易，参见 Čašule and Marasco。

15. Livy 24.21.9.

16. 有关罗马宪法问题的更多信息，见 Lintott 1999，以及 Flower 2004 和 Rosenstein and Morstein-Marx 2010 刊登的论文。

17. 要了解这些和其他经常使用的术语，参见术语表（pp. 275–278）。

18. Hopkins and Burton.

19. 在这一时期，罗马的新年从我们现在的 3 月开始。罗马军队出现在海外战场的最早时间是 4 月或 5 月，那时天气适合航行。然而，执政官常常因为国内事务滞留罗马，从而推迟战季的开始。

20. Livy 31.6.5.

21. Livy 42.32.6. 与此类似，波利比乌斯在 35.4 中提到公元前 151 年男人们不愿应征入伍，这似乎是一种新现象。

22. 这是一个臭名昭著的案例：Livy 38.50-60; Polybius 23.14。

23. 这并不是说元老院成员不拥有此种利益：the *Lex Claudia* of 218（Livy 21.63.3-4）禁止任何成员拥有容积超过 300 双耳细颈瓶的货船，这表明此种利益可能成为行政腐败的根源，已经需要加以遏制。

24. 关于大规模农业有限的营利能力，参见 Rosenstein 2008，有关这一时期大规模不动产的增加，参阅 Hopkins 1978。

25. See J. D'Arms, *Commerce and Social Standing in Ancient Rome*（Cambridge: Harvard University Press, 1981）.

26. Sherwin-White 1984, 15. 关于发动战争给罗马带来的盈利，同样参见 Harris 1984, 68-74。并非每场战争都有利可图：Rosenstein 2011（但他未考虑到战争赔款）。

27. Hopkins 1978, 33. 大约 21% 的英国男子在第一次世界大战中服过役。

28. Livy 41.28.8-9.

29. Harris 1984, 102–103. 同样参阅 Polybius 1.11.2: 元老院通过展示致富前景为第一次布匿战争招募兵员。

30. Austin 1986; Eckstein 2006, chs. 4, 6. 关于亚历山大大帝死后继业者王国的血腥诞生过程，参见 R. Waterfield, *Dividing the Spoils: The War for Alexander the Great's Empire*（New York: Oxford University Press, 2011）.（该书已出版中文译本，见罗宾·沃特菲尔德《裂土称王：继业者战争与希腊化时代》，袁鑫、拓永兴译，社会科学文献出版社，2023。——译者注）

第二章　伊利里亚战争

主要的一手资料来源：Appian, *The Illyrian Wars* 2.1-8; Cassius Dio 12.19-20; Justin 29.1-3; Livy, *Periochae* 20; Polybius 2-5。

1. Justin, 28.1-2 记载阿卡纳尼亚人似乎在更早时间向罗马发出求吁请，但这个使团可能是虚构的，或者至少是不合适的：Oost 1954, 92–97。

2. Polybius 2.11.5.

3. 奥里库姆接受罗马保护的证据并不充分，但 Zonaras 9.4.4 称前 213 年罗马人"收复"了奥里库姆，似乎表明该地以前曾属于罗马。

4. 埃比达姆诺斯，即现代的杜勒斯（Durres），依然是一座主要的港口城市。阿乌斯河（Aous）改道结束了阿波罗尼亚作为港口的时代。奥里库姆仍在使用，为阿尔巴尼亚与土耳其的联合海军基地。

5. 有关皮洛士统治下伊庇鲁斯的发展，参见 Hammond 1967, 572–588。

6. Rich 2008.

7. 对共同联盟宪法的了解不多：Hammond and Walbank, 352–353。

8. See, e.g., Larsen 1968, 326–358; Scholten 2000, 200–228; Walbank 1940, 24–67.

9. Cassius Dio 12.53. 曾任平纳监护人的托伊塔肯定已经过世——但平纳的亲生母亲特里图塔为什么未能取得摄政权？我们发现这是特里图塔第二次（见 ch.1, n.3）被无视。在生下继承人与阿格隆逝世这段时间内，一定发生过一些意外事件，让特里图塔作为统治者不能为人所接受。

10. Polybius 3.16.3, with Walbank C 1.324-5.

11. Polybius 3.16.2; Appian, *The Illyrian Wars* 8.

12. 关于这一时期瑞衷金属货币的匮乏，参见 D. Morgan, "Autonomous Coinage of Rhizon in Illyria," http://independent.academia.edu/DubravkaUjesMorgan/Papers/550112/ Autonomous_Coinage_of_Rhizon_in_Illyria。

13. Polybius 3.19.9.

14. 罗马的新近盟友，如同 1939 年 9 月希特勒入侵波兰前一周英国与波兰签订协议，承诺如遭到"欧洲强国"入侵，双方应相互帮助一样。

15. Polybius 3.16.3 大谈前 220 年德米特里（与斯凯尔狄莱达斯一起）率领九十艘"列姆波斯"组成的舰队南下，明显违背了前 229 年的《利苏斯条约》。该条约规定，通过利苏斯的船只被限制在两艘"列姆波斯"及以下；但这种观点可能是混淆视听。Badian（1952a, 14）认为并非如此，因为前 229 年的条约是与托伊塔签订的，而不是与德米特里签订的；更确切地说，它是与平纳签订的，托伊塔作为代理人，而现在德米特里是平纳的代理人。但他们以前肯定在利苏斯以南航行过。例如前 222 年，德米特里率领一千六百名士兵南下在塞拉西亚援助安提柯三世时，不可能取道非常艰险的陆路。

16. 波利比乌斯（3.16.4）同意这种看法——对于这场战役，他可能依赖于卢修斯·埃米利乌斯·保卢斯本人流传下来的资料，因为波利比乌斯后来成为保卢斯的孙子普布利乌斯·科尔内利乌斯·西庇阿·埃米利安努斯（Publius Cornelius Scipio Aemilianus）的密友。

17. Polybius 7.11.8.

18. Livy 22.33.5.

19. Rich 1993, 50.

20. Harris 1984, 32.

21. 前 231 年首次在阿尔班山举行凯旋仪式，明显是抗议元老院吹毛求疵地拒绝批准正式凯旋仪式。这可能是元老院全部介入前最早的凯旋仪式的复兴。这里举行过少数几次凯旋仪式，前 172 年后，人们不再采用这种仪式。

22. Frontinus, *Stratagems* 4.1.45. 利维乌斯受到罚款，退居乡间别墅：Suetonius, *Tiberius* 3; Livy 27.34.3。

23. Polybius 9.35.3; 18.37.9.

24. 关于战争目标，参阅 Polybius 4.25；关于腓力的仓促，见 5.102。

25. Polybius 5.101.6-10.

26. Polybius 5.102.1. 但后来消息可能已经泄露。李维肯定觉得腓力在弥留之际一直在思考入侵：40.21.7; 40.57.7。

27. Polybius 5.10.10; see Walbank 1993.

28. *Palatine Anthology* 9.518.

第三章 野蛮人，滚回老家去！

主要的一手资料来源：Appian, *Macedonica* 3; Cassius Dio 13–17; Diodorus of Sicily 26–27; Justin 29.4; Livy 21–29.12; Pausanias 8.49-50.3; Plutarch, *Life of Aratus* 49–54; *Life of Philopoemen*; Polybius 3; 5.106-11; 7–11。

1. Polybius 3.117.1-4.

251

2. 这是罗马共和国仅有的三个已知此类场合之一：Eckstein 1982。

3. *On the Agrarian Law* 2.73；关于拉丁殖民地，见 Rosenstein 2012, 91–93。

4. 有序撤军是我本人的想法。并不喜欢腓力的波利比乌斯说他惊慌失措：5.110.1-5。

5. 详见 Polybius 7.9。

6. Livy 23.38.9.

7. Livy 24.44.5. 次年他的指挥权也得到延续，到前 212 年。

8. 前期的接触：Livy 25.23.9；26.24.1。文本：Adcock and Mosley, 263–264; Austin 77; BD 33; Sherk 2。

9. 我们再也没有关于平纳的信息，也许这个年轻人已经死亡。

10. 伽尔巴拥有杰出的职业生涯。尽管他以前未曾担任高官，但仍于前 211 年被选为执政官。后来他在希腊地区任职五年，前 203 年成为战时独裁者，前 200 年返回希腊进行第二次马其顿战争时，再次成为执政官。他是公元 68~69 年罗马皇帝塞尔维乌斯·苏尔皮基乌斯·伽尔巴（Servius Sulpicius Galba）的远祖。

11. Polybius 22.8.9-10. 该岛屿一直是阿塔罗斯王朝的属地，直到前 133 年该王朝终结。

12. Polybius 8.12.2; Plutarch, *Life of Aratus* 52; *Life of Philopoemen* 12.2; Pausanias 8.50.4. 腓力不可能介入，因为阿拉图斯在前 215 年已经拒绝让阿哈伊亚军队攻打阿波罗尼亚，腓力很可能是想阻止阿哈伊亚独立倾向的出现。普鲁塔克（Plutarch）还报告，腓力引诱阿拉图斯的儿媳，给政治决裂增添了个人色彩。腓力后来娶了她。

13. 在本书接下来的部分，我总体上依据 Rich 1984 中的重构；又见 Eckstein 2008, 85–116; Lazenby, 157–168。有关对战争期间外交官的努力的详细分析，见 Eckstein 2002。

14. Livy 29.12.14. 雅典人的存在很难解释，可能是编年史中的虚构。

15. 阿塔罗斯希望特洛伊人加入进来，通过强调血缘关系巩固他与罗马的关系。除了众所周知的罗慕路斯（Romulus）和雷穆斯（Remus）建立罗马的故事以外，特洛伊人埃涅阿斯建立罗马的故事也在这一时期流行起来。参见 Erskine 2001，整体概述见 C. P. Jones, *Kinship Diplomacy in the Ancient World*（Cambridge: Harvard University Press, 1999）。

16. 关于安库拉：Polybius 9.39.2-3。关于埃伊纳岛：Polybius 9.42.5-8。关于俄瑞乌斯：Livy 28.7.4。关于狄米：Livy 32.22.10。关于普遍存在的野蛮行径：Polybius 9.37.5-6; 9.39.1-5; 11.5.6-8; 18.22.8; Livy 31.34.8（= Plutarch, *Life of Flamininus* 5.6; *Life of Pyrrhus* 16.5）。

17. Polybius 10.15.4-5; Ziolkowski 1993.

18. Lendon in Sabin et al.（eds.），510. See also p. 133.

19. 关于米洛斯：Thucydides 5.116.4。关于弗西奥蒂斯的底比斯：Polybius 5.100.1-8; Diodorus of Sicily 26.9. 改后的地名并没有持续使用多久。

20. Livy 29.12.16; Justin 29.4.11; Derow 1979, 6–7。因此，Polybius（3.32.7）敏锐地将头两场马其顿战争视为实质上的一个整体。

21. Gruen 1984a, 317–321.

22. *Syll.*³ 393 = *RDGE* 33; Sherk 4; BD 36.

23. Momigliano, 16. Lycophron（*Alexandra* 1226-31）中关于特洛伊本地种族将如何报复希腊人洗劫特洛伊的段落无疑是后来补充的内容：West 1984。Lycophron 写于前 250 年。

24. John of Stobi, *Anthology* 3.7.12. Bowra 1957; Erskine 1995 认为赞美诗可能是罗马礼拜仪式的一部分。关于 "Roma"（罗马）指 "力量"，也可参见 ch. 5, n. 16。

25. Diodorus of Sicily 3.47.7-8. 其中并未专门提到罗马，仅提到阿拉伯人的遥远位置，但所指的无疑是与罗马的距离。

252

26. *Roman Antiquities* 1.89-90; 10.51.5.

27. Phlegon of Tralles fr. 36.III.6-14 Jacoby.

第四章　马其顿的腓力国王

　　主要的一手资料来源：Appian, *Macedonica* 4; Cassius Dio 18; Diodorus of Sicily 28.1-7; Justin 30.3; Livy 31; Plutarch, *Life of Flamininus*; *Life of Philopoemen*; Polybius 13–16。

1. 该使团的一位成员似乎试图向腓力发动私人战争：Twyman 1999。腓力提出投诉时，他被告知，如果他试图挑起战争，他就会处于战争之中：Livy 30.42.7。

2. 具体日期，参见 Briscoe C 1.130. 其他学者倾向于认为前 202 年末（Holleaux 1921, 293–297）或前 201 年末（Derow 1979, 7-8）。

3. Polybius 18.54.7-11.

4. Polybius 13.5.1; Polyaenus, *Stratagems* 5.17.2; Berthold, 107–108; Dmitriev 2011a, 433–436; Walbank C 2.415-16. 这场战争在很大程度上为罗得岛人取胜。

5. Livy 33.18.16; 详见 Ma, 78。

6. 希俄斯战役、拉德岛战役以及腓力入侵帕加马的顺序还存在疑问，见 Walbank C 2.497-501。对战役的叙述，见 Murray。

7. Polybius 16.24.4.

8. Polybius 3.2.8; 15.20; Livy 31.14.11; Appian, *Macedonica* 4. 尽管协定的存在已被否认（Magie 1939; Balsdon 1954; Errington 1971b），但我们资料中的模棱两可可以用这样的事实予以解释，即协定最初是秘密的，尽管很快就为人所共知。当然，诸多事件似乎也证明了这一点。查士丁（Justin）认为，该协定的存在得到在罗马的埃及使节们的确认。

9. Polybius 16.1.8-9; 16.24.6.

10. Polybius 15.10.2.

11. Livy 31.7.

12. 有关老兵，见 Livy 31.8.5；关于贷款，见 Livy 31.13，另见 Eckstein 2006, 285–286。

13. Polybius 16.34.7.

14. Livy 31.18.9. 在罗马举行参战投票与伽尔巴抵达伊利里亚（10月？ Livy 31.22.4）之间有几个月的空当，实际上整个作战季节已经过去。也许征兵方面的复杂局面可以解释这种拖延，因为招募的老兵非常少（p.76），士兵被派往海外之前还需要进行训练：Rich 1976, 82。

15. Plutarch, *Life of Aemilius Paullus* 28.11. 有关罗马收藏家：Pollitt 1986, 159–162。

16. Cicero, *Against Verres* 2.4.129.

17. Badian 1972, 30.

18. Pollitt 1978, 170–171.

19. 关于利西普斯：Strabo 10.2.21; Pliny, *Natural History* 34.40。费边企图从塔兰托搬走另一件利西普斯的雕塑作品，却无法将其从底座上移走。后来，他在作品《赫拉克勒斯的苦差》旁边竖立起自己的雕塑，以增强个人影响力。

    关于宙克西斯：Pliny, *Natural History* 35.66。

20. Pliny, *Natural History* 35.26; 35.70.

21. 有关憎恶：Polybius 9.10。关于血洗马其顿：Livy 34.52.4-5。关于洗劫安布拉基亚：Livy 38.9.13; 39.5.15; Polybius 21.30.9。关于洗劫塔兰托：Livy 27.16.7-8。关于洗劫阿哈伊亚：Pliny, *Natural History* 34.36; 35.24。关于洗劫锡拉库萨：Plutarch, *Life of Marcellus* 21.1。关于波利比乌斯的观点：9.10。

    有关概述：Cicero, *Against Verres* 2.1.55。

22. Livy 31.45.16.

第五章　希腊人的自由

主要的一手资料来源：Appian, *Macedonica* 5–9; Cassius Dio 18; Diodorus 　253
of Sicily 28.8-11; Justin 30.3-4; Livy 32–33.35; Plutarch, *Life of Flamininus*;
Polybius 18.1-48。

1. Plutarch, *Life of Cato the Elder* 17.

2. *Syll.*³ 393 = *RDGE* 33; Sherk 4; BD 36. 关于铭文的不足之处（Armstrong and
   Walsh，34-35 对此有争议），见 Sherk at *RDGE*, 199。除第 96 页钱币上模棱
   两可的证据外，我们对弗拉米尼努斯本人的长相一无所知。

3. Livy 32.7.8-12, with Briscoe C 1.180.

4. Briscoe C 1.188.

5. 关于埃雷特里亚遭到抢掠：Livy 32.16.16。

6. Livy 36.31.8; 36.35.4.

7. 关于建立殖民地：Appian, *The Iberian Wars* 38。关于拥立国王：Livy 30.15.11;
   30.17.8。关于尼米亚运动会（Nemean Games）：Plutarch, *Life of Flamininus*
   12; Polybius 10.26.1。关于君王一样的执政官：Polybius 6.11.12。关于国王理
   事会：Plutarch, *Life of Pyrrhus* 19.6。

8. 尽管哈蒙德鼓励我们想象希腊牧羊犬又长又平的鼻子（1988, 80–81），但其
   实际特征仍然与狗头相去甚远。我以为，这一名字所描述的是由五到六座
   低山构成的系列山体，山头从位于 Ano Khalkiades（腓力营地）的山脊向西
   南方向延伸，指向佐多克霍斯佩奇（弗拉米尼努斯营地），像一条被唤起却
   仍然戴着绳套的猎狗一样奋力向前。参见 Hammond and Walbank, 439 上的
   地图。

9. Plutarch, *Life of Flamininus* 9.

10. Polybius 18.39.1.

11. See ch. 3, n. 8.

12. 据估计（Harris 1984，68），这一时期在战场上维持一个军团每年需要 240
    万塞斯特斯（sestertius）的费用。240 万塞斯特斯 = 60 万第纳尔 = 60 万德
    拉克马（希腊币）= 100 塔兰特。因此，这笔赔款足以支付罗马所有军事行
    动的费用，在每年两个军团的情况下，可持续五年。

13. 劫持人质成为罗马外交中备受青睐的手段。关于关押贵族或皇室人质
    相当宽松的条件，见 D. Braund, *Rome and the Friendly King*（London:
    Croom Helm, 1984），10–16。这样做的主要目的，就是向他们灌输罗马
    人的思想；德米特里到意大利时十一岁，离开时十七岁——这正是他的

塑形时期。

14. Ager 76.

15. *Syll.*[3] 591 = Austin 197; BD 35; Sherk 5.

16. Sherk 18, 41; Gruen 1984a, 178, 187; Larsen 1968, 245–246. 所有崇拜罗马女神的地方均列于 Mellor 1975, 27–110。"Roma" 在希腊语中的意思是 "力量"，关于这一事实所有的迷人细节，见 Erskine 1995。

17. Livy 32.8.13; 33.20.8. 他大约在前 200 年得到这种地位：Briscoe C 1.283。

18. Polybius 18.46.5; Livy 33.32.5; Plutarch, *Life of Flamininus* 10. 未能提到阿卡纳尼亚人令人感到奇怪，但这一定意味着他们作为自由民族的地位已经和其他未能提到的民族（例如阿哈伊亚人及其他民族）的自由地位一样明白无误：Oost 1954, 53–54。

19. Livy 31.29.6-16, 32.21.32-7.

20. 关于弗拉米尼努斯个人的亲希腊主义精神缺乏证据，见 Gruen 1984a, 147–149; Badian 1970, 54。

254   21. Sherk 6 收集了碑文；钱币以他的名字铸造（现存不到十枚，我们甚至不知道它们由何人铸造）；在阿尔戈斯和基赛阿姆（Gytheum），竞技活动以他的名字创立；在哈尔基斯，他获得了神圣的荣誉。另见 Briscoe C 1.28, n.1; Walbank C 2.613-14; Gruen 1984a, 167. 在基赛阿姆和哈尔基斯，公元 1 世纪他仍受到祭奠：Erskine 2010, 65; Plutarch, *Life of Flamininus* 16。

22. Livy 33.24.3.《伊斯特米亚宣言》非常有名，以至于尼禄皇帝在公元 67 年的伊斯特米亚竞技会中做出古怪的决定，宣布希腊自由并免除税赋：Suetonius, *Life of Nero* 24.2。

23. 弗拉米尼努斯从什么地方得到这种自由口号？具有代表性的意见：Badian 1958a, 69–74; Briscoe 1972; Dmitriev 2011a, ch. 5; Eckstein 1987, 296–297; Ferrary 1988, 83–84; Gruen 1984a, 132–157; Seager; Walsh 1996. 一个大国试图从另一个大国分离出卫星国时，总是处处谈论 "自由" 一词。罗马人前 229 年宣布伊利里亚南部各国自由；在第一次马其顿战争中，罗马人被描绘成奴役者；罗马宣传一般把腓力描绘成暴君。谈论自由是很自然的。弗拉米尼努斯凭空捏造这一概念，并使其蓬勃发展。

24. Livy 35.16.2.

25. Plutarch, *Life of Flamininus* 12.6.

第六章　通往温泉关之路

主要的一手资料来源：Appian, *The Syrian Wars* 1–21; Cassius Dio 19; Diodorus of Sicily 28.12–29.4; Justin 31.1-6.5; Livy 33.36–36.21; Pausanias 8.50.7-51.3; Plutarc，*Life of Flamininus*; *Life of Philopoemen*; *Life of Cato the Elder*; Polybius 18.49–20.8。

1. 恢复其祖先王国是安条克政策的核心，是他的"伟大思想"：Ma, chs 1-2。事实上，前 281 年塞琉古一世将其帝国扩张到欧洲后仅仅几周就被暗杀。

2. Polybius 18.51-52; Ager 77; Badian 1959, 119–121; Grainger 2002, 85–97. 拟议中的罗得岛仲裁似乎从未发生过。

3. Livy 33.44.8.

4. Livy 34.31-32, with Briscoe C 2.98-99.

5. Livy 34.52.4-9. 更多细节见 Plutarch, *Life of Flamininus* 13.9。关于数字的精确程度，见 Beard, 171–172。阿姆纳斯从未得到释放，在被拘留期间死亡：Polybius 21.3.4。

6. 除了 *Syll.*[3] 585 外，没有任何历史学家提供到访德尔斐的证据：安条克的其中一位特使海格西阿那克斯（Hegesianax）被任命为安条克宫廷中的德尔斐发言人，这在很大程度上是名誉角色。Burstein 70 翻译了这篇铭文的部分内容。

7. Livy 36.31.10–32.9; Gruen 1984a, 470–471.

8. Livy 38.32.6-8; 39.37.9-17.

9. Plutarch, *Life of Philopoemen* 1.7; *Life of Aratus* 24.2. 作为对照，参见 Pausanias 8.52.1。

10. Polybius 20.8.1-5; Livy 36.11.1-4; 36.17.7; Appian, *The Syrian Wars* 16; Diodorus of Sicily 29.2; Plutarch, *Life of Philopoemen* 17.1; *Life of Flamininus* 16.1-2. Ogden, 137–138.

11. 关于阿卡纳尼亚：Livy 36.11-12; Appian, *The Syrian Wars* 16。关于彼奥提亚：Polybius 20.7.3-5; Livy 36.6.1-5。关于伊庇鲁斯：Polybius 20.3.1-4; Livy 36.5.3-8. 伊庇鲁斯对罗马缺少积极支持的行为得到官方原谅：Livy 36.35.11。

12. Diodorus of Sicily 29.1.

13. Livy 36.1-2. 历法上的问题增加了确定这些事件准确时间方面的困难。罗马人甚至可能在得到德利乌姆大屠杀消息之前就宣战了，不过这与 Livy 35.51.2 存在矛盾。参见 Grainger 2002, 209; Eckstein 2006, 304 等。

255　14. 从第 104 页翻译的阿尔凯奥斯的诗来判断，腓力在这方面的失败臭名昭著，
　　　并且一定令人痛心。

15. *ORF*, Cato 20——这是一个漂亮的翻转，因为指责通常出自雅典人，而不是
他们的敌人。加图非常熟悉希腊语，却故意说拉丁语，可能是为了宣示其
文化上的优势。

16. 这一紧急事件促使阿密南德出售扎金索斯岛，见本书第 128 页。

17. Herodotus, *Histories* 7.202-233.

18. Astin 1978, 58.

第七章　周边扩张

　　主要的一手资料来源：Appian, *The Syrian Wars* 22–44; Cassius Dio 19;
Diodorus of Sicily 29.5-13; Justin 31.6-8; Livy 36.22–38.41; Plutarch, *Life of
Flamininus*; *Life of Philopoemen*; *Life of Cato the Elder*; Polybius 20.9–21.45。

1. 20.9-10; Livy 36.27-29; Gruen 1982a; Eckstein 1995; Dmitriev 2011a, 237–263.

2. Livy 1.38.2. 李维报告说这是一种古老规矩，但 Polybius 36.4.1-2 确认，这种
规矩依然在按照同样方式延续。

3. Florus 1.24.13; Murray, 215–218 做了更为冷静的分析；Steinby, ch. 6。

4. 加拉太人来到小亚细亚的时间相对较晚。他们是拉坦诺凯尔特人（La Tène
Celts）组成的松散邦联，这些凯尔特人是来自中欧的难民。见 B. Maier, *The
Celts: A History from Earliest Times to the Present*（Notre Dame: University of
Notre Dame Press, 2003），ch. 7。

5. 这是从我们再也没有听到关于汉尼拔舰队的消息这一事实推论出的。
Grainger 2002, 362-363 给出了埃及人攻击阿拉杜斯的证据（来自象形文字
文件）。

6. Polybius 21.15; Livy 37.34; Diodorus of Sicily 29.8. Briscoe C 2.339.

7. 托尔斯泰在 *War and Peace*, vol. 3, part 1, ch. 11 上发表精彩评论，反对任何
可能将战争列为"科学"的行为。

8. 古代历史学家也喜欢比较这两种军事组织：Polybius 18.28-32; Livy 32.17-18。

9. Livy 31.34.4.

10. Livy 37.59.

11. Livy 39.7.1-5. 关于色雷斯匪帮：Livy 38.40-41。

12. Livy 39.6.7-9. 但李维当时（正如他为其历史写的序言中所指出的那样）认

为，整个罗马的历史就是逐渐衰落的过程。普林尼（Pliny）认为西庇阿前一年举行的凯旋仪式是腐败的根源：*Natural History* 33.148。"监察官"加图当然在这个问题上几次发表演讲：*De Pecunia Regis Antiochi* 和 *De Praeda Militibus Dividenda*。关于罗马奢华方面的修辞描述，见 C. Edwards, *The Politics of Immorality in Ancient Rome*（Cambridge: Cambridge University Press, 1993）。

13. 它不是前所未有过的：Rich 1993, 57–58; M. Pittenger, *Contested Triumphs: Politics, Pageantry, and Performance in Livy's Republican Rome*（Berkeley: University of California Press, 2008）；存在争议的凯旋仪式的列表，见 Richardson 1975 年, 58, n.55。"监察官"加图就此发表了演讲，即 *De Falsis Pugnis*。

14. Livy 36.34.8-9; Plutarch, *Life of Flamininus* 15.

15. 凯旋仪式几乎没有举行。格拉布里奥将自己的军队交给了卢修斯·科尔内利乌斯·西庇阿，这或许（参见 Livy 39.29.5 等）是元老院拒绝给予格拉布里奥凯旋待遇的一个理由，其根据是如果部队没有撤出战场，说明战争并未结束。

16. Polybius 21.26-30; Livy 38.3.9-7.13; 38.9.4-6, 13. Linderski 1996; Habicht 1976.

17. Polybius 21.32.2. Livy 38.11.2 谈及了罗马的"统治与威严"（imperium and maiestas）。关于"威严"的概念，见 Lendon 1997, 275-276。在 *Pro Balbo* 35-36 中，西塞罗明确指出，条约中纳入这一条款是故意欺凌的工具。另见 Bederman, 191, n.347; Gruen1984, 26 - 32。 256

18. Livy 41.25.1-4.

19. 前 180 年代稍晚时期，元老院授予安布拉基亚自行设定港口税的权利，前提是充满感激的公民完全免除意大利商人的关税（Livy 38.44.4）。这是一个独特的例子，并不能说明任何罗马经济政策方面的问题。这种政策没有给安布拉基亚带来什么好处。

20. Gruen 2014 合理地提出这一观点。

21. Livy 36.34.8-9.

22. Livy 39.23.9.

23. 阿密南德不久后去世，阿塔马尼亚成为共和国。

24. 新占领地清单：Walbank C 3.104。

25. Livy 44.16.5-7.

26. 见 Swain。

27. L. Jonnes and M. Ricl, "A New Royal Inscription from Phrygia Panoreios: Eumenes II Grants Tyraion the Status of a Polis," *Epigraphica Anatolica* 29（1997），1–30; BD 43; Austin 236.

28. *Syll.*³ 601 = Austin 199; BD 39; *RDGE* 34; Sherk 8; Ma 38; K. Rigsby, *Asylia: Territorial Inviolability in the Hellenistic World*（Berkeley: University of California Press, 1997），153.

29. Polybius 21.19-21; Livy 37.53.

30. Livy 42.13. Livy 45.13.12-14.9 比照了努米底亚（Numidia）国王马西尼萨（Masinissa）的谄媚姿态（公元前 168 年）。

31. 关于埃托利亚人：Livy37.49.1-4。关于迦太基人：Livy 42.23.10。关于普鲁西亚斯：Polybius 30.18; Livy 45.44.19-21。

32. Sallust, *Histories* 4, fr. 67.8（McGushin）.

33. 结合了 Polybius 21.23.4 和 Livy 37.54。

34. Livy 35.32.9.

第八章　远程控制

主要的一手资料来源：Justin 32.1-2; Livy 38.42–40.24; Pausanias 8.51.4-8; Plutarch, *Life of Philopoemen*; Polybius 22–24.13。

1. 关于对希腊世界进行武力干预的常态，见 Low, ch. 5。

2. Livy 34.49.7-11.

3. Burton 2011 是解读外交友谊的必读书；另见 Gruen 1984 and Eckstein 2008, indexes, s.v. *amicitia*。在希腊外交中，友谊同样是长期存在的概念，见 Low, 43-6。Polybius 28.3.6 是希腊偏执狂的一个例证。

4. E.g., Livy 38.32.6-8, 39.37.9-17.

5. Livy 39.37.13.

6. Polybius 21.17.11-12.

7. Polybius 23.17.4.

8. 在元首制下，发达的罗马帝国仅依靠数百名行政官员来管理大约五千万名臣民。没有当地精英的合作这是不可能完成的。

9. Livy 34.51.6.

10. E.g., Livy 39.46.7-8. Ager 106 列出诸多投诉。

11. *Syll.*³ 609 = *RDGE* 37; Sherk 12; Ager 88.

12. Diodorus of Sicily 29.33.　　　　　　　　　　　　　　257

13. *Syll.*³ 612 = *RDGE* 1; Sherk 15. *Syll.*³ 611 = *RDGE* 38; Sherk 16.

14. Livy 39.26.14; 39.29.1-2. 但事实上腓力在外边还有少数几处地方：Briscoe C
　　3.315-16。

15. Livy 39.26.9; Diodorus of Sicily 29.16.

16. Livy 42.12.10.

17. Polybius 23.1.9. 元老院乐意听到这些投诉：Livy 39.46.7-8。

18. 见本书第 105 页。

19. Polybius 23.3.6-8, 李维因袒护弗拉米尼努斯而将这部分删去了。

20. Livy 39.53.15-16.

21. 用丹尼尔·奥格登（Daniel Ogden）的话来说，这是一场相当标准的"同
　　父异母"（amphimetric）之争，也就是说，王位之争发生在同一父王不同母
　　亲的两个儿子之间。珀尔修斯的母亲叫波利克拉提亚（Polycrateia），但我
　　们不知道德米特里母亲的名字。

22. Livy 39.53.3; Plutarch, *Life of Aratus* 54.3; *Life of Aemilius Paullus* 8.7.

23. Plutarch, *Life of Alexander* 9.7-8.

24. Polybius 23.10.17; Livy 40.6-7. "克珊托斯"一名与马有关，这位英雄接
　　受了战马的献祭，但除此之外我们几乎无法推断出任何东西：Walbank C
　　3.233-4。

25. Livy 40.20-24; 40.54-57.

第九章　珀尔修斯的选择

　　主要的一手资料来源：Appian, *Macedonica* 11; Justin 32.3-4; Livy 40.54–
42.50; Polybius 24.14–27.6。

1. Appian, *The Syrian Wars* 21.

2. 关于《阿帕梅亚和约》之后的塞琉古王朝历史的调查，见 Gruen 1984a, 644–
　　671。

3. 有关弗拉米尼努斯的使命，见 Ager 112。汉尼拔之死：Plutarch, *Life of
　　Flamininus* 20–21；Appian, *The Syrian Wars* 11；Livy 39.51; Diodorus of Sicily
　　25.19; Justin 32.4.3。

4. Ager 114.

5. 关于这场战争的年代的另一种说法，见 Dmitriev 2007。这场战争被"记录

得十分糟糕"（Sherwin-White 1984, 27）。我遵循的是 Burstein 1980。

6. 有关调查，可见 Pollitt 1986 ch.4。更精确的信息和理论：F. Queyrel, *L'Autel de Pergame: Images et pouvoir en Grece d'Asie*（Paris: Picard, 2005）。我有关帕加马希腊主义的归纳得到 A. Kuttner 认可（尽管程度不高），在 E. Gruen（ed.），Cultural Borrowings and Ethnic Appropriations in Antiquity（Stuttgart: Steiner, 2005），137–206 中有句"'您看上去属于这里吗？'帕加马和马其顿散居地的亚洲主义"。

7. Polybius 22.5.7; Ager 102. 有关吕西亚同盟的详细情况：Larsen 1968, 240–263。

8. Polybius 21.24.7; 25.4-5; 27.7.6; 30.31.4; Livy 41.6.8-12; 41.25.8; 42.14.8; Berthold, ch. 8.

9. 见本书第 187 页。Polybius 25.4.7-8。

10. Livy 42.11-13; Appian, *Macedonica* 11.1-2.

11. Livy 42.14.1.

12. Livy 42.13.1.

13. Livy 42.18.4.

14. Livy 42.11-13; 42.40. 该铭文为 *Syll.*[3] 643 = *RDGE* 40; Sherk 19; BD 44; Austin 93。残缺造成的主要问题是我们并不知道字行有多长：*RDGE* 和 Austin 遵循 Pomtow 的版本，认为字行比 Colin 版本的长，Sherk 和 BD 也首选这种说法。我翻译了比较短的版本。铭文的一些修复内容来自李维的欧迈尼斯投诉清单，形式有点重复。

15. Pausanias 10.20-23; Justin 24.6-8; *Syll.*[3] 398（= BD 17; Austin 60）. 这些凯尔特人中的一些人最终定居在加拉太，参见 ch. 7, n. 4。

16. 与大多数学者一样，我认为 Livy 42.25 中的使团是编年史中合理的虚构。有关第三次马其顿战争前的外交使团名单，见 Briscoe C 4.15-18。

17. Livy 42.47.4-9; Diodorus of Sicily 30.1.

18. Livy 42.36; 42.48; Polybius 27.6; Appian, *Macedonica* 11.9, 涉及令人心酸的痛苦场景。

第十章　马其顿的终结

　　主要的一手资料来源：Appian, *Macedonica* 12–19; *The Illyrian Wars* 2.9; Cassius Dio 20; Diodorus of Sicily 29.30–30.24; Justin 33; Livy 42.50–45; Pausanias 7.10; Plutarch, *Life of Aemilius Paullus*; Polybius 27–30。

1. Polybius 1.3.6; 3.2.6; 3.32.7; 8.1.3; 9.10.11.

2. Livy 43.1; 43.5. 卡西乌斯的行动是那个时代的典型表现，见 Adams 1982, 249。

3. *Syll.*³ 646 = *RDGE* 2; Sherk 21; *RDGE* 3 = Sherk 20. Haliartus: Livy 42.63; Alcock, 97.

4. Polybius 28.4.13.

5. Livy 44.32.5.

6. Livy 44.37.5-9; Polybius 29.16. 这次日食重要的历史意义在于，"李维（§8）给出的日历日期与前 190 年（37.4.4）日食的日期一道，构成所有重建这一时期罗马日历的基础"（Briscoe C 4.585）。

7. Polybius 3.4.2-3; cf. 1.1.5; 6.2.3.

8. 底座得以留存（*Syll.*³ 3652a），同时留存下来的还有埃米利乌斯纪念碑长幅画的碎片，有关情况，见 Pollitt 1986, 156–157。拉丁铭文（Sherk 24）上写道："卢修斯·埃米利乌斯，卢修斯的儿子、将军，从珀尔修斯和马其顿人手中获得此物。"

9. Crawford 1977, 97–98（in Champion [ed.] 2004）. 关于元老院关闭矿场惹恼意大利商人的说法，见 Badian 1972，ch. 2。与之相反，在马其顿管理松散的政权下，商人们一定兴旺发达，因为没有直接的统治，不需要应对罗马总督，却反而拥有了罗马势力的保护。

10. Burstein 38; Appian, *The Syrian Wars* 45.

11. 前 159 年欧迈尼斯去世后，阿塔罗斯仍然继承了其兄的王位。

12. *ORF*, Cato 163–169; Astin 1978, 273–281; Dmitriev 2011a, ch. 8. 一些片段由 Bringmann 翻译，101–102。

13. Polybius 30.4-5; 30.31.9-12; 30.21; 31.4-5; Livy 44.15.1; 45.10; 45.20.4-25; Diodorus of Sicily 31.5. 提洛岛也是泛希腊的神圣岛屿（为阿波罗神和阿耳忒弥斯神的圣地），控制该岛与控制德尔斐一样能够赢得国际声望。在这段时间，罗得岛人的财源还因卡诺斯（Caunus）和斯特拉托尼西亚（Stratoniceia）被割裂出去而进一步枯竭：Polybius 31.21; 31.31.6. 关于罗得岛遭受损失严重程度的评估，见 Sherwin White 1984，30-36；Berthold 1984，205-209。不能忘记的是，罗得岛终究是在遭殃：就在前一年（前 169 年），它不得不进口谷物（Polybius 28.2.5）。

14. 见 ch. 7, n. 17。Cicero, *Letters to Friends* 12.15.2; Sherwin-White 1984, 31.

第十一章　罗马帝国

主要的一手资料来源：Plutarch, *Life of Aemilius Paullus*; Diodorus of Sicily 31.1-15。

1. Pausanias 7.10; Polybius 30.6-7; 32.6; Plutarch, *Life of Cato the Elder* 9.2-3.

2. Polybius 24. 10.5.

3. *ORF*, Cato 161–162.

259　4. Strabo 7.7.6; 7.7.9.

5. Livy 43.21.4; 45.26.2. E. Kanta-Kitsou, *Doliani Thesprotia, Archaeological Guide* (Athens: Ministry of Culture, 2008)；E. Kanta-Kitsou, Gitana *Thesprotia, Archaeological Guide* (Athens: Ministry of Culture，2008)；G. Riginos and K. Lazaris, *Elea Thesprotia: The Archaeological Site and the Neighbouring Region* (Athens: Ministry of Culture，2008).

6. Polybius 30.12; 32.5-8; Diodorus of Sicily 31.31. 已经发现的屋顶瓦片上有标记，标记上没有小镇的名字（在这里指的是吉塔那），也未言明"公共财产"，只有"卡罗普斯的财产"的字样（Igoumenitsa Archaeological Museum）。

7. Machiavelli, *The Prince* (trans. N. H. Thomson)，ch. 5; 关于对罗马征服希腊的进一步分析，同样参见该书第三章。

8. Ziolkowski 1986.

9. Livy 41.21.

10. M. Terentius Varro, *De rerum rusticarum* 1.17.5. 文学评论家 Q. 凯基利乌斯·埃皮罗塔（Q. Caecilius Epirota）曾是奴隶，前 1 世纪被西塞罗的朋友提图斯·庞波尼乌斯·阿提库斯（Titus Pomponius Atticus）释放，他也许是其后裔（Suetonius, *On Grammarians* 16.1 ）。

11. Plutarch, *Life of Aemilius Paullus* 30–38; Diodorus of Sicily 31.8.10-9.7; Livy 45.36-40; Polybius 18.35.4-5; 31.22; Pliny, *Natural History* 34.54.

12. Polybius 30.22.

13. 对德尔斐的早期访问：Livy 1.56.4-13; 5.28.1-2 等。法典：Dionysius of Halicarnassus, *Roman Antiquities* 10.51.5; Livy 3.31.8。外交：Strabo5.3.5; Pliny, *Natural History* 3.57; Cleitarchus fr. 31 Jacoby; Polybius30.5.6; Gruen 1984 a, 62 - 65。我认为几乎同一时期存在的阿卡纳尼亚使团属于虚构，故未加采用：ch. 2, n. 1。

14. Demeter: Cicero, *Pro Balbo* 55; Pliny, *Natural History* 35.154. Asclepius: Livy

10.47.6-7. Aphrodite of Eryx: Livy 22.9.7-10. Cybele: Burton 1996; Erskine 2001, 205–218. 她的庙宇于前 191 年落成 : Livy 36.36.3-4。

15. 见 Zanker 书中的论文。

16. Plutarch, *Life of Marcellus* 21.

17. 由于罗马市中心充斥着大量雕像（被掠夺来的和新落成的），元老院于前 179 年决定移走部分雕像，前 158 年又移走一部分。

18. Pliny, *Natural History* 35.13.

19. Horace, *Epistles* 2.1.156.

20. Cicero, *Letters to His Brother Quintus* 1.1.16, 27; Petrochilos, 63–67.

21. 伊迪丝·霍尔（Edith Hall）1989 年写了本有名的书，书名为《发明野蛮人》（*Inventing the Barbarian*）。关于"东方主义"一词，见 Edward Said, *Orientalism*（new ed., London: Penguin, 1995）。

22. Plautus, *Mostellaria* 22.

23. 关于罗马共和国憎恶同性恋，见 Champion 2004, 58–60。

24. 引自 Pliny, *Natural History* 29.13。另见 Plutarch, *Cato the Elder* 23。

25. Astin 1978, 157–181.

26. Dionysius of Halicarnassus, *Roman Antiquities* 1.5.2 等，试图说服其希腊同胞（公元前 1 世纪末）都忍受他们的屈从。

27. Beard, North, and Price, 1.97-8, 1.164-6. 对巴克斯的崇拜不仅在罗马而且在整个意大利都受到压制。

28. Livy 39.8-18; *CIL* I 196; Briscoe C 3.230-50. 关于毕达哥拉斯的书籍，见 Briscoe C 3.480-3。

29. E.g., Cicero, *On Obligations* 1.151.

30. 对罗马真实主义风格雕塑的可能影响体现在罗马人的葬礼面具上，但因缺乏证据而无法做出评估：参见 Polybius 6.53。

31. Ovid, Fasti 3.101-2.

第十二章　皮德纳战役之后的希腊世界

主要的一手资料来源：Appian, *The Illyrian Wars* 10–11; *The Syrian Wars* 45–47; Diodorus of Sicily 31.16-32; Justin 34–36; Livy, *Periochae* 46–52; Pausanias 7.11-16; Polybius 31–39; Zonaras 9.24-25, 28, 31。

1. M. Doyle, *Empires*（Ithaca: Cornell University Press, 1986），45.

2. 事实上，也许是听到皮德纳战役获胜才让波皮利乌斯有了大肆威胁别人的胆量。

3. Gruen 1984a, 169–170 提供了更多例子。

4. 关于安条克：Livy 45.13.2。关于阿里阿拉特：Polybius 31.3; 31.7-8; 31.32; Diodorus of Sicily 31.28。关于德米特里：Polybius 31.2; 31.11-15; 31.33; 32.2-3; Diodorus of Sicily 31.29-30; Appian, *The Syrian Wars* 47。有关他逃脱囚禁的更多内容：Gruen 1984a, 663–665。关于普鲁西亚斯：Livy 45.44.13。关于阿塔罗斯：Welles 61; Austin 244; Sherk 29; BD 50。关于法纳西斯：Sherk 30。

5. 关于昔兰尼加：Austin 289; BD 51; Burstein 104; Sherk 31。关于帕加马：Austin 251; *RDGE* 11; Sherk 40。

6. 关于单个城镇的联盟地位：Gruen 1984a, 731–738。关于雅典和提洛岛：Polybius 32.7（Ager 140）; *Syll.*³ 664（= *RDGE* 5; Burstein 75; Sherk 28）。关于斯巴达和麦加洛波利斯：*Syll.*³ 665; Ager 135; cf. Polybius 31.1.7。关于斯巴达和阿尔戈斯：Pausanias 7.11.1-2（Ager 136）。

7. Polybius 30.25-6; 31.2.9-14; 31.8.4-8; Appian, *The Syrian Wars* 46; Diodorus of Sicily 31.16。关于马加比：I Maccabees 8; II Maccabees 11:34-8; Sherk 43, 44。

8. 有关德米特里出逃的标准看法，参阅 Badian 1958, 107–108; Walbank C 3.478 等。

9. E.g., Ager 152–164.

10. Livy 45.33.3-4; Plutarch, *Life of Aemilius Paullus* 28.2-3.

11. Polybius 31.2.12; 35.4.11.

12. Ogden, 189–192.

13. Kallet-Marx, ch. 1.

14. 我们没有来自阿卡纳尼亚等地被拘留者的任何资料。最好是认为他们最终也被允许回家。

15. 关于前 182 年，见本书第 176~177 页。关于前 172 年，见本书第 200~201 页。关于前 164 年，见 Pausanias 7.11.1-3。

16. 尚未出生的未来独裁者的叔祖父。

17. Strabo 8.6.23. 存在一段铭文——*CIL* I² 626 = *CLE*₃——记载穆米乌斯吹嘘如何摧毁科林斯城。铭文将科林斯的毁灭等同于同年，即前 146 年罗马人对迦太基更为彻底的毁灭，这种描述实际上是夸大其词。

18. *Syll.*³ 684 = *RDGE* 43; Sherk 50; BD 52. 有关这段铭文，参见 R. Kallet-Marx, "Q. Fabius Maximus and the Dyme Affair," *Classical Quarterly* n.s. 45（1995），

129–153。

19. Polybius 39.5.2.

20. Cicero, *Against Verres* 2.1.55.

21. Pausanias 7.16.9-10，关于解决方案，我们的主要资料来源在其范围及性质方面存在争议：关于一个极简单的观点，尤见 Kallet-Marx, chs. 2–3。

22. E.g., *RDGE* 23; Pausanias 10.34.2.

23. Kallet-Marx, 52–55.

24. Polybius 39.6; Gruen 1984a, 171; Kallet-Marx, 91–92.

25. Eutropius（公元 4 世纪）4.14。

26. 关于凯奇利乌斯：Velleius Paterculus 1.11.3-5; Cicero, *Against Verres* 2.4.126。关于穆米乌斯：Gruen 1992, 123–129; Yarrow 2006; Wallace-Hadrill 2008, 131–133。

27. 参见 Livy 44.16.1-4 等，一个财富取之于希腊的例子。

28. Livy, Periochae 54; Cicero, *On Moral Ends* 1.24.

29. Appian, *The Mithridatic Wars* 22–23; Plutarch, *Life of Sulla* 24.7; Memnon fr. 22.9 Jacoby.

30. Gruen 1948a, 170 – 171, 302 – 303. 亚得里亚海地区的罗马人：Čašule, 218 – 226。

31. Polybius 36.17.5-9; Cicero, *Letters to Friends* 4.5; Livy 45.28.3; Strabo 8.4.11; 8.8.1; Dio Chrysostom, *Speeches* 33.25; Plutarch, *On the Decline of Oracles* 413f-414a. 关于帕萨尼亚斯：Alcock, 146。更多古代证据，见 Alcock, 26–27。

32. Tacitus, *Agricola* 30, 出自一位喀里多尼亚（Caledonia）首领之口。罗伯特·F. 肯尼迪于 1968 年 3 月 18 日在堪萨斯大学发表反对林登·约翰逊越南政策的演讲时，就使用了这一说法。

33. 关于考古学证据，尤其可参阅 Alcock。关于彼奥提亚，也可参阅 A. Snodgrass 'Survey Archaeology and the Rural Landscape of the Greek City', in O. Murray and S. Price（eds.）, *The Greek City from Homer to Alexander*（Oxford: Oxford University Press, 1990）, 113–136。有关阿尔戈利斯（Argolid，常拼作 Argolis）南部，参见 M. Jameson et al., *A Greek Countryside: The Southern Argolid from Prehistory to the Present Day*（Stanford: Stanford University Press, 1994）。

34. Hopkins 1980.

35. Plutarch, *Life of Aratus* 24.2. 另见普鲁塔克的论文 "*Precepts of Statecraft*",

文中不止一次（e.g. 824e-f）说到希腊人没有权力，并建议未来政治家只追求对罗马的顺从并在同僚中灌输和谐理念。

36. Livy 26.18.6-11.

37. 攻击西庇阿兄弟的最早迹象，是在前 190 年卢修斯和阿非利加努斯在小亚细亚取胜后，他们的指挥权均未得到延续。这可能起因于该家族惊人的傲慢态度：Wallace-Hadrill 2008, 220–223。他们后来发起对乌尔索和富尔维乌斯两个凯旋仪式的政治攻击，并引发反击。卢修斯被指控个人侵吞安条克的大笔金钱，为此，阿非利加努斯以难以置信的傲慢，公开撕毁其弟的账目，并质问元老院，他的弟弟为国库增加了 2 亿塞斯特斯的金钱，为什么还要关注区区的 400 万塞斯特斯（Livy 38.55-60）。前 183 年阿非利加努斯去世在一定程度上标志着西庇阿兄弟的倒台。Astin 1978, 60–73; Briscoe C 3.170-9; Scullard 1973, 290–30. 直到大约前 170 年收养埃米利乌斯·保卢斯·马其顿尼库斯（Aemilius Paullus Macedonicus）（两家一直是政治盟友）的一个儿子后，家族的活力才得到恢复。此人就是普布利乌斯·科尔内利乌斯·西庇阿·埃米利安努斯·阿非利加努斯，别称小西庇阿·阿非利加努斯，既是前 146 年摧毁科林斯的将军，也是波利比乌斯的朋友。参见 H. Etcheto, *Les Scipions: Famille et pouvoir à Rome à l'époque républicaine* （Bordeaux: Ausonius, 2012）。

38. Livy 40.5.7.

39. 见本书第 152~153、159 页。但普林尼（*Natural History* 33.148）认为，前 189 年西皮奥·亚细亚杰尼斯举行的凯旋仪式开始了这种腐败。加图似乎将其归咎于前 211 年锡拉库萨财宝的涌入：Livy34.4.4. Cf. 25.40.2. 另见 Polybius 31.25.3-5. Briscoe C 3.225-6; Lintott 1972。他们都指责抢劫行为，而不指责抢劫者。

40. Polybius 6.57.5.

41. 见本书第 238~239 页。

42. Polybius 36.9. Cicero, *On the State* 3.33-35; *Philippics* 6.19; Virgil, *Aeneid* 6.852-3;*Aeneid* 1.278-9; Livy 9.11.7; Sallust, *Histories* 4.67（McGushin）; Polybius 31.10.7. 更多相关文本，见 Brunt 1978; Gruen 1984a, 274–275; Champion（ed.）2004; Erskine（ed.）2010.

参考文献

古代文献

最重要的古代历史学家是波利比乌斯（约前 200~ 约前 118 年），他叙述的时期涵盖本书叙述的大部分时期，但这些叙述被分散在四十本书内。这些书中只有前五本被完整地保存下来，其余部分则只剩大量段落。读者可以阅读本人的译作 *Polybius: The Histories*（Oxford University Press, 2010），其中有 B. McGin 撰写的介绍与注释。我的译本中未包括的最重要片段可以在 Loeb Polybius 的若干卷 (Harvard University Press) 中找到，由 W. Paton 翻译，F. Walbank 和 C. Habicht 修订。波利比乌斯的重要学术伙伴是 F. Walbank, *A Historical Commentary on Polybius*, 3 vols. (London/Oxford: Oxford University Press, 1957–1979)。

在波利比乌斯之后，接下来一位最重要的古代历史学家是李维（公元前 59~ 公元 17 年）。尽管李维用拉丁语写作（而波利比乌斯是希腊人），但他的重要之处至少在于他保存了原本已遗失的波利比乌斯资料。李维的著作涵盖了从罗马这座城市建立（据说是在公元前 753 年）到公元前 9 年的历史，共 142 本书，其中只有第 1~10 本，以及第 21~45 本留存了下来（写到公元前 167 年）。与本书目标最相关的是第 21~45 本。这些书最好的译本是 J. Yardley, *Livy: Hannibal's War. Books 21–30* (Oxford: Oxford University Press, 2006); J. Yardley, *Livy: The Dawn of the Roman Empire. Books 31–40* (Oxford: Oxford University Press, 2000); J. Chaplin, *Livy: Rome's Mediterranean Empire. Books 41–45 and the Periochae* (Oxford: Oxford University Press, 2007)。J. Briscoe 的优秀学术评论有: *A Commentary on Livy Books XXXI–XXXIII, Books XXXIV–XXXVII, Books 38–40, Books 41–45* (Oxford: Oxford University Press, 1973, 1981, 2008, 2012)。同样相关的还有 P. Walsh (Warminster: Aris & Phillips, 1991-1996) 对第 36~40 本书的五卷评注。

除了以上两个主要资料来源，我还在大量其他历史学家那里找到了主要信息。阿庇安（公元 2 世纪亚历山大城的希腊历史学家）在其 *Roman History* 第 9 卷中，记述了马其顿事务；这个叙述有片段存留下来，且关于他对伊利里亚战争的描述（最初是第 9 卷的附录）是完整的；他关于叙利亚战争作品的开头（自卷 11 起）也提供了相关内容。以下内容对 *Illyrica* 有深入全面的评论：M. Šašel Kos, *Appian and Illyricum* (Ljubljana: National Museum of Slovenia, 2005)。与 *The Syrian Wars* 中的相关部分由 K. Brodersen 编入 *Appians Antiochike* (Syriake 1,1–44,232). *Text und Kommentar* (Munich: Editio Maris, 1991)。

西西里的狄奥多罗斯的 *Library of History* 写于大约公元前 1 世纪后期，其残存部分包含更多的片段：与本书相关的第 25~32 卷很容易在 F. Walton 的译本 *Diodorus Siculus, Library of History, Books 21–32* (Cambridge: Harvard University Press, 1957) 中找到。

历史学家卡西乌斯·狄奥（Cassius Dio，公元 3 世纪早期）著作中的相关部分仅遗存残章断句，公元 12 世纪的约翰·佐纳拉斯（John Zonaras）对残余部分做了专门的概述。然而，他 *Roman History* 第 13~21 卷的遗存部分仍能开启观察这一历史时期的更多窗口，这些书可以在 Loeb Classical Library 找到，由 E. Cary 翻译。

查士丁（公元 3 世纪）对庞培·特罗古斯（Pompeius Trogus）所著 *Philippic History*（公元前 1 世纪后期所作）第 28~34 卷所作的摘要也有很大用处，该书的译本可见：J. Yardley, *Justin: Epitome of the Philippic History of Pompeius Trogus* (Atlanta: Scholars Press, 1994)。

其他历史学家的零散论述，甚至更多文学家的作品，都给我们带来不可多得却弥足珍贵的额外启发。不过，最重要但从严格意义上讲并不能成为历史资料的是，公元 1 世纪末到 2 世纪早期的散文家与传记作家普鲁塔克的作品。他写了许多相关人物的传记，如 *Philopoemen and Flamininus*（作为同一时期的人物被放在一起）、*Cato the Elder*、*Pyrrhus*、*Aemilius Paullus*、*Aratus*。*Cato the Elder* 和 *Aemilius Paullus* 被包括在拙著 *Plutarch: Roman Lives* (Oxford: Oxford University Press, 1999) 中，其余则被含括在拙著 *Plutarch: Hellenistic Lives* (Oxford: Oxford University Press, 2014) 中。

铭文

最重要的铭文的翻译版本可以在以下原始资料中找到，其中一些还包含古代文学和／或纸莎草文献摘录：

Ager, S., 1996, *Interstate Arbitrations in the Greek World, 337–90 BC* (Berkeley: University of California Press).

Austin, M., 2006, *The Hellenistic World from Alexander to the Roman Conquest: A Selection of Ancient Sources in Translation* (2nd ed., Cambridge: Cambridge University Press).

Bagnall, R., and P. Derow, 2004, *The Hellenistic Period: Historical Texts in Translation* (2nd ed., Oxford: Blackwell) (1st ed. title: *Greek Historical Documents: The Hellenistic Period*).

Burstein, S., 1985, *The Hellenistic Age from the Battle of Ipsos to the Death of Kleopatra VII* (Cambridge: Cambridge University Press).

Sherk, R., 1969, *Roman Documents from the Greek East:* Senatus Consulta *and* Epistulae *to the Age of Augustus* (Baltimore: Johns Hopkins University Press).

Sherk, R., 1984, *Rome and the Greek East to the Death of Augustus* (Cambridge: Cambridge University Press).

Welles, C., 1934, *Royal Correspondence in the Hellenistic Period: A Study in Greek Epigraphy* (New Haven: Yale University Press; repr. Chicago: Ares, 1974).

二手文献
地图

Metallinou, G. (ed.), 2008, *Historical and Geographical Atlas of the Greek–Albanian Border* (Athens: Ministry of Culture).

Talbert, R., 2000, *Barrington Atlas of the Greek and Roman World* (Princeton: Princeton University Press).

书目与文章

我用星号（＊）标记了那些本人认为对进一步研究不可或缺的英文书籍。对标有星号的论文集，其所包含的论文未再单独列出。

Adams, W. L., 1982, "Perseus and the Third Macedonian War," in W. Adams and E. Borza (eds.), *Philip II, Alexander the Great and the Macedonian Heritage* (Washington, DC: University Press of America), 237–256.

Adams, W. L., 1993, "Philip V, Hannibal and the Origins of the First Macedonian War," *Ancient Macedonia* 5, 41–50.

Adcock, F., and D. Mosley, 1975, *Diplomacy in Ancient Greece* (London: Thames and Hudson).

Ager, S., 1992, "Rhodes: The Rise and Fall of a Neutral Diplomat," *Historia* 40, 11–41.

Ager, S., 2009, "Roman Perspectives on Greek Diplomacy," in C. Eilers (ed.), *Diplomats and Diplomacy in the Roman World* (Leiden: Brill), 15–43.

*Alcock, S., 1996, *Graecia Capta: The Landscapes of Roman Greece* (Cambridge: Cambridge University Press).

Allen, R., 1971, "Attalos I and Aegina," *Annual of the British School at Athens* 66, 1–12.

*Allen, R., 1983, *The Attalid Kingdom: A Constitutional History* (Oxford: Oxford University Press).

Armstrong, D., and J. Walsh, 1986, "*SIG*³ 593: The Letter of Flamininus to Chyretiae," *Classical Philology* 81, 32–46.

Astin, A., 1978, *Cato the Censor* (London: Oxford University Press).

*Astin, A., et al. (eds.), 1989, *The Cambridge Ancient History*, 2nd ed., vol. 8: *Rome and the Mediterranean to 133 BC* (Cambridge: Cambridge University Press).

Austin, M., 1986, "Hellenistic Kings, War and the Economy," *Classical Quarterly* n.s. 36, 450–466.

Badian, E., 1952a, "Notes on Roman Policy in Illyria (230–201 BC)," *Papers of the British School at Rome* 20, 72–93; repr. in id., *Studies in Greek and Roman History* (Oxford: Blackwell, 1964), 1–33.

Badian, E., 1952b, "The Treaty between Rome and the Achaean League," *Journal of Roman Studies* 42, 76–80.

Badian, E., 1958a, *Foreign Clientelae (264–70 BC)* (London: Oxford University Press).

Badian, E., 1958b, "Aetolica," *Latomus* 17, 197–211.

Badian, E., 1959, "Rome and Antiochus the Great: A Study in Cold War," *Classical Philology* 54, 81–99; repr. in id., *Studies in Greek and Roman History* (Oxford: Blackwell, 1964), 113–139.

Badian, E., 1968, *Roman Imperialism in the Late Republic* (Oxford: Blackwell).

Badian, E., 1970, *Titus Quinctius Flamininus: Philhellenism and Realpolitik* (Cincinnati: University of Cincinnati Press).

Badian, E., 1971, "The Family and Early Career of T. Quinctius Flamininus," *Journal of Roman Studies* 61, 102–111.

Badian, E., 1972, *Publicans and Sinners: Private Enterprise in the Service of the Roman Republic* (Oxford: Blackwell).

Badian, E., 1984 "Hegemony and Independence: Prolegomena to a Study of Rome and the Hellenistic States in the Second Century BC," in J. Harmatta (ed.), *Actes du VIIe Congrès de la F.E.I.C.* (Budapest: Akadémiai Kiadó), 397–414.

Badian, E., and R. M. Errington, 1965, "A Meeting of the Achaean League (Early 188 BC)," *Historia* 14, 13–17.

Badian, E., and S. Oost, 1960, "Philip V and Illyria: A Reply," *Classical Philology* 55, 182–186.

Balsdon, J. P. V. D., 1954, "Rome and Macedon, 205-200 BC," *Journal of Roman Studies* 44, 30–42.

Balsdon, J. P. V. D., 1967, "T. Quinctius Flamininus," *Phoenix* 21, 177–190.

Balsdon, J. P. V. D., 1979, *Romans and Aliens* (London: Duckworth).

Barchiesi, A., 2009, "Roman Perspectives on the Greeks," in G. Boys-Stones et al. (eds.), *The Oxford Handbook to Hellenic Studies* (Oxford: Oxford University Press), 98–113.

Baronowski, D., 1987, "Greece after 146 BC: Provincial Status and Roman Tribute," *Monographies en Archéologie et Histoire de l'Université McGill* 6, 125–138.

Baronowski, D., 1988, "The Provincial Status of Mainland Greece after 146 BC: A Criticism of Erich Gruen's Views," *Klio* 70, 448–460.

Baronowski, D., 1991a, "The Roman Awareness of Their Imperialism in the Second Century BC," *Cahiers des Études Anciennes* 26, 173–181.

Baronowski, D., 1991b, "The Status of the Greek Cities of Asia Minor after 190 BC," *Hermes* 119, 450–463.

Barré, M., 1983, *The God List in the Treaty between Hannibal and Philip V of Macedon* (Baltimore: Johns Hopkins University Press).

Beard, M., 2007, *The Roman Triumph* (Cambridge: Harvard University Press).

Beard, M., J. North, and S. Price, 1998, *Religions of Rome*, 2 vols. (Cambridge: Cambridge University Press).

Bederman, D., 2001, *International Law in Antiquity* (Cambridge: Cambridge University Press).

Berthold, R., 1976, "The Rhodian Appeal to Rome in 201 BC," *Classical Journal* 71, 97–107.

*Berthold, R., 1984, *Rhodes in the Hellenistic Age* (Ithaca, NY: Cornell University Press).

Bickermann, E., 1932, "*Bellum Antiochicum*," *Hermes* 67, 47–76.

Bickermann, E., 1945, "*Bellum Philippicum*: Some Roman and Greek Views concerning the Causes of the Second Macedonian War," *Classical Philology* 40, 137–148.

Bickermann, E., 1952, "Hannibal's Covenant," *American Journal of Philology* 73, 1–23.

Bickermann, E., 1953, "Notes sur Polybe," *Revue des études grecques* 66, 479–506.

Bowra, C. M., 1957, "Melinno's Hymn to Rome," *Journal of Roman Studies* 47, 21–28.

Bragg, E., 2005, "Illyrian Piracy—Ancient Endemic or Historical Construct?" *Daedalus* 5, 19–33.

Braund, D., 1982, "Three Hellenistic Personages: Amynander, Prusias II, Daphidas," *Classical Quarterly* n.s. 32, 350–357.

Brennan, T. C., 1996, "Triumphus in Monte Albano," in Wallace and Harris (eds.), 315–337.

*Bringmann, K., 2007, *A History of the Roman Republic*, trans. by W. Smyth (Cambridge: Polity Press).

Briscoe, J., 1964, "Q. Marcius Philippus and *Nova Sapientia*," *Journal of Roman Studies* 54, 66–77.

Briscoe, J., 1967, "Rome and the Class Struggle in the Greek States, 200–146 BC," *Past and Present* 36, 3–20; repr. in M. Finley (ed.), *Studies in Ancient Society* (London: Routledge, 1974), 53–73.

Briscoe, J., 1969, "Eastern Policy and Senatorial Politics, 168–146 BC," *Historia* 18, 49–70.

Briscoe, J., 1972, "Flamininus and Roman Politics, 200–189 BC," *Latomus* 31, 22–53.

Briscoe, J., 1978, "The Antigonids and the Greek States, 276–196 BC," in P. Garnsey and C. Whittaker (eds.), *Imperialism in the Ancient World* (Cambridge: Cambridge University Press), 145–157.

Briscoe, J., 1982, "Livy and Senatorial Politics, 200–167 BC: The Evidence of the Fourth and Fifth Decades," in H. Temporini and W. Haase (eds.), *Aufstieg und Niedergang der römischen Welt* 2.30.2 (Berlin: de Gruyter), 1075–1121.

Briscoe, J., 1992, "Political Groupings in the Middle Republic: A Restatement," in C. Deroux (ed.), *Studies in Latin Literature and Roman History* 6 (Brussels: Latomus), 70–83.

Brizzi, G., 2001, "*Fides, Mens, Nova Sapientia*: Radici greche nell'approccio di Roma a politica e diplomazia verso l'Oriente ellenistico," in M. Bertinelli and L. Piccirilli (eds), *Linguaggio e terminologia diplomatica dall'antico oriente all'impero bizantino* (Rome: L'Erma di Bretschneider), 121–131.

*Broughton, T. R. S., 1951, *The Magistrates of the Roman Republic*, vol. 1 (New York: American Philological Association).

Brown, P., 1986, "The First Roman Literature," in J. Boardman, J. Griffin, and O. Murray (eds.), *The Oxford History of the Classical World* (Oxford: Oxford University Press), 437–453.

Brunt, P., 1978, "Laus Imperii," in P. Garnsey and C. Whittaker (eds.), *Imperialism in the Ancient World* (Cambridge: Cambridge University Press), 159–191.

Buraselis, K., 1996, "*Vix Aerarium Sufficeret*: Roman Finances and the Outbreak of the Second Macedonian War," *Greek, Roman, and Byzantine Studies* 37, 149–172.

Burstein, S., 1980, "The Aftermath of the Peace of Apamea," *American Journal of Ancient History* 5, 1–12.

Burton, P., 1996, "The Summoning of the Magna Mater to Rome," *Historia* 45, 36–63.

Burton, P., 2009, "Ancient International Law, the Aetolian League, and the Ritual of Surrender during the Roman Republic: The Constructivist View," *International History Review* 31, 237–252.

*Burton, P., 2011, *Friendship and Empire: Roman Diplomacy and Imperialism in the Middle Republic (353–146 BC)* (Cambridge: Cambridge University Press).

Cabanes, P., 1976, *L'Épire de la mort de Pyrrhos à la conquête romaine (272–167 av. J.C.)* (Paris: Les Belles Lettres).

Cabanes, P., 1988, *Les Illyriens de Bardylis à Genthius (IVe –IIe siècles avant J.-C.)* (Paris: Sedes).

Campbell, B., 2002, "Power without Limit: 'The Romans Always Win'," in A. Chaniotis and P. Ducrey (eds.), *Army and Power in the Ancient World* (Stuttgart: Steiner), 167–180.

Carawan, E., 1988, "*Graecia Liberata* and the Role of Flamininus in Livy's Fourth Decade," *Transactions of the American Philological Association* 118, 209–252.

Cartledge, P., and A. Spawforth, 2002, *Hellenistic and Roman Sparta: A Tale of Two Cities* (2nd ed., London: Routledge).

Čašule, N., 2012, "'In Part a Roman Sea': Rome and the Adriatic in the Third Century BC," in Smith and Yarrow (eds.), 205–229.

Champion, C., 1997, "The Nature of Authoritative Evidence in Polybius and Agelaus' Speech at Naupactus," *Transactions of the American Philological Association* 127, 111–128.

Champion, C., 2000, "Romans as Barbaroi: Three Polybian Speeches and the Politics of Cultural Indeterminacy," *Classical Philology* 95, 425–444.

Champion, C., 2004, *Cultural Politics in Polybius' Histories* (Berkeley: University of California Press).

*Champion, C. (ed.), 2004, *Roman Imperialism: Readings and Sources* (Oxford: Blackwell).

Champion, C., 2007, "Empire by Invitation: Greek Political Strategies and Roman Imperial Interventions in the Second Century BCE," *Transactions of the American Philological Association* 137, 255–275.

Coppola, A., 1993, *Demetrio di Faro* (Rome: L'Erma di Bretschneider).

Cornell, T., 1995, *The Beginnings of Rome: Italy and Rome from the Bronze Age to the Punic Wars* (London: Routledge).

Cornell, T., 2000, "The City of Rome in the Middle Republic (400–100 BC)," in J. Coulston and H. Dodge (eds.), *Ancient Rome: The Archaeology of the Eternal City* (Oxford: Oxford University Press), 42–60.

Crawford, M., 1977, "Rome and the Greek World: Economic Relationships," *Economic History Review* 30, 42–52.

Crawford, M., 1992, *The Roman Republic* (2nd ed., London: Fontana).

Davies, J., 2000, "A Wholly Non-Aristotelian Universe: The Molossians as Ethnos, State, and Monarchy," in R. Brock and S. Hodkinson (eds.), *Alternatives to Athens: Varieties of Political Organization and Community in Ancient Greece* (Oxford: Oxford University Press), 234–58.

Deininger, J., 1973, "Bemerkungen zur Historizität der Rede des Agelaos 217 v. Chr. (Polyb. 5, 104)," *Chiron* 3, 103–108.

Dell, H., 1967a, "The Origin and Nature of Illyrian Piracy," *Historia* 16, 344–358.

Dell, H., 1967b, "Antigonus III and Rome," *Classical Philology* 62, 94–103.

Dell, H., 1970, "Demetrius of Pharus and the Istrian War," *Historia* 19, 30–38.

Dell, H., 1977, "Macedon and Rome: The Illyrian Question in the Early Second Century BC," *Ancient Macedonia* 2, 305–315.

Dell, H., 1983, "The Quarrel between Demetrius and Perseus: A Note on Macedonian National Policy," *Ancient Macedonia* 3, 67–76.

Derow, P., 1973, "Kleemporos," *Phoenix* 27, 118–134.

Derow, P., 1979, "Polybius, Rome, and the East," *Journal of Roman Studies* 69, 1–15.

Derow, P., 1991, "Pharos and Rome," *Zeitschrift für Papyrologie und Epigraphik* 88, 261–270.

Dmitriev, S., 2003, "Livy's Evidence for the Apamean Settlement (188 BC)," *American Journal of Ancient History* n.s. 2, 39–62.

Dmitriev, S., 2007, "Memnon on the Siege of Heraclea Pontica by Prusias I and the War between the Kingdoms of Bithynia and Pergamum," *Journal of Hellenic Studies* 127, 133–138.

Dmitriev, S., 2010, "Attalus' Request for the Cities of Aenus and Maroneia in 167," *Historia* 59, 106–114.

Dmitriev, S., 2011a, *The Greek Slogan of Freedom and Early Roman Politics in Greece* (Oxford: Oxford University Press).

Dmitriev, S., 2011b, "Antiochus III: A Friend and Ally of the Roman People," *Klio* 93, 104–130.

Dorey, T., 1957, "Macedonian Troops at the Battle of Zama," *American Journal of Philology* 78, 185–187.

Dorey, T., 1959, "Contributory Causes of the Second Macedonian War," *American Journal of Philology* 80, 288–295.

Dorey, T., 1960, "The Alleged Aetolian Embassy to Rome," *Classical Review* n.s. 10, 9.

Dorey, T., and S. Oost, 1960, "Philip V and Illyria: The Annalistic Point of View," *Classical Philology* 55, 180–181.

Dzino, D., 2010, *Illyricum in Roman Politics, 229 BC–AD 68* (Cambridge: Cambridge University Press).

Eckstein, A., 1976, "T. Quinctius Flamininus and the Campaign against Philip in 198 BC," *Phoenix* 30, 119–142.

Eckstein, A., 1982, "Human Sacrifice and Fear of Military Disaster in Republican Rome," *American Journal of Ancient History* 7, 69–95.

Eckstein, A., 1987a, *Senate and General: Individual Decision-making and Roman Foreign Relations, 264-194 BC* (Berkeley: University of California Press).

Eckstein, A., 1987b, "Polybius, Aristaenus, and the Fragment 'On Traitors,'" *Classical Quarterly* n.s. 37, 140–162.

Eckstein, A., 1987c, "Nabis and Flamininus on the Argive Revolutions of 198 and 197 BC," *Greek, Roman, and Byzantine Studies* 28, 213–233.

Eckstein, A., 1988, "Rome, the War with Perseus, and Third Party Mediation," *Historia* 37, 414–444.

Eckstein, A., 1990, "Polybius, the Achaeans, and the 'Freedom of the Greeks,'" *Greek, Roman, and Byzantine Studies* 31, 45–71.

Eckstein, A., 1994, "Polybius, Demetrius of Pharus, and the Origins of the Second Illyrian War," *Classical Philology* 89, 46–59.

Eckstein, A., 1995, "Glabrio and the Aetolians: A Note on *Deditio*," *Transactions of the American Philological Association* 125, 271–289.

Eckstein, A., 1999, "Pharos and the Question of Roman Treaties of Alliance Overseas in the Third Century BC," *Classical Philology* 94, 395–418.

Eckstein, A., 2002, "Greek Mediation in the First Macedonian War (209–205 BC)," *Historia* 52, 268–297.

Eckstein, A., 2005, "The Pact between the Kings, Polybius 15.20.6, and Polybius' View of the Outbreak of the Second Macedonian War," *Classical Philology* 100, 228–242.

*Eckstein, A., 2006, *Mediterranean Anarchy, Interstate War, and the Rise of Rome* (Berkeley: University of California Press).

*Eckstein, A., 2008, *Rome Enters the Greek East: From Anarchy to Hierarchy in the Hellenistic Mediterranean, 230–170 BC* (Oxford: Blackwell).

Eckstein, A., 2009a, "The Diplomacy of Intervention in the Middle Republic: The Roman Decision of 201/200 BC," *Veleia* 26, 75–101.

Eckstein, A., 2009b, "Ancient 'International Law,' the Aetolian League, and the Ritual of Surrender during the Roman Republic: A Realist View," *International History Review* 31, 253–267.

Eckstein, A., 2010, "Macedonia and Rome, 221–146 BC," in J. Roisman and I. Worthington (eds.), *A Companion to Ancient Macedonia* (Oxford: Wiley-Blackwell), 225–250.

Edson, C., 1935, "Perseus and Demetrius," *Harvard Studies in Classical Philology* 46, 191–202.

Edson, C., 1948, "Philip V and Alcaeus of Messene," *Classical Philology* 43, 116–121.

*Errington, R. M., 1969, *Philopoemen* (London: Oxford University Press).

Errington, R. M., 1971a, *The Dawn of Empire: Rome's Rise to Power* (London: Hamish Hamilton).

Errington, R. M., 1971b, "The Alleged Syro-Macedonian Pact and the Origins of the Second Macedonian War," *Athenaeum* 49, 336–354.

Errington, R. M., 1974, "*Senatus consultum de Coronaeis* and the Early Course of the Third Macedonian War," *Rivista di filologia e d'istruzione classica* 102, 79–86.

Errington, R. M., 1988, "Aspects of Roman Acculturation in the East under the Republic," in P. Kneissl and V. Losemann (eds.), *Alte Geschichte und Wissenschaftsgeschichte: Festschrift für Karl Christ* (Darmstadt: Wissenschaftliche Buchgesellschaft), 140–157.

Errington, R. M., 1990, *A History of Macedonia*, trans. by C. Errington (Berkeley: University of California Press).

*Errington, R. M., 2008, *A History of the Hellenistic World* (Oxford: Blackwell).

Erskine, A., 1994, "The Romans as Common Benefactors," *Historia* 43, 70–87.

Erskine, A., 1995, "Rome in the Greek World: The Significance of a Name," in A. Powell (ed.), *The Greek World* (London: Routledge), 368–383.

Erskine, A., 1996, "Money-loving Romans," *Papers of the Leeds International Latin Seminar* 9, 1–11.

Erskine, A., 2000, "Polybios and Barbarian Rome," *Mediterraneo Antico* 3, 165–182.

Erskine, A., 2001, *Troy between Greece and Rome: Local Tradition and Imperial Power* (Oxford: Oxford University Press).

Erskine, A., 2003a, "Spanish Lessons: Polybius and the Maintenance of Imperial Power," in J. Yanguas and E. Pagola (eds.), *Polibio y la Península Ibérica* (Vitoria: Gasteiz), 229–243.

Erskine, A., 2003b, "Distant Cousins and International Relations: *Syngeneia* in the Hellenistic World," in K. Buraselis and K. Zoumboulakis (eds.), *The Idea of European Community in History*, vol. 2 (Athens: National and Capodistrian University of Athens), 205–216.

*Erskine, A. (ed.), 2003, *A Companion to the Hellenistic World* (Oxford: Blackwell).

Erskine, A., 2005, "Unity and Identity: Shaping the Past in the Greek Mediterranean," in E. Gruen (ed.), *Cultural Borrowings and Ethnic Appropriations in Antiquity* (Stuttgart: Steiner), 121–136.

*Erskine, A. (ed.), 2010, *Roman Imperialism* (Edinburgh: Edinburgh University Press).

Feeney, D., 2005, "The Beginnings of a Literature in Latin," *Journal of Roman Studies* 95, 226–240.

Ferrary, J.-L., 1988, *Philhellenisme et impérialisme: Aspects idéologiques de la conquête romaine du monde hellénistique* (Rome: Ecole française de Rome).

Ferrary, J.-L., 1997, "The Hellenistic World and Roman Political Patronage," in P. Cartledge, P. Garnsey, and E. Gruen (eds.), *Hellenistic Constructs: Essays in Culture, History, and Historiography* (Berkeley: University of California Press), 105–119.

Fine, J., 1936, "Macedon, Illyria, and Rome, 220–219 BC," *Journal of Roman Studies* 26, 24–39.

*Flower, H. (ed.), 2004, *The Cambridge Companion to the Roman Republic* (Cambridge: Cambridge University Press).

Franke, P., 1989, "Pyrrhus," in F. Walbank et al. (eds.), *The Cambridge Ancient History*, 2nd ed., vol. 7.2: *The Rise of Rome to 220 BC* (Cambridge: Cambridge University Press), 456–485.

Fuks, A., 1970, "The Bellum Achaicum and its Social Aspect," *Journal of Hellenic Studies* 90, 78–89; repr. in id., *Social Conflict in Ancient Greece* (Jerusalem: Magnes), 270–281.

Gabrielsen, V., 1993, "Rhodes and Rome after the Third Macedonian War," in P. Bilde et al. (eds.), *Centre and Periphery in the Hellenistic World* (2nd ed., Aarhus: Aarhus University Press), 132–161.

Gabrielsen, V., 2000, "The Rhodian Peraia in the Third and Second Centuries BC," *Classica et Mediaevalia* 51, 129–183.

Gebhard, E., and M. Dickie, 2003, "The View from the Isthmus, ca. 200 to 44 BC," in C. Williams and K. Bookidis (eds.), *Corinth: The Centenary, 1896–1996* (Princeton: American School of Classical Studies at Athens), 261–278.

Gilliver, C., 1996, "The Roman Army and Morality in War," in A. Lloyd (ed.), *Battle in Antiquity* (Swansea: University Press of Wales), 219–238.

Giovannini, A., 1969, "Les origines de la 3e guerre de Macédoine," *Bulletin de correspondance hellénique* 93, 853–861.

Giovannini, A., 1970, "Philipp V, Perseus, und die Delphische Amphiktyonie," *Ancient Macedonia* 1, 147–154.

Giovannini, A., 1988, "Review Discussion: Roman Eastern Policy in the Late Republic," *American Journal of Ancient History* 9, 33–42.

Giovannini, A., 2001, "Les Antécédents de la deuxième guerre de Macédoine," in R. Frei-Stolba and K. Gex (eds), *Recherches récentes sur le monde hellénistique* (Bern: Peter Lang), 97–113.

Golan, D., 1985, "Autumn 200 BC: The Events at Abydus," *Athenaeum* 63, 389–404.

Goldsworthy, A., 2000, *Roman Warfare* (London: Cassell).

Grainger, J., 1996, "Antiochus III in Thrace," *Historia* 45, 329–343.

*Grainger, J., 1999, *The League of the Aetolians* (Leiden: Brill).

*Grainger, J., 2002, *The Roman War of Antiochos the Great* (Leiden: Brill).

Green, P., 1990, *Alexander to Actium: The Historical Evolution of the Hellenistic Age* (Berkeley: University of California Press).

Griffith, G., 1935, "An Early Motive of Roman Imperialism (201 BC)," *Cambridge Historical Journal* 5, 1–14.

Gruen, E. (ed.), 1970, *Imperialism in the Roman Republic* (New York: Holt, Rinehart and Winston).

Gruen, E., 1973, "The Supposed Alliance between Rome and Philip V of Macedon," *California Studies in Classical Antiquity* 6, 123–136.

Gruen, E., 1974, "The Last Years of Philip V," *Greek, Roman, and Byzantine Studies* 15, 221–246.

Gruen, E., 1975, "Rome and Rhodes in the Second Century BC: A Historiographical Inquiry," *Classical Quarterly* n.s. 25, 58–81.

Gruen, E., 1976a, "Class Conflict and the Third Macedonian War," *American Journal of Ancient History* 1, 29–60.

Gruen, E., 1976b, "The Origins of the Achaean War," *Journal of Hellenic Studies* 96, 46–69.

Gruen, E., 1976c, "Rome and the Seleucids in the Aftermath of Pydna," *Chiron* 6, 73–95.

Gruen, E., 1981, "Philip V and the Greek Demos," in H. Dell (ed.), *Ancient Macedonian Studies in Honor of Charles F. Edson* (Thessaloniki: Institute for Balkan Studies), 169–182.

Gruen, E., 1982a, "Greek Πίστις and Roman *Fides*," *Athenaeum* 60, 50–68.

Gruen, E., 1982b, "Macedonia and the Settlement of 167 BC," in W. Adams and E. Borza (eds.), *Philip II, Alexander the Great and the Macedonian Heritage* (Washington, DC: University Press of America), 257–267.

*Gruen, E., 1984a, *The Hellenistic World and the Coming of Rome*, 2 vols (Berkeley: University of California Press; 1-vol. paperback ed., 1986).

Gruen, E., 1984b, "Material Rewards and the Drive for Empire," in Harris (ed.), 59–88.

Gruen, E., 1990, *Studies in Greek Culture and Roman Policy* (Leiden: Brill).

*Gruen, E., 1992, *Culture and National Identity in Republican Rome* (Ithaca: Cornell University Press).

Gruen, E., 1996, "The Roman Oligarchy: Image and Perception," in J. Linderski (ed.), *Imperium sine fine: T. Robert S. Broughton and the Roman Republic* (Stuttgart: Steiner = *Historia* Einzelschriften 105), 215–234.

Gruen, E., 2014, "Roman Comedy and the Social Scene," in M. Fontaine and A. Scafuro (eds.), *The Oxford Handbook of Greek and Roman Comedy* (New York: Oxford University Press), 913–936.

Habicht, C., 1956, "On the Wars between Pergamon and Bithynia," in id., *The Hellenistic Monarchies: Selected Papers*, trans. by P. Stevenson (Ann Arbor: University of Michigan Press, 2006), 1–21 (German original: *Hermes* 84, 90–100).

Habicht, C., 1976, "Ambrakia and the Thessalian League at the Time of the War with Perseus," in id., *The Hellenistic Monarchies: Selected Papers*, trans. by P. Stevenson (Ann Arbor: University of Michigan Press, 2006), 124–133 (German original: *Demetrias* 1, 175–180).

Habicht, C., 1997, *Athens from Alexander to Antony*, trans. by D. Schneider (Cambridge: Harvard University Press).

Hamilton, C., 1993, "The Origins of the Second Macedonian War," *Ancient Macedonia* 5, 559–567.

Hammond, N., 1966, "The Opening Campaigns and the Battle of Aoi Stena in the Second Macedonian War," *Journal of Roman Studies* 56, 39–54.

Hammond, N., 1967, *Epirus* (London: Oxford University Press).

Hammond, N., 1968, "Illyris, Rome and Macedon in 229–205 BC," *Journal of Roman Studies* 58, 1–21.

Hammond, N., 1988, "The Campaign and Battle of Cynoscephalae in 197 BC," *Journal of Hellenic Studies* 108, 60–82.

Hammond, N., 1989a, "The Illyrian Atintani, the Epirotic Atintanes, and the Roman Protectorate," *Journal of Roman Studies* 79, 11–25.

Hammond, N., 1989b, *The Macedonian State: The Origins, Institutions, and History* (Oxford: Oxford University Press).

*Hammond, N., and F. Walbank, 1988, *A History of Macedonia*, vol. 3 (Oxford: Oxford University Press).

Harris, W., 1971, "On War and Greed in the Second Century BC," *American Historical Review* 76, 1371–1385.

*Harris, W., 1984, *War and Imperialism in Republican Rome, 327–70 BC* (2nd ed., Oxford: Oxford University Press).

Harris, W., (ed.), 1984, *The Imperialism of Mid-Republican Rome* (Philadelphia: Pennsylvania State University Press = Papers and Monographs of the American Academy in Rome, vol. 29).

Harrison, T., 2008, "Ancient and Modern Imperialism," *Greece and Rome* 55, 1–22.

Helliesen, J., 1986, "Andriscus and the Revolt of the Macedonians, 149–148 BC," *Ancient Macedonia* 4, 307–314.

Hill, H., 1946, "Roman Revenues from Greece after 146 BC," *Classical Philology* 41, 35–42.

Hölbl, G., 2001, *A History of the Ptolemaic Empire*, trans. T. Saavedra (London: Routledge).

Holleaux, M., 1921, *Rome, la Grèce et les monarchies hellénistiques au IIIe siècle avant J.-C.* (Paris: de Boccard).

Holleaux, M., 1928, "The Romans in Illyria," in S. Cook, F. Adcock, and M. Charlesworth (eds.), *The Cambridge Ancient History*, 1st ed., vol. 7 (Cambridge: Cambridge University Press), 822–857.

Holleaux, M., 1930, "Rome and Macedon; Rome and Antiochus," in S. Cook, F. Adcock, and M. Charlesworth (eds), *The Cambridge Ancient History*, 1st ed., vol. 8 (Cambridge: Cambridge University Press), 116–240.

Hopkins, K., 1978, *Conquerors and Slaves* (Cambridge: Cambridge University Press).

Hopkins, K., 1980, "Taxes and Trade in the Roman Empire (200 B.C.–A.D. 400)," *Journal of Roman Studies* 70, 101–25.

Hopkins, K., and G. Burton, 1983, "Political Succession in the Late Republic (249–50 BC)," in K. Hopkins, *Death and Renewal* (Cambridge: Cambridge University Press), 31–118.

*Hoyos, D. (ed.), 2012, *A Companion to Roman Imperialism* (Leiden: Brill).

Isaac, B., 2004, *The Invention of Racism in Classical Antiquity* (Princeton: Princeton University Press).

*Kallet-Marx, R., 1995, *Hegemony to Empire: The Development of the Roman Imperium in the East from 148 to 62 BC* (Berkeley: University of California Press).

Kashtan, N., 1982, "L'impérialisme romain et la ligue achéenne (200-180 av. J.-C.)," *Ktema* 7, 211–220.

Kirigin, B., and M. Vickers, 2009, "Ancient Greeks in Croatia," in *Croatia: Aspects of Art, Architecture and Cultural Heritage* (London: Frances Lincoln), 20–31.

Korn, G., 1973, "An Apollonian Embassy to Rome," *Latomus* 32, 570–574.

Kostial, M., 1995, *Kriegrisches Rom? Zur Frage von Unvermeidbarkeit und Normalität militärischer Konflikte in der römischen Politik* (Stuttgart: Steiner).

Kuntić-Makvić, B., 2002, "Les romains et les grecs adriatiques," in N. Cambi, S. Čače, and B. Kirigin (eds.), *Greek Influence along the East Adriatic Coast* (Split: Književni Krug), 141–150.

Lampela, A., 1998, *Rome and the Ptolemies of Egypt: The Development of Their Political Relations, 273-80 BC* (Helsinki: Societas Scientiarum Fennica).

Larsen, J., 1935, "Was Greece Free between 196 and 146 BC?," *Classical Philology* 30, 193–214.

Larsen, J., 1936, "The Treaty of Peace at the Conclusion of the Second Macedonian War," *Classical Philology* 31, 342–348.

Larsen, J., 1937, "The Peace of Phoenice and the Outbreak of the Second Macedonian War," *Classical Philology* 32, 15–31.

*Larsen, J., 1968, *Greek Federal States: Their Institutions and History* (London: Oxford University Press).

Lazenby, J., 1978, *Hannibal's War* (Warminster: Aris & Philips, 1978).

Le Bohec, S., 1987, "Demetrius de Pharus, Scerdilaidas, et la ligue hellénique," in P. Cabanes (ed.), *L'Illyrie meridionale et l'Épire dans l'antiquité* (Paris: de Boccard), 203–208.

Lendon, J., 1997, *Empire of Honour: The Art of Government in the Roman World* (Oxford: Oxford University Press).

Le Rider, G., 1992, "Les clauses financières des traités de 189 et de 188," *Bulletin de correspondance hellénique* 116, 267–277.

Linderski, J., 1995, "Ambassadors Go to Rome," in E. Frézouls and A. Jacquemin (eds.), *Les relations internationales: Actes du Colloque de Strasbourg, 15-17 juin 1999* (Paris:), 452–478; repr. in id., *Roman Questions*, vol. 2 (New York: David Brown, 2007), 40–60.

Linderski, J., 1996, "Cato Maior in Aetolia," in Wallace and Harris (eds.), 376–408.

Lintott, A., 1972, "Imperial Expansion and Moral Decline in the Roman Republic," *Historia* 21, 626–638.

Lintott, A., 1993, *Imperium Romanum: Politics and Administration* (London: Routledge).

*Lintott, A., 1999, *The Constitution of the Roman Republic* (Oxford: Oxford University Press).

Low, P., 2007, *Interstate Relations in Classical Greece: Morality and Power* (Cambridge: Cambridge University Press).

Ma, J., 2000, *Antiochos III and the Cities of Western Asia Minor* (Oxford: Oxford University Press).

Mackay, P., 1970, "The Coinage of the Macedonian Republics, 168-146 BC," *Ancient Macedonia* 1, 256–264.

MacMullen, R., 1991, "Hellenizing the Romans (2nd Century BC)," *Historia* 40, 419–438.

Magie, D., 1939, "The 'Agreement' between Philip V and Antiochus III for the Partition of the Egyptian Empire," *Journal of Roman Studies* 29, 32–44.

Mandell, S., 1989, "The Isthmian Proclamation and the Early Stages of Roman Imperialism in the Near East," *Classical Bulletin* 65, 89–94.

Mandell, S., 1991, "Roman Dominion: Desire and Reality," *Ancient World* 22, 37–42.

Marasco, G., 1986, "Interessi commerciali e fattori politici nella condotta romana in Illiria (230–219 a.C.)," *Studi classici e orientali* 36, 35–112.

Mattingly, H., 1997, "Athens between Rome and the Kings, 229/8 to 129 BC," in P. Cartledge, P. Garnsey, and E. Gruen (eds.), *Hellenistic Constructs: Essays in Culture, History, and Historiography* (Berkeley: University of California Press), 120–144.

May, J., 1946, "Macedonia and Illyria (217–167 BC)," *Journal of Roman Studies* 36, 48–56.

McDonald, A., 1967, "The Treaty of Apamea (188 BC)," *Journal of Roman Studies* 57, 1–8.

McDonald, A., 1981, "Studies on Ancient Macedonia," in H. Dell (ed.), *Ancient Macedonian Studies in Honor of Charles F. Edson* (Thessaloniki: Institute for Balkan Studies), 243–254.

McDonald, A., and F. Walbank, 1937, "The Origins of the Second Macedonian War," *Journal of Roman Studies* 27, 180–207.

McDonald, A., and F. Walbank, 1969, "The Treaty of Apamea (188 BC): The Naval Clauses," *Journal of Roman Studies* 59, 30–39.

McDonnell, M., 2006, "Roman Aesthetics and the Spoils of Syracuse," in S. Dillon and K. Welch (eds.), *Representations of War in Ancient Rome* (Cambridge: Cambridge University Press), 79–105.

McGing, B., 2010, *Polybius' Histories* (Oxford: Oxford University Press).

McShane, R., 1964, *The Foreign Policy of the Attalids of Pergamum* (Urbana: University of Illinois Press).

Meadows, A., 1993, "Greek and Roman Diplomacy on the Eve of the Second Macedonian War," *Historia* 42, 40–60.

Mellor, R., 1975, ΘΕΑ ΡΩΜΗ: The *Worship of the Goddess Roma in the Greek World* (Göttingen: Vandenhoeck and Ruprecht).

Mellor, R., 2008, "*Graecia Capta*: The Confrontation between Greek and Roman Identity," in K. Zacharias (ed.), *Hellenisms: Culture, Identity, and Ethnicity from Antiquity to Modernity* (Aldershot: Ashgate), 79–125.

Meloni, P., 1953, *Perseo e la fine della monarchia macedone* (Rome: L'Erma di Bretschneider).

Mendels, D., 1998, *Identity, Relgion and Historiography: Studies in Hellenistic History* (Sheffield: Sheffield Academic Press).

Momigliano, A., 1975, *Alien Wisdom: The Limits of Hellenization* (Cambridge: Cambridge University Press).

Morgan, M., 1969, "Metellus Macedonicus and the Province Macedonia," *Historia* 18, 422–446.

Mørkholm, O., 1967, "The Speech of Agelaus at Naupactus in 217 BC," *Classica et Mediaevalia* 28, 240–253.

Mørkholm, O., 1974, "The Speech of Agelaus Again," *Chiron* 4, 127–132.

Murray, W., 2012, *The Age of Titans: The Rise and Fall of the Great Hellenistic Navies* (New York: Oxford University Press).

Nicolet, C., 1976, *Tributum: recherches sur la fiscalité directe sous la république romaine* (Bonn: Habelt).

North, J., 1981, "The Development of Roman Imperialism," *Journal of Roman Studies* 71, 1–9.

Oakley, S., 1993, "The Roman Conquest of Italy," in Rich and Shipley (eds.), 9–37.

Ogden, D., 1999, *Polygamy, Prostitutes and Death: The Hellenistic Dynasties* (London: Duckworth).

Oost, S., 1954, *Roman Policy in Epirus and Acarnania in the Age of the Roman Conquest of Greece* (Dallas: Southern Methodist University Press; repr. New York: Arno, 1975).

Oost, S., 1957, "Amynander, Athamania, and Rome," *Classical Philology* 52, 1–15.

Oost, S., 1959, "Philip V and Illyria, 205–200 BC," *Classical Philology* 54, 158–164.

Paltiel, E., 1979, "The Treaty of Apamea and the Later Seleucids," *Antichthon* 13, 30–41.

Petrochilos, N., 1974, *Roman Attitudes to the Greeks* (Athens: Saripolos).

Petzold, K.-E., 1971, "Rom und Illyrien: Ein Beitrag zur römischen Aussenpolitik im 3. Jahrhundert," *Historia* 20, 199–223.

Petzold, K.-E., 1992, "Griechischer Einfluss auf die Anfänge römischer Ostpolitik," *Historia* 41, 205–245.

Petzold, K.-E., 1999, "Die Freiheit der Griechen under die Politik der *nova sapientia*," *Historia* 48, 61–93.

Pfeilschifter, R., 2005, *Titus Quinctius Flamininus: Untersuchungen zur römischen Griechenlandpolitik* (Göttingen: Vandenhoeck and Ruprecht).

Poláček, A., 1971, "Le traité de paix d'Apamée," *Revue internationale des droits de l'antiquité* 18, 591–621.

Pollitt, J., 1978, "The Impact of Greek Art on Rome," *Transactions of the American Philological Association* 108, 155–174.

*Pollitt, J., 1986, *Art in the Hellenistic Age* (Cambridge: Cambridge University Press).

Potter, D., 2012, "Old and New in Roman Foreign Affairs: The Case of 197," in Smith and Yarrow (eds.), 134–151.

Raaflaub, K., 1996, "Born to be Wolves? Origins of Roman Imperialism," in Wallace and Harris (eds.), 273–314.

Raditsa, L., 1972, "Bella Macedonica," in H. Temporini (ed.), *Aufstieg und Niedergang der römischen Welt* 1.1 (Berlin: de Gruyter), 564–589.

Raeymaekers, J., 1996, "The Origins of the Rivalry between Philopoemen and Flamininus," *Ancient Society* 27, 259–276.

Rawlings, H., 1976, "Antiochus the Great and Rhodes," *American Journal of Ancient History* 1, 2–28.

*Rawson, E., 1985, *Intellectual Life in the Late Roman Republic* (London: Duckworth).

Reiter, W., 1988, *Aemilius Paullus, Conqueror of Greece* (London: Croom Helm).

*Rich, J., 1976, *Declaring War in the Roman Republic in the Period of Transmarine Expansion* (Brussels: Latomus).

Rich, J., 1984, "Roman Aims in the First Macedonian War," *Proceedings of the Cambridge Philological Society* 210, 126–180.

Rich, J., 1989, "Patronage and Interstate Relations in the Roman Republic," in A. Wallace-Hadrill (ed.), *Patronage in Ancient Society* (London: Routledge), 117–136.

Rich, J., 1993, "Fear, Greed and Glory: The Causes of Roman War-making in the Middle Republic," in Rich and Shipley (eds.), 38–68.

Rich, J., 2008, "Treaties, Allies and the Roman Conquest of Italy," in P. de Souza and J. France (eds.), *War and Peace in Ancient and Medieval History* (Cambridge: Cambridge University Press), 51–75.

Rich, J., 2011, "The *Fetiales* and Roman International Relations," in J. Richardson and F. Santangelo (eds.), *Priests and State in the Roman World* (Stuttgart: Steiner), 187–242.

Rich, J., and Shipley, G. (eds.), 1993, *War and Society in the Roman World* (Abingdon: Routledge).

Richardson, J., 1975, "The Triumph, the Praetors, and the Senate in the Early Second Century BC," *Journal of Roman Studies* 65, 50–63.

Richardson, J., 1979, "Polybius' View of the Roman Empire," *Papers of the British School at Rome* 47, 1–11.

Richardson, J., 1986, *Hispaniae: Spain and the Development of Roman Imperialism, 219–82 BC* (Cambridge: Cambridge University Press).

Richardson, J., 2008, *The Language of Empire: Rome and the Idea of Empire from the Third Century BC to the Second Century AD* (Cambridge: Cambridge University Press).

Rosenstein, N., 1993, "Competition and Crisis in Mid-Republican Rome," *Phoenix* 47, 313–338.

Rosenstein, N., 2008, "Aristocrats and Agriculture in the Middle and Late Republic," *Journal of Roman Studies* 98, 1–26.

Rosenstein, N., 2011, "War, Wealth, and Consuls," in H. Beck et al. (eds.), *Consuls and "Res Publica": Holding High Office in Republican Rome* (Cambridge: Cambridge University Press), 133–158.

*Rosenstein, N., 2012, *Rome and the Mediterranean, 290 to 146 BC* (Edinburgh: Edinburgh University Press).

*Rosenstein, N., and R. Morstein-Marx (eds.), 2010, *A Companion to the Roman Republic* (Oxford: Blackwell).

Roth, J., 2009, *Roman Warfare* (Cambridge: Cambridge University Press).

Rowland, R., 1983, "Rome's Earliest Imperialism," *Latomus* 42, 749–762.

Rubinsohn, W., 1988, "Macedonian Resistance to Roman Occupation in the Second Half of the Second Century BC," in T. Yuge and M. Doi (eds.), *Subordination in Antiquity* (Leiden: Brill), 141–158.

Russell, A., 2012, "Aemilius Paullus Sees Greece: Travel, Vision, and Power in Polybius," in Smith and Yarrow (eds.), 152–167.

*Sabin, P., H. van Wees, and M. Whitby (eds.), 2007, *The Cambridge History of Greek and Roman Warfare*, 2 vols. (Cambridge: Cambridge University Press).

Sacks, K., 1975, "Polybius' Other View of Aetolia," *Journal of Hellenic Studies* 95, 92–106.

Šašel Kos, M., 2002, "From Agron to Genthius: Large-scale Piracy in the Adriatic," in L. Bracessi and M. Luni (eds.), *I Greci in Adriatico*, vol. 1 (Rome: Hesperia), 137–155.

Scafuro, A., 1987, "Prusias II of Bithynia and Third Party Mediation," *Historia* 36, 28–37.

Scholten, J., 2000, *The Politics of Plunder: Aitolians and Their Koinon in the Early Hellenistic Period, 279–217 BC* (Berkeley: University of California Press).

Sciarrino, E., 2004, "A Temple for the Professional Muse: The *Aedes Herculis Musarum* and Cultural Shifts in Second-century Rome," in A. Barchiesi, J. Rüpke, and S. Stephens (eds.), *Rituals in Ink: A Conference on Religion and Literary Production in Rome* (Stuttgart: Steiner), 45–56.

Scullard, H., 1945, "Charops and Roman Policy in Epirus," *Journal of Roman Studies* 35, 58–64.

Scullard, H., 1973, *Roman Politics, 220–150 BC* (2nd ed., Oxford: Oxford University Press).

Seager, R., 1981, "The Freedom of the Greeks of Asia from Alexander to Antiochus," *Classical Quarterly* n.s. 31, 106–112.

Seibert, J., 1995, "Invasion aus dem Osten: Trauma, Propaganda oder Erfindug der Römer?," in C. Schubert and K. Brodersen (eds.), *Rom und der griechische Osten: Festschrift für H. Schmitt* (Stuttgart: Steiner), 237–248.

Sherwin-White, A., 1977, "Roman Involvement in Anatolia, 167–88 BC," *Journal of Roman Studies* 67, 62–75.

Sherwin-White, A., 1980, "Rome the Aggressor?," *Journal of Roman Studies* 70, 177–181.

Sherwin-White, A., 1984, *Roman Foreign Policy in the East, 168 BC to AD 1* (London: Duckworth).

Shimron, B., 1972, *Late Sparta: The Spartan Revolution, 243–146 BC* (Buffalo: State University of New York).

Shipley, G., 2000, *The Greek World after Alexander, 323–30 BC* (London: Routledge).

Smith, C., and L. Yarrow, (eds.), 2012, *Imperialism, Cultural Politics, and Polybius* (New York: Oxfor University Press).

Smith, R., 1981, "Greeks, Foreigners and Roman Republican Portraits," *Journal of Roman Studies* 71, 24–38.

de Souza, P., 1999, *Piracy in the Graeco-Roman World* (Cambridge: Cambridge University Press).

Starr, C., 1938, "Rhodes and Pergamum, 201–200 BC," *Classical Philology* 33, 63–68; repr. in id., *Essays on Ancient History* (Leiden: Brill, 1979), 205–211.

Steinby, C., 2007, *The Roman Republican Navy from the Sixth Century to 167 BC* (Helsinki: Societas Scientiarum Fennica).

Swain, J., 1940, "The Theory of the Four Monarchies: Opposition History under the Roman Empire," *Classical Philology* 35, 1–21.

Texier, J.-G., 1975, *Nabis* (Paris: Les Belles Lettres).

Texier, J.-G., 1976–7, "Un aspect de l'antagonisme de Rome et de Sparte a l'époque hellénistique: l'entrevue de 195 avant J.C. entre Titus Quinctius Flamininus et Nabis," *Revue des études anciennes* 78–79, 145–154.

Twyman, B., 1986, "Philip V, Antiochus the Great, the Celts, and Rome," *Ancient Macedonia* 4, 667–672.

Twyman, B., 1993, "Roman Frontier Strategy and the Destruction of the Antigonid Monarchy," *Ancient Macedonia* 5, 1649–1656.

Twyman, B., 1999, "Cotta's War against Philip V," *Ancient Macedonia* 6, 1277–1284.

Veyne, P., 1975, "Y a-t-il eu un impérialisme romain?," *Mélanges de l'École Française de Rome (Antiquité)* 87, 793–855.

Walbank, F., 1938, "ΦΙΛΙΠΠΟΣ ΤΡΑΓΩΙΔΟΥΜΕΝΟΣ" *Journal of Hellenic Studies* 58, 55–68.

*Walbank, F., 1940, *Philip V of Macedon* (Cambridge: Cambridge University Press).

Walbank, F., 1941, "A Note on the Embassy of Q. Marcius Philippus," *Journal of Roman Studies* 31, 82–93; repr. in id., *Selected Papers: Studies in Greek and Roman History and Historiography* (Cambridge: Cambridge University Press, 1985), 181–192.

Walbank, F., 1942–4, "Alcaeus of Messene, Philip V, and Rome," *Classical Quarterly* 36, 134–145; 37, 1–13; 38, 87–88.

Walbank, F., 1949, "Roman Declaration of War in the Third and Second Centuries," *Classical Philology* 44, 15–19; repr. in id., *Selected Papers: Studies in Greek and Roman History and Historiography* (Cambridge: Cambridge University Press, 1985), 101–106.

Walbank, F., 1963, "Polybius and Rome's Eastern Policy," *Journal of Roman Studies* 53, 1–13; repr. in id., *Selected Papers: Studies in Greek and Roman History and Historiography* (Cambridge: Cambridge University Press, 1985), 138–156.

Walbank, F., 1977, "The Causes of the Third Macedonian War: Recent Views," *Ancient Macedonia* 2, 81–94.

Walbank, F., 1993, "Η ΤΩΝ ΟΛΩΝ ΕΛΠΙΣ and the Antigonids," *Ancient Macedonia* 5, 1721–1730; repr. in id., *Polybius, Rome, and the Hellenistic World: Essays and Reflections* (Cambridge: Cambridge University Press, 2002), 127–136.

Wallace, R., 1990, "Hellenization and Roman Society in the Late Fourth Century BC," in W. Eder (ed.), *Staat und Staatlichkeit in der frühen römischen Republik* (Stuttgart: Steiner), 278–291.

Wallace, R., and E. Harris, (eds.), 1996, *Transitions to Empire: Essays in Greco-Roman History, 360–146 BC, in Honor of E. Badian* (Norman: Oklahoma).

Wallace-Hadrill, A., 1988, "Greek Knowledge, Roman Power," *Classical Philology* 83, 224–233.

Wallace-Hadrill, A., 1998, "To be Roman, Go Greek: Thoughts on Hellenization at Rome," in M. Austin et al. (eds.), *Modus Operandi: Essays in Honour of Geoffrey Rickman* (London: Institute of Classical Studies), 79–91.

*Wallace-Hadrill, A., 2008, *Rome's Cultural Revolution* (Cambridge: Cambridge University Press).

Walsh. J., 1993, "Bones of Contention: Pharsalus, Phthiotic Thebes, Larisa Cremaste, Echinus," *Classical Philology* 88, 35–46.

Walsh. J., 1996, "Flamininus and the Propaganda of Liberation," *Historia* 45, 344–363.

Walsh. J., 2000, "The Disorders of the 170s BC and Roman Intervention in the Class Struggle in Greece," *Classical Quarterly* n.s. 50, 300–303.

Wardman, A., 1976, *Rome's Debt to Greece* (London: Elek; repr. London: Bristol Classical Press, 2002).

Warrior, V., 1981, "Livy, Book 42: Structure and Chronology," *American Journal of Ancient History* 6, 1–50.

Warrior, V., 1988, "The Chronology of the Movements of M. Fulvius Nobilior," *Chiron* 18, 325–376.

Warrior, V., 1992, "Intercalation and the Action of M'. Acilius Glabrio (cos. 191 BC)," in C. Deroux (ed.), *Studies in Latin Literature and Roman History* 6 (Brussels: Latomus), 119–144.

Warrior, V., 1996a, *The Initiation of the Second Macedonian War: An Explication of Livy, Book 31* (Stuttgart: Steiner = *Historia* Einzelschriften 97).

Warrior, V., 1996b, "Evidence in Livy on Roman Policy prior to War with Antiochus the Great," in Wallace and Harris (eds.), 356–375.

Waszink, J., 1960, "Tradition and Personal Achievement in Early Latin Literature," *Mnemosyne* ser. 4, 13, 16–33.

West, S., 1984, "Lycophron Italicised?," *Journal of Hellenic Studies* 104, 127–151.

Wiemer, H.-U., 2004, "Der Beginn des 3. Makedonischen Krieges: Überlegungen zur Chronologie," *Historia* 53, 22–37.

*Wilkes, J., 1992, *The Illyrians* (Oxford: Blackwell).

Will, E., 1972, "Rome et les Séleucides," in H. Temporini (ed.), *Aufstieg und Niedergang der römischen Welt* 1.1 (Berlin: de Gruyter), 590–632.

*Woolf, G., 2012, *Rome: An Empire's Story* (New York: Oxford University Press).

Yarrow, L., 2006, "Lucius Mummius and the Spoils of Corinth," *Scripta Classica Israelica* 25, 57–70.

Zanker, P. (ed.), 1976, *Hellenismus in Mittelitalien*, 2 vols. (Göttingen: Vandenhoek and Ruprecht).

Ziolkowski, A., 1986, "The Plundering of Epirus in 167 BC: Economic Considerations," *Papers of the British School at Rome* 54, 69–80.

Ziolkowski, A., 1993, "*Urbs Direpta*, or How the Romans Sacked Cities," in Rich and Shipley (eds.), 69–91.

索 引

（索引中的页码为本书页边码）

图书在版编目（CIP）数据

征服希腊：罗马与地中海霸权／（英）罗宾·沃特
菲尔德（Robin Waterfield）著；韩瑞国译. --北京：
社会科学文献出版社，2023.4
　　书名原文：Taken at the Flood：The Roman
Conquest of Greece
　　ISBN 978-7-5228-1054-6

　　Ⅰ.①征…　Ⅱ.①罗…②韩…　Ⅲ.①古罗马-历史
②古希腊-历史　Ⅳ.①K126②K125

　　中国版本图书馆 CIP 数据核字（2022）第 214077 号

　　审图号：GS（2023）217 号。　此书中地图系原文插图。

征服希腊：罗马与地中海霸权

著　　　者／〔英〕罗宾·沃特菲尔德（Robin Waterfield）
译　　　者／韩瑞国

出 版 人／王利民
责任编辑／沈　艺
文稿编辑／姜子萌
责任印制／王京美

出　　　版／社会科学文献出版社·甲骨文工作室（分社）（010）59366527
　　　　　　地址：北京市北三环中路甲 29 号院华龙大厦　邮编：100029
　　　　　　网址：www.ssap.com.cn
发　　　行／社会科学文献出版社（010）59367028
印　　　装／南京爱德印刷有限公司

规　　　格／开　本：889mm×1194mm　1/32
　　　　　　印　张：11　字　数：255 千字
版　　　次／2023 年 4 月第 1 版　2023 年 4 月第 1 次印刷
书　　　号／ISBN 978-7-5228-1054-6
著作权合同
登 记 号／图字 01-2019-2691 号
定　　　价／72.00 元

读者服务电话：4008918866